JN175630

中世武士選書 36

# 三浦道寸

## 伊勢宗瑞に立ちはだかった最大のライバル

真鍋淳哉 著

戎光祥出版

# はしがき

大学で特講などの授業を担当させていただく際、私は年度の最初に、必ず学生に対して「日本の歴史を前半と後半の二つに分けるとしたら、どこの時代、何の事件でそれを分けるか」という質問を発することにしている。その後半は、すなわち我々の暮らす現代社会にまでつながっているわけであるから、この質問は、どのような要素が形成されることにより、現代社会の基礎が構築されたと考えるのかという問いかけに等しいものといえよう。もちろん、この問いに対する絶対的な正答などは存在せず、人により考え方が異なるのは当たり前で、学生の答えも私の記憶の限り、「律令国家の成立」や「鎌倉幕府の成立」「明治維新」「第二次世界大戦の終結」など、当然のごとくまちまちである。

私自身は、「戦国時代」がそれを分ける分岐点であると考えている。それはこの時代に、神仏の支配する世界から合理性の支配する社会へと転換して、また、少なくとも昭和期までは存在した、都市と農村によって国土が形成されるいわゆる「町村制」の芽生え、さらに、日本が東アジア世界の一員という地位を次第に脱却して西欧世界との関わりを深めていくなかで、その新たな世界との出会いを経験したといった点を踏まえてのことである。こうした考え方に異論が存在するであろうことも、また当然である。しかし、こうした観点に立てば、少なくとも「戦国時代」が日本史における大きな分岐点となった時期であることはまちがいなかろう。

ただ、一口に「戦国時代」といっても、その時代区分ははなはだ曖昧である。近年では一般的に、明応二年（一四九三）の「明応の政変」から永禄十一年（一五六八）の織田信長の上洛までとすることも多いが、「戦国時代」を「政治上の中核的存在が欠如した時代」と考えた場合、この時代区分が関東に適用されることには疑問が生じる。そうした点から関東では、鎌倉公方が古河に居所を移すこととなる享徳三年（一四五四）の享徳の乱の発生から、天正十八年（一五九〇）の「小田原合戦」による戦国大名北条氏の滅亡までの、百三十年ほどの期間がそれに相当すると考えることもできよう。

本書で中心的に取り扱う三浦道寸は、宝徳三年（一四五一）ないしは享徳二年（一四五三）に生まれ、永正十三年（一五一六）に没した人物である。先に掲げた「関東の戦国時代」の時代区分から考えれば、そのちょうど前半期に相当する時代、いわば戦国前半の真っただ中を生きた人物であったといえよう。いわゆる「戦国時代」は、旧来の権力の求心力が低下したことをはじめ、それまでの日本社会の価値観そのものが大きく揺らぎ、そして転換していった時代であった。この時代を経る前と後とでは、人々の価値観などが大きく変化していたことは疑いない。

時代の大きなうねりの中に置かれているという点からいえば、道寸の生きた時代は、現代の我々が暮らす時代と共通する点が多いかもしれない。本書では、三浦氏や道寸のみならず、近年、飛躍的に進展を遂げた中世後期の関東に関する研究成果を踏まえ、彼らの生きた時代の関東がどのような状況にあり、そのなかで彼らがどのような役割を果たしたのかという点につき、極力言及したつもりである。そこから、「時代の変化」とは何なのかという点を読者に感じ取っていただければ幸いである。

二〇一六年十月二十二日

真鍋淳哉

# 目　次

# 第Ⅱ部　関東動乱のなかの道寸と三浦氏

# 第Ⅰ部　道寸登場以前の三浦氏

木造三浦義明坐像　神奈川県横須賀市・満昌寺蔵

# 第一章　三浦氏の発祥と鎌倉幕府

## 諸説まちまちの三浦氏の発祥

ほぼ中世を通じて、相模国《さがみのくに》三浦郡《みうらぐん》を根拠として大きな勢力を有した三浦氏は、一般的に桓武平氏《かんむへいし》の流れとされている。

成立が中世にまでさかのぼる系図類では、その祖を桓武天皇から四代後の平良文《たいらのよしぶみ》の子「村岡小五《むらおかこご》郎忠道《ろうただみち》（通）」とするものが多く（中条家文書『桓武平氏諸流系図』など）、近世に成立した系図類では、忠道の子為道《ためみち》（通）が「三浦」を姓とするようになり（『諸家系図纂《しょかけいずさん》』など）、さらにこの段階で、三浦半島に所領を持つようになったとするものもある（『系図纂要《けいずさんよう》』）。

しかし、その一方で、『源平闘諍録《げんぺいとうじょうろく》』（その成立に千葉氏が関わったとされる『平家物語《へいけものがたり》』の一異本）では、常陸国に配流《はいる》されていた良文の子忠光《ただみつ》が、赦免《しゃめん》の後に三浦半島に流れ着き、地元の豪族「青雲介」の婿となって三浦郡や安房国を領するようになったとする、いわゆる「貴種流離譚《きしゅりゅうりたん》」が語られている。

為道の後は、為継《ためつぐ》（次）―義継《よしつぐ》（次）―義明《よしあき》として、この点では諸書がほぼ一致しているが、為継以前の系譜については、諸書まちまちといった状況である。さらに五味文彦氏は、『水左記《すいさき》』承暦三年（一〇七九）八月三十日条に相模国の住人としてみえる「権大夫為季《ごんのたいふためすえ》」が、為継の父であった可能性も想定すべきであろうとしている（五味一九九八）。こうした考えをうけて、『新横須賀市史　通史編』（横須賀市、二〇一二年）においても近藤好和氏は、この「権大夫為季」を『尊卑分脈《そんぴぶんみゃく》』北家《ほっけ》藤原氏師尹《もろただ》公孫の「為季」（「散位《さんに》」「従五位下《じゅごいのげ》」）に比定し、三浦氏の出自を藤原氏につなげる可能性を想定している。

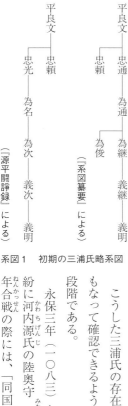

為継以前の三浦氏の系譜については、まさに「百花繚乱」たるありさまであるが、こうした諸書まちまちの状況自体が、その系譜を「貴種《きしゅ》」に繋げようとする系譜操作のあらわれとみることもできる。三浦氏の出自は、こうした「貴種」につながるものではなく、三浦半島在住の地方豪族であったとする見方もあり（高橋二〇一五）、三浦氏の本来の出自については不明とせざるをえないというのが現状であろう。

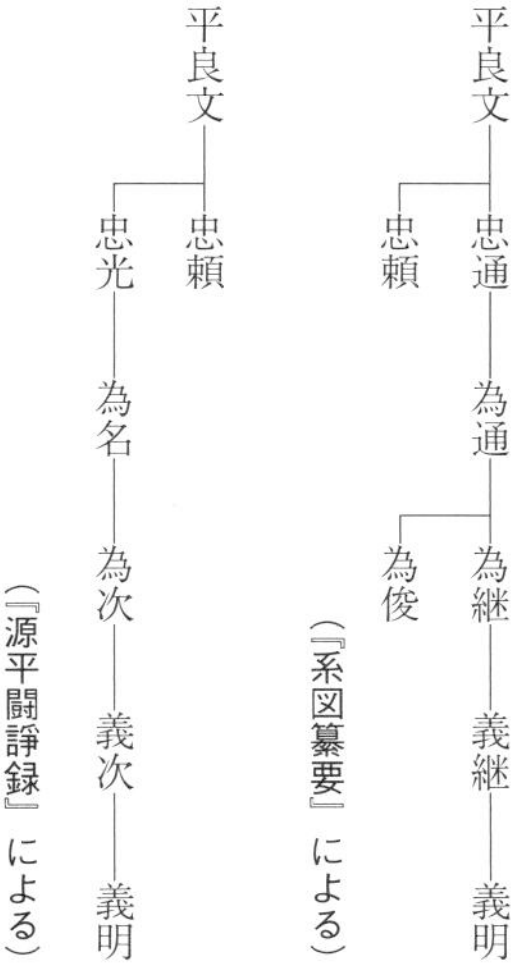


系図１　初期の三浦氏略系図

## 河内源氏との関係を強める

こうした三浦氏の存在が、ある程度具体性をともなって確認できるようになるのが、為継以降の段階である。

永保三年（一〇八三）から、東北の清原《きよはら》氏の内紛に河内《かわち》源氏《げんじ》の陸奥守　源《みなもとの》　義家《よしいえ》が介入した後三《ごさん》年合戦《ねんかっせん》の際には、「同国（相模国）のつはもの三浦の平太郎為次」が義家の軍勢に加わり、同じく「相模の国の住人鎌倉の権五郎景正《ごんごろうかげまさ》」の右目に刺さった矢を抜いており（『奥州後三年記《おうしゅうごさんねんき》』）、後三年合戦の顛末を絵画化した『後三年合戦絵巻』にも、この場面が描かれている。これにより、「三浦」為継が後三年合戦に従軍したことは確実と思われ、さらにこの時期には、すでに「三浦」をその姓としていたことがわかる。

しかし、この際の従軍は、三浦氏と河内源氏との強い主従制にもとづいたものとは考え難く、義家の父頼義《よりよし》が相模守の任にあったことを発端とする、国衙軍制《こくがぐんせい》にもとづく、国衙を通じての動員であったものと思われる（高橋二〇一五）。結局、後三年合戦は朝廷により義家の私戦《しせん》とみなされ、公的な恩賞は与えられなかったため、義家は動員した武士たちに私的に恩賞を与えることとなったのは著名であるが、三浦氏を含め、こうしたことから河内源氏と東国武士との関係が強化され、主従関係が構築されていったのであろう。

前九年合戦《ぜんくねんかっせん》・後三年合戦の勝利により、源義家の名声は高まったが、河内源氏はその後、義家の子義親《よしちか》の反乱などによって没落し、そのあとを継いだ為義《ためよし》も、自身や家人《けにん》の乱行によって白河院《しらかわいん》の信頼を失い、苦境に陥った。これに対し、為義の子義朝《よしとも》は、若年の頃に関東に下向し、東国武士との主従関係強化につとめた。義朝は「上総曹司《かずさそうし》」と呼ばれた（『天養記《てんようき》』）ように、当初は上総氏によって養育されたようであるが、その後、三浦氏の手引きによって鎌倉に進出し、三浦義明の娘の一人は義朝に嫁ぎ、義朝の長男義平《よしひら》の母となる（「清和源氏系図」）など、特に三浦氏は義朝との関係を強めた。

天養元年（一一四四）九月と十月の二度にわたり、源義朝の家人や相模国の在庁官人《ざいちょうかんじん》等が同国大庭《おおばの》御厨《みくりや》（神奈川県藤沢市・茅ヶ崎市）の地を「鎌倉郡内」と称して乱入する、いわゆる「大庭御厨乱入事件」が発生する（「天養記」）。二度目の乱入の際には、義朝側に「三浦庄司平吉次・男同吉明」（三浦義継・義明の両名とする説と、三浦義明一人とする説とがある）や三浦義明の末弟岡崎義実《おかざきよしざね》の舅「中村庄司《なかむらしょうじ》同（平）宗平《むねひら》」、三浦氏と関係があると考えられる「和田太郎同助弘《すけひろ》」などの名を見出すことができる。

この時期、三浦氏は大庭御厨の現地を管理する大庭氏との間に軋轢が生じており、こうした現地の武士たちの利権抗争に義朝が介入し、最終的に両者をその勢力下におさめていくという、下総国相馬《そうま》御厨においてもみられる構図により、この侵入事件が発生したものと思われる。いずれにせよ三浦氏は、こうして河内源氏との関係を強化し、その後「嚢祖《（のうそ）》三浦平太郎為継、八幡殿《（はちまんどの）》に属《（つ）》き奉り、奥州武衡《（たけひら）》・家衡《（いえひら）》を征してより以降、飽《（あ）》くまでその恩禄を啄《（は）》むところなり」（『吾妻鏡』建暦三年五月二日条。なお、本書では引用史料中にルビをほどこす際、筆者が便宜的にこれを付した場合には、（）中にこれを入れることとした。（）が付されていないルビは、史料原文に存在するものである）という、河内源氏を「累代《るいだい》の主君《しゅくん》」とする観念を形成していくこととなるのである。

## 源頼朝の挙兵に従った三浦一族

平治《へいじ》の乱によって源義朝は敗死し、河内源氏は没落して、三浦氏も平氏政権下に組み込まれることとなったが、治承四年（一一八〇）に状況は大きく変化した。以仁王《もちひとおう》の平氏追討を命じる令旨《りょうじ》を受けた頼朝《よりとも》は、この年の八月十七日、配流先の伊豆で挙兵して平氏一族の山木兼隆《やまきかねたか》を討ち、その後、伊豆・

伝三浦氏三代の墓（中央が為継、左右いずれかが為通、義継）　神奈川県横須賀市・清雲寺

相模の武士を率いて相模国石橋山《いしばしやま》（神奈川県小田原市）に向かった。これに対し、大庭景親《かげちか》率いる鎌倉党《かまくらとう》の武士団や武蔵国の武士たちが中心となった「惣《すべ》テ平家ニ志アル者」（延慶本《えんぎょうぼん》『平家物語』）たちによる軍勢が編成され、八月二十三日に両勢力が石橋山で激突したものの、頼朝は一敗地に塗《まみ》れることとなった。

石橋山合戦で頼朝勢の先陣をつとめたのが、佐那田義忠《さなだよしただ》であった。義忠の父は、相模国衙にほど近い大住郡岡崎（神奈川県伊勢原市）・真田（同平塚市）周辺を本拠としていた岡崎義実で、義実は三浦義明の末弟であるとともに、当時、西相模に大きな勢力を持っていた中村宗平の娘を妻としていた。頼朝は平氏追討の挙兵にあたって、岡崎義実を取り込むことにより、相模国衙に深く関わっていた三浦・中村両氏の助力を得ようとする思惑があったものと思われる。

こうした動きに対して三浦氏は、石橋山で頼朝勢に合流すべく、当主義明の嫡子義澄《よしずみ》やその弟の佐《さ》原《わら》義連《よしつら》、義明の孫の和田義盛《よしもり》（義明の長男杉本義宗《すぎもとよしむね》の子）らが中心となり、八月二十二日に三浦を出発した。

しかし、大雨による河川の増水で行く手を阻まれ、その後、石橋山での頼朝の敗戦を知った三浦勢は三浦へ戻ることを決め、退却を開始したものの、金江川（金目川。平塚市）には武蔵国の畠山重忠《はたけやましげただ》の軍勢が待ち構えていた（延慶本『平家物語』）。重忠の母は三浦義明の娘であり、重忠は義明の孫という三浦氏とは深い関係にあった（『系図纂要』）が、当時、重忠の父重能《しげよし》が平氏に仕えて在京中であったことから、平氏との関係を重視してその陣営に与《くみ》していた。

　三浦勢は海岸沿いに軍勢を進め、由比浦《ゆいがうら》の小坪坂《こつぼざか》（神奈川県逗子市）まで戻ってきたところ、畠山勢もこれに追い付いた。両者の間にはいったん和平が成立し、義澄は三浦に戻り、重忠もまた武蔵に戻ろうとしたものの、三浦勢の本隊とは別路を通ってきた和田義茂《よしもち》（義盛の弟）が戦が始まったと早《はや》合点《がてん》してわめき駆けると、重忠も騙されたと思ってこれに応じ、両者の合戦が始まってしまった（小坪合戦。延慶本『平家物語』）。三浦勢は何とかこれを切り抜けたものの、重忠は「かつは平氏の重恩に報いんがため、かつは由井浦の会稽《（かいけい）》を雪《（そそ）》がんがため」（『吾妻鏡』治承四年八月二十六日条）に三浦を攻撃することを決し、また、河越重頼《かわごえしげより》率いる武蔵の国衙軍数千騎もこれに合流し、三浦氏を討つべくその本拠へと向かった。

　これを迎え撃つ三浦氏は、開口部が多い衣笠《きぬがさ》城（神奈川県横須賀市）よりも、三方を山に囲まれ、一方が海に開いた怒田《ぬた》城（横須賀市）のほうが守りやすいと主張した和田義盛に対し、三浦義明は「日本国の軍勢を敵に回して討ち死にしようという覚悟なのであるから、どうせならば名所の城で死にたい。先祖の代から世に聞こえている館で死んだのだと、平氏にも聞かせてやりたい」（延慶本『平家物語』）という決意を語り、一族や房総半島から駆けつけてきた娘婿の金田頼次《よりつぐ》（上総広常《ひろつね》の弟）を率い

衣笠城跡の碑　神奈川県横須賀市

て衣笠城に立て籠もった。衣笠城跡からは、平安後期の経塚《きょうづか》も確認されており、この地は戦いに際して有利と思われたばかりではなく、由緒や聞こえ、神仏の加護なども期待することができる、三浦氏にとっての「聖地」ともいうべき場所であったのだろう。

八月二十六日、河越重頼・江戸《えど》重長《しげなが》等の率いる軍勢が衣笠城に襲来する。三浦一族は奮戦したものの、力尽き矢も尽きて、城を捨てざるをえない状況に追い込まれ、一族の多くは衣笠城から久里《くり》浜《はま》（横須賀市）に脱出し、海上から房総方面へと逃れようとした。

『吾妻鏡』（治承四年八月二十六日条）によれば、このとき義明は一族の面々に向かって、「自分は源家累代の家人として、幸いにもその貴種再興の機会にめぐりあうことができた。これほど喜ばしいことがあろうか。生きながらえてすでに八十有余年。これから先の年月を数えても幾許《いくばく》もないことであろう。だから自分は、老いた命をここで武衛《ぶえい》（源頼朝）に捧げ、子孫の手柄にしたいと思う。お前たちは急ぎ退去し、頼朝様の安否をお尋ね申しあげるようにせよ。自分はひとりこの城に残り、偽って軍勢が多くいるように（河越）重頼に見せてやろう」と語り、翌日討ち取られたとされている。

一方、延慶本『平家物語』では、義明が一族の者に対して、「兵衛佐《ひょうえのすけ》殿（頼朝）は簡単に討たれてしまうようなお方ではない。佐殿の生死のほどを確かめないうちは、甲斐なき命を生きながらえるようにして、事の顚末を最後までしっかり見極めよ。佐殿はどのようにしてでも安房・上総方面へ落ちられたことであろう。今夜ここを退却して、船に乗って佐殿の行方をお探しせよ。自分は今年すでに八十四歳になり、そのうえ疲れ果てた身である。後日、義明は残り幾許もない命を惜しんで城を落ちていったとそしられることも口惜しいので、自分を捨てて落ち延びよ。まったく恨みには思わない」と告げたものの、一族の者が義明をなだめて、手輿《てごし》に押し乗せてともに城を脱出しようとしたとしている。

しかしその後、輿担ぎが逃亡してしまい、敵に追いつかれた義明は衣装や直垂《ひたたれ》を剥ぎ取られ、「自分は最もよい考えを述べ、城中で死のうと思ったのに、結局若い者たちの言ったようにしてしまったために犬死することのなんと口惜しいことよ。もはやこうとなってしまったからには、どうせならば（孫の）畠山重忠の手にかかって死にたいものよ」と言ったものの、江戸重長がやって来て討ち取られたという。後者の姿が、実像に近いものであったものと思われる。

結局、三浦一族は海上に逃れ、石橋山の敗戦後に真鶴《まなづる》（神奈川県足柄下郡真鶴町）から同じく海上に逃れた頼朝一行と安房で落ち合うこととなった。その後、頼朝は「国郡案内《あない》の者」たる三浦義澄のもたらした情報をもとに、平氏に心を寄せる長狭常伴《ながさつねとも》を討った（『吾妻鏡』治承四年九月三日条）のを皮切りに、千葉氏・上総氏などを傘下《さんか》に収めて勢力を回復し、十月六日に父祖ゆかりの鎌倉に入り、以後、ここを拠点としていった。三浦氏は、この後の治承・寿永の内乱においても、義澄をはじめ、

上：三浦義明の菩提を弔う満昌寺　神奈川県横須賀市
下：佐那田義忠の菩提を弔う證菩提寺　神奈川県横浜市栄区

その嫡子義村《よしむら》や佐原義連・和田義盛などが数々の戦いに従軍して活躍していく。

　頼朝挙兵直後の、こうした三浦一族の「功績」が高く評価されたことはまちがいない。それは、石橋山合戦で北《ほう》条時政《じょうときまさ》の嫡男宗時《むねとき》が討ち死にしたことをはじめ、その後の治承・寿永の内乱において数多くの武士たちが戦死しているにもかかわらず、頼朝自身が関わる形でその菩提を弔うための寺院が建立されたのは、三浦義明（満昌寺《まんしょうじ》。横須賀市）と佐那田義忠（證菩提寺《しょうぼだいじ》。横浜市栄区）の二例のみであるという点からも理解することができるであろう。三浦氏は、こうした「功績」を足掛かりにして、その後の鎌倉幕府内部に確固たる地位を形成していくのである。

## 鎌倉幕府の有力御家人となる

義明のあとを継いだ義澄は、幕府の「宿老《しゅくろう》」として有力御家人の地位を確保した。建久元年（一一九〇）十一月に、源頼朝が鎌倉に居を据えて以降初めて上洛した際、義澄が侍の筆頭格として供奉《ぐぶ》している（『吾妻鏡』建久元年十一月七日条）ことなどは、それを象徴する出来事といってよかろう。

　また、この上洛の際には、十人の御家人が任官の栄に浴したが、義澄はその権利を嫡子義村に譲

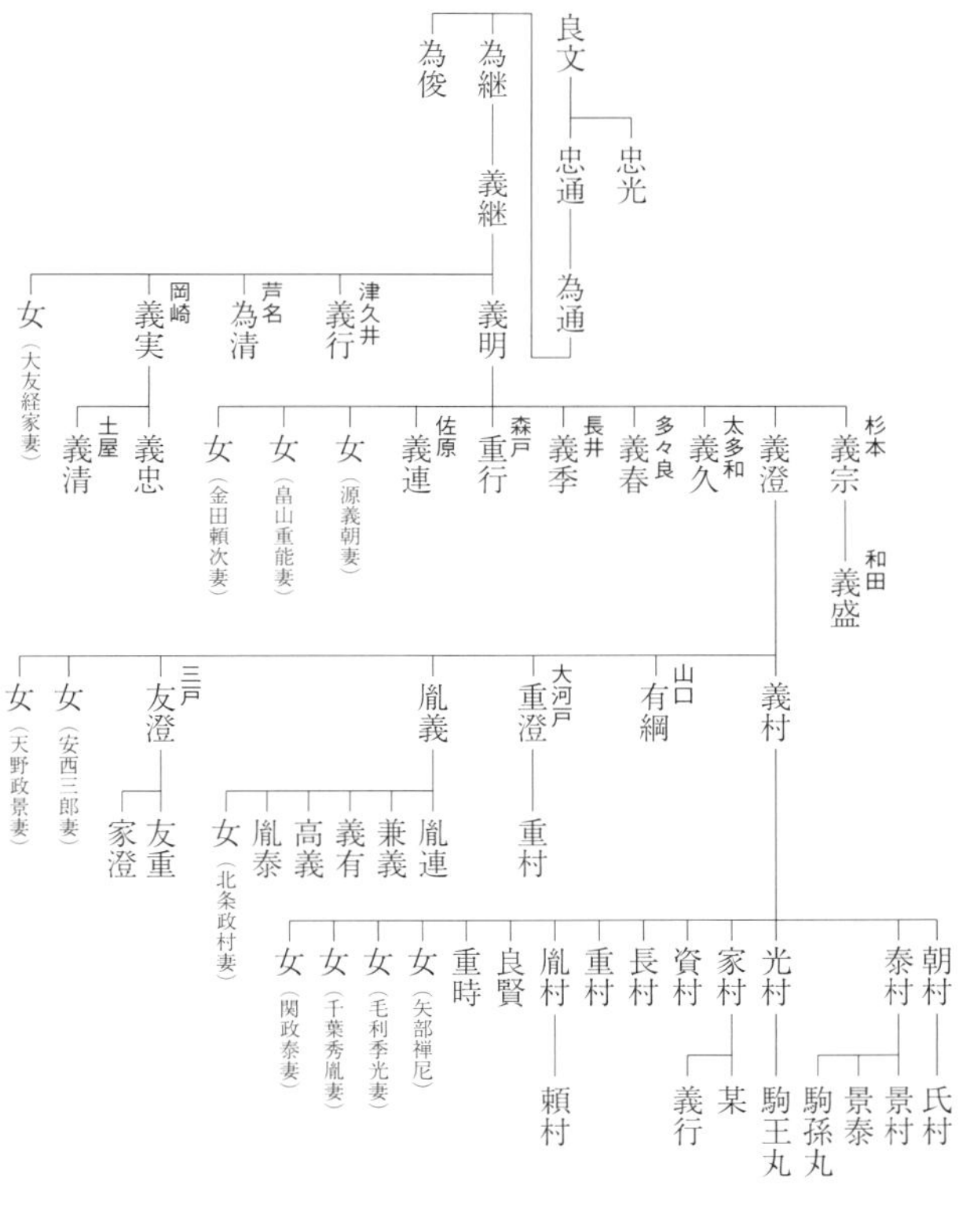

系図２　鎌倉時代の三浦氏略系図

伝三浦義澄の墓　神奈川県横須賀市

り、義村は右兵衛尉に任じられ、佐原義連・和田義盛も左衛門尉に任官して、三浦一族から三人の任官者が出ている点などからも、三浦氏が頼朝からいかに高く評価されていたかという点をうかがい知ることができる。

さらに建久三年七月二十六日、頼朝を征夷大将軍職に任じたことを記す文書（除目聞書《じもくききがき》）を勅使《ちょくし》が鎌倉に持参し、鶴岡八幡宮で義澄がこれを受け取っている（『吾妻鏡』同日条）。

『吾妻鏡』はこの件につき、「十万人中、義澄この役に応ず。面目絶妙なり。亡父義明命を将軍に献じおわんぬ。その功髑を剪《き》るといえども、没後に酬《むく》い難し。よって子葉を抽賞せらるる」とし、誰もが望む晴れの大役を義澄がつとめることとなった理由は、父義明が頼朝に命を捧げたため、子孫に対してその功績に報いようとしたためであるとしている。まさに、義明が最期にあたって、「自分は老いた命をここで武衛（頼朝）に捧げ、子孫の手柄にしたいと思う」と述べたその望みが叶ったものといえよう。

さらに、文治元年（一一八五）に源義経《よしつね》・同行家《ゆきいえ》の探索などを名目に、のちに「守護」と呼ばれる役職が各国に設置されると、義澄は事実上の相模国守護職に相当する地位を獲得していたものと思われる（『吾妻鏡』承元三年十二月十五日条）。

頼朝は正治元年（一一九九）正月に急死し、嫡男頼家《よりいえ》があとを継いだものの、その後、訴訟の裁許に関する頼家の専断が停止され、北条時政以下十三名による合議制《ごうぎせい》の形が取られることとなったが、義澄は和田義盛とともにこの中に加わっていた。義澄は正治二年正月二十三日に七十四歳で没し、嫡子義村がそのあとを継いだ。義村は義澄から事実上の相模国守護職の地位を引き継ぎ、また、義澄が没する前後の時期には、梶原景時《かじわらかげとき》の告発と追討にあたって中心的な役割を果たした。

## 北条氏との協調関係

宝治合戦によって三浦本宗家が滅びるという事実に引きずられたものか、従来、三浦氏と北条氏とはつねに緊張・対立関係にあったものと理解されることが多い。しかし、特に元久二年（一二〇五）の畠山重忠追討とそれにともなう北条時政の失脚、義時《よしとき》の家督就任といった事態以降、義村と義時との関係を『吾妻鏡』を中心にみていくと、そうした対立関係は一切浮かび上がってはこず、逆に一貫して協調関係にあった様相がみえてくる。

建仁二年（一二〇二）八月に、義村の娘（のちの矢部禅尼禅阿《やべぜんにぜんあ》）が義時の子泰時《やすとき》に嫁ぎ、その翌年には時氏《ときうじ》が誕生したこと、また、建保六年（一二一八）七月には、泰時が侍所《さむらいどころ》別当《べっとう》に就任するにあたり、義村が侍所所司に任じられたことなどは、その象徴的な出来事といってよかろう。さらに、建暦三年（一二一三）の和田合戦の際、当初は従兄弟の和田義盛に加担することを約した義村が、一転して義時亭にかけつけ、義盛挙兵の報をもたらすこととなった（『吾妻鏡』建暦三年五月二日条）のも、北条氏との協調関係を重視したことのあらわれといえよう。

　こうした北条氏との協調関係の結果、幕府内における三浦氏の地位は向上していった。承久元年（一二一九）十一月、義村は駿河守に補任されているが、これは実に承久の乱以前においては、源氏一族・北条氏一門や京下りの官人を除けば、侍身分の鎌倉御家人のなかで初めて受領《ずりょう》となる栄誉であった。この当時、駿河は関東御分国《かんとうごぶんこく》のうちであり、実質的には鎌倉殿《かまくらどの》が人事権を掌握していた点、また、元久二年には北条時房《ときふさ》が、承久元年には北条泰時が（泰時はこののち武蔵守に遷任《せんにん》）、さらには義村の後任として貞応二年（一二二三）に北条重時《しげとき》がそれぞれ駿河守に補任されている点などを考慮すれば、義村の駿河守補任は、北条氏との関係のなかで実現したことは明らかであろう。

　なお、承久元年正月に将軍源実朝《さねとも》が公暁《くぎょう》によって殺害された事件につき、その後の公暁の動きなどから、事件の「黒幕」として義村を想定する説が現在でも根強い影響力を有している。しかし、『吾妻鏡』などからうかがうことのできる三浦氏・北条氏の関係から考えれば、この段階で義村が北条氏との協調関係を破棄する理由はどこにも見当たらない。さらに、事件発生段階の北条義時正室であった伊賀氏《いがし》所生の「母太郎」政村《まさむら》が義村の烏帽子子《えぼしご》であった点、義村の娘が泰時の子時氏の母となっていた点などを考えれば、この事件の「黒幕」を義村とする考え方には肯首しかねる。

　『愚管抄《ぐかんしょう》』は、実朝殺害後の公暁が義村を頼ろうとしたことにつき、義村を鎌倉殿第一の御家人と認識していたからだとし、また、『吾妻鏡』は義村の子息駒若丸（のちの光村《みつむら》）が公暁の門弟であった

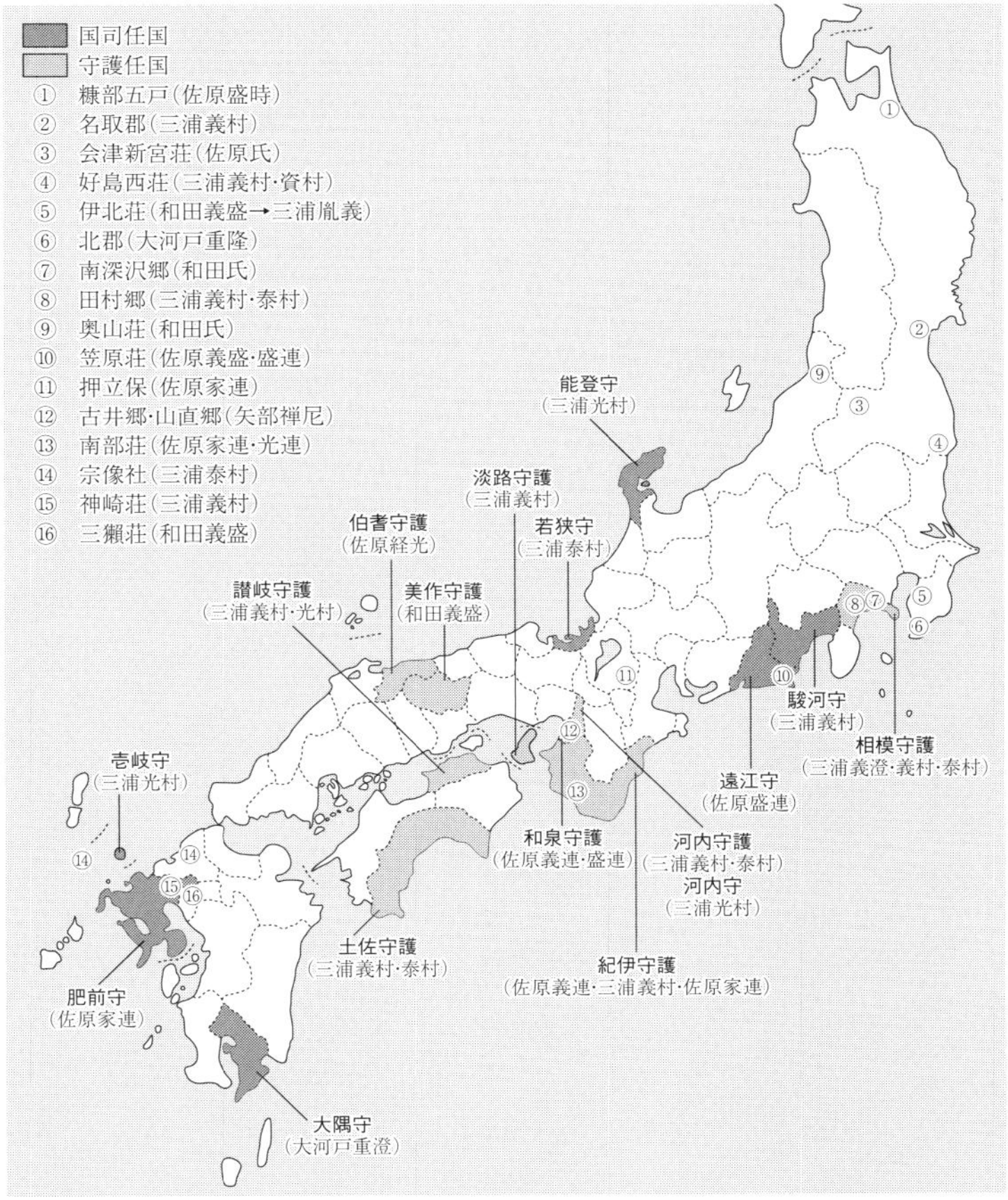


図１　三浦一族の国司・守護任国および所領分布図（真鍋淳哉「院政・鎌倉期の三浦一族」〈『三浦一族研究』10号、2006年〉所収の図に、加筆・修正して作成）

ためとしている。おそらくこうしたことが、公暁が義村を頼ろうとした実際の理由であったのではなかろうか。

貞応三年六月、義村の長年の「盟友」北条義時が没し、その後、いわゆる「伊賀氏事件」を経て泰時が執権《しっけん》となったが、その後も三浦氏と北条氏との関係には目立った変化はみられず、協調関係が継続していった。泰時の執権就任ののち、大江広元《おおえのひろもと》・北条政子《まさこ》が相次いで没し、幕府では世代交代が進んだが、そうしたなか、幕府草創期を知る唯一の存在が義村であった点や、泰時の嫡男時氏にとって、義村は外祖父であったという点も大きかったのであろう。

さらに、泰時を中心とする幕府は、義村らの宿老に相談しつつ政務を運営することを意識し、「合議制」のスタイルを打ち出していったが、義村やその嫡子泰村は幕府評定衆《ひょうじょうしゅう》の地位を得、また、北条得宗《とくそう》家の外戚《がいせき》として、その有力な構成員としての地位を確保し、本国の相模以外にも河内・紀伊・土佐の守護職や、全国各地に多くの所領を獲得していった。

## 京都政界で存在感を示した義村

承久三年（一二二一）五月十五日、北条義時追討の宣旨《せんじ》が発せられ、ここに承久の乱の幕が開けた。この際、三浦義村の弟胤義《たねよし》は後鳥羽上皇《ごとばじょうこう》方に取り込まれ、さらに「勅定《ちょくじょう》」に従い、ともに義時を追討すること、成功の暁には恩賞は望みのままと後鳥羽が述べたことなどを記した、上皇側への加担を勧める手紙を鎌倉の兄義村に書き送った（『吾妻鏡』承久三年五月十九日条）。

後鳥羽の挙兵の目的が、幕府そのものを打倒することにはなく、「治天《ちてん》の君《きみ》」たる自らの意思を尊重しない北条義時主導の幕府を「あるべき姿」に戻すことにあった点や、胤義の手紙に記された内容からすれば、後鳥羽側には幕府を親朝廷派によって支え、義村こそがそれを主導すべきとする思惑が存在したと思われる（真鍋二〇一四）。しかし、義村はこれを一顧《いっこ》だにせず、かえってこの弟からの手紙を義時に差し出すことにより、その旗幟《きし》を鮮明にした。ここでも義村は、北条氏との協調関係を選択したといえよう。

結局、承久の乱は鎌倉方の圧勝に終わり、同年六月に鎌倉勢が京都を占領すると、三浦義村は「関東」の命によって宮中守護を任された（「承久三年四年日次記」）。この「関東」が事実上、北条義時を指すことはまちがいなかろう。京都占領直後という難しい時期に、義時が義村に宮中守護を命じたという事実は、まさにそれまでの三浦氏と北条氏との協調関係のなせるわざであったと考えてよいであろう。

木造三浦義村坐像　神奈川県横須賀市・近殿神社蔵

また、京都を軍事的に占領し、最終的に仲恭《ちゅうきょう》天皇の退位と後鳥羽・土御門《つちみかど》・順徳《じゅんとく》の三上皇の配流を決した幕府にとっては、新たな治天の君の決定と、新天皇の即位が焦眉《しょうび》の課題であった。こうした事態に際した七月七日、義村は守貞親王《もりさだ》（行助入道法親王《ぎょうじょ》。のちの後高倉院《ごたかくらいん》）の室藤原陳子の北白河殿《きたしらかわどの》に赴いたが、鎌倉後期の賀茂《かも》社神官賀茂経久《つねひさ》が記した『賀茂旧記』はこの件につき、「七月七日、すゐるがの守北白河殿にまいりて、宮せめいだしまいらせて、おがみまいらせて、同九日御くらゐにつかせ給ふときこゆ」と記している。

これは、北白河殿の日常的居住空間にいた守貞親王と陳子の子茂仁王《ゆたひと》（後堀河天皇《ごほりかわ》）に対して、まだ幼いため、本来であれば出てくるはずのない接客空間にまで出座することを強く要請したうえで、義村が拝み倒すようにして践祚《せんそ》の了承を取り付けたと解釈すべきかと思われる。その結果、後堀河天皇の即位が実現し、その父守貞親王が後高倉院として院政を敷くという新体制がスタートすることとなった。

さらに、隠岐に配流された後鳥羽上皇の所領は、ことごとく幕府から後高倉院に進上されたが、その使者をつとめたのも義村であった。しかもこの際、必要がある場合にはこれを「武家」に返してもらうとする特約事項も申し入れて、許諾を受けている（「公武年代記裏書」）。こうしてみると、承久の乱後の朝廷と幕府との交渉、なかんずく新天皇の選定とそれにともなう治天の決定という、それまでの幕府が経験したことのない困難な事態への対処は、事実上、義村の手に委ねられていたといえよう。

こうした、承久の乱の戦後処理における義村の「辣腕《らつわん》」ぶりは、その後の京都政界に大きな影響を与えたと思われる。嘉禄元年（一二二五）十二月、八歳となった鎌倉殿三寅《みとら》は元服し、頼経《よりつね》と名乗った。藤原定家《さだいえ》の日記『明月記《めいげつき》』には、頼経の元服にあたって、関東申次《かんとうもうしつぎ》の西園寺公経《さいおんじきんつね》や摂政近衛家実《せっしょうこのえいえざね》が「義村等の存旨」をはかりかねているさまが記されている（同年十月二十八日条）。これは、この時期の朝廷にとって、幕府の顔は決して執権北条泰時ではなく、三浦義村であったことを顕著に示す事例といってよかろう。

また、寛喜元年（一二二九）に義村は多勢を率いて上洛したが、その直後、義村がときの関白《かんぱく》九条《くじょう》道家《みちいえ》を更迭しようとしたという情報が道家の耳に達し、これにより義村が申し開きのために上洛の意向を示したものの、道家の子息の将軍頼経が止めたために思いとどまったとする情報が記されている（『明月記』同年十月六日条）。これは、噂の域を出るものではなかろうが、義村は北条義時の娘と源通時《みちとき》との婚姻を仲介し、さらに通時を蔵人頭《くろうどのとう》に推挙する（『明月記』嘉禄元年年十一月十九日条）など、朝廷の人事に大きな影響力を保持していたことは事実であった。

さらに、『明月記』嘉禄元年年十一月十九日条では、後堀河天皇の後継者が定まらない状況のなかで、交野宮《かたののみや》と称される高倉天皇の孫の母方の伯父にあたる源通時と、北条義時の娘とを結び付けようとする義村の策謀を、「八難六奇《はちなんろっき》の謀略、不可思《ふかし》議《ぎ》の者か」と評している。記主の藤原定家は三浦義村をして、中国前漢《ぜんかん》の劉邦《りゅうほう》に仕えた軍略家張良《ちょうりょう》（八難）・陳平《ちんぺい》（六奇）

伝三浦義村の墓　神奈川県三浦市

に比する謀略の持ち主であるとし、義時の娘と通時との婚姻を、皇位継承に対する布石と解釈しているわけである。

これについては、さきの関白の更迭とともに、あくまでも噂にすぎないものであったのかもしれない。しかし、最も重要なのは、それが事実であったか否かよりも、記主の定家をして、承久の乱後に非常手段を取ってまでも新天皇を即位させた「義村ならばやりかねない」と思わせる部分が存在したという点であろう。こうした朝廷に対する影響力は、当時の得宗すら持ちえないものであった。

以上のような義村時代の三浦氏を、近年では「権門《けんもん》」と評価する向きもある（野口二〇〇五）が、その評価の当否はさておきつつも、こうした義村の存在が、単なる一御家人のレベルを越えたものとして評価されるのは、ある意味で当然のことといえよう。

## 宝治合戦と三浦本宗家の滅亡

延応元年（一二三九）十二月、義村は「大中風《だいちゅうぶう》」＝脳卒中によって急死した（『吾妻鏡』同年十二月五日条）。

義村が没したことにより、三浦氏と北条氏との関係には変化が生じた。北条泰時と義村の娘との婚姻はある段階で解消されており、義村の娘は三浦一族の佐原盛連《もりつら》（義村の叔父義連の子）に再嫁《さいか》した。また、両者の間に生まれていた泰時の嫡男で義村を外祖父とする時氏も、父に先立ち寛喜二年（一二三〇）にすでに没していた。さらに、義村の嫡男泰村《やすむら》は、泰時を烏帽子親とし、二度にわたってその娘を妻としたものの、いずれも死別し、三浦氏と北条氏との縁戚関係は希薄となっていった。

こうした状況のなか、仁治三年（一二四二）に泰時が没して孫の経時《つねとき》が執権となると、経時の大叔父北条政村や母方の伯父安達義景《あだちよしかげ》がこれを支える体制が取られ、泰村も評定衆として重要な地位を占め、寛元二年（一二四四）には弟の光村も評定衆に加わった。

しかし、三浦氏側にも路線対立が存在したものと思われ、泰時は父義村以来の北条氏との協調路線を志向する一方、光村は若年より藤原頼経に近侍していたこともあり、頼経をいただき北条氏と対立する姿勢をみせていた。寛元四年の「宮騒動《みやそうどう》」の結果、頼経が京都に送還された際、光村はこれに供奉したが、これと別れる際、御簾《みす》に涙ながらにとりすがり、「今一度頼経を鎌倉に入れ奉らん」と言い放った（『吾妻鏡』同年八月十二日条）ことは、その象徴的な出来事といえよう。その後、病に倒れた経時に代わり弟時頼《ときより》が執権となると、「宮騒動」への光村の加担も念頭に入れたうえで、時頼亭での「深秘の沙汰」に泰村を加えるなど、北条氏は三浦氏との関係再構築を図った。

こうした事態に危機感を抱いたのが、時頼の外戚安達氏であった。宝治元年（一二四七）四月、高野山で出家して鎌倉に戻ってきた安達景盛《かげもり》は、三浦氏に対して何も手を打とうとしない子息義景を叱責し、軍備を整えるよう命じた。

一方で時頼は、泰村の子息を自らの養子とし、泰村亭に逗留するなど関係修復につとめたものの、五月二十一日には鶴岡八幡宮に泰村誅伐を予言する落書《らくしょ》が立つなど、状況は悪化していった。さらに六月に入ると、泰村亭に三浦氏が討たれるとの落書が立ち、鎌倉には緊張が走った。六月四日、三浦

伝三浦一族の墓　神奈川県鎌倉市

氏側は一族や郎従が泰村亭に集まったが、時頼は状況を探りつつも和平工作を続け、翌日には泰村も宿意《しゅくい》がないことを弁明し、両者の関係は落ち着くかにみえた。

しかし、こうした和平を妨げたのが、得宗の外戚の地位を確固たるものとしようとした安達氏であった。安達泰盛《やすもり》等は武装解除していた三浦側を急襲し、泰村は驚きながらも防戦したが、火を放たれたため、源頼朝の墓所法華堂《ほっけどう》に入り、永福寺《ようふくじ》から移動してきた光村をはじめとする一族や毛利季光《もうりすえみつ》などの与同人五百余人とともに自害し（『吾妻鏡』同年六月五日条）、ここに鎌倉幕府に重きをなした三浦本宗家は滅亡した（宝治合戦）。

一族が最期のときを迎えた際に光村は、藤原頼経の父道家の言葉に従いしかるべき措置を講ずれば、三浦氏が武家の権を執っていたことはまちがいないとして、兄泰村の逡巡を非難し、自らの顔を刀で削り自害した。

これに対し泰村は、頼朝の御影《みえい》を血で穢し、さらに仏閣を焼失させることは不忠至極として、弟の行為に制止を加えたうえで、三浦氏の多年の幕府に対する功績からすれば、たとえ罪があったとしても許されるべきであり、そのうえ北条氏の外戚たる身であるにもかかわらず、一片の讒言《ざんげん》によって誅戮《ちゅうりく》されることの不当さを訴えながらも、父義村が多くの人々を死罪とした報いもあり、これからすぐに冥途《めいど》に赴く身としては、今さら北条氏を恨んだところで仕方がないという、諦めにも似た心境を吐露したという（『吾妻鏡』同年六月八日条）。

## 佐原流三浦介家の誕生

宝治合戦によって三浦本宗家は滅亡したものの、三浦一族そのものが滅亡したわけではなかった。三浦義村の娘（のちの矢部禅尼禅阿）は当初、北条泰時に嫁いで時氏の母となっていたものの、この婚姻はある段階で解消され、一族の佐原義連の子盛連に再嫁していた。

盛連は父から和泉国守護職を引き継ぎ、妻が前夫泰時との間に儲けた時氏が六波羅探題《ろくはらたんだい》となった際、これに従い在京し、三浦一族のなかでは義村に次いで二番目に受領となり、遠江守に任官している。しかし、盛連には酒乱の気味があったようで、その濫行《らんぎょう》ぶりに京都の公家たちは驚き、盛連を「悪遠江」と呼んで恐れていた（『明月記』天福元年六月十三日条・『民経記』天福元年六月十三日条）。自らの妻の子時氏が、得宗の嫡子であるといった自負もあったのであろう。こうした「悪行」が災いしたものか、天福元年（一二三三）には在京時の悪事によって殺害されたとの風説も流れている（『明月記』同年五月二十二日条）。

盛連には経連《つねつら》・広盛《ひろもり》・盛義《もりよし》・光盛《みつもり》・盛時《もりとき》・時連《ときつら》の六人の男子があり、上の三人は矢部禅尼以外の女性との間に儲けた子で、下の三人は矢部禅尼との間の子であった。したがって、光盛・盛時・時連は北条時氏の異父弟であり、時氏の子時頼にとってみれば、それぞれ叔父にあたるわけであった。こう

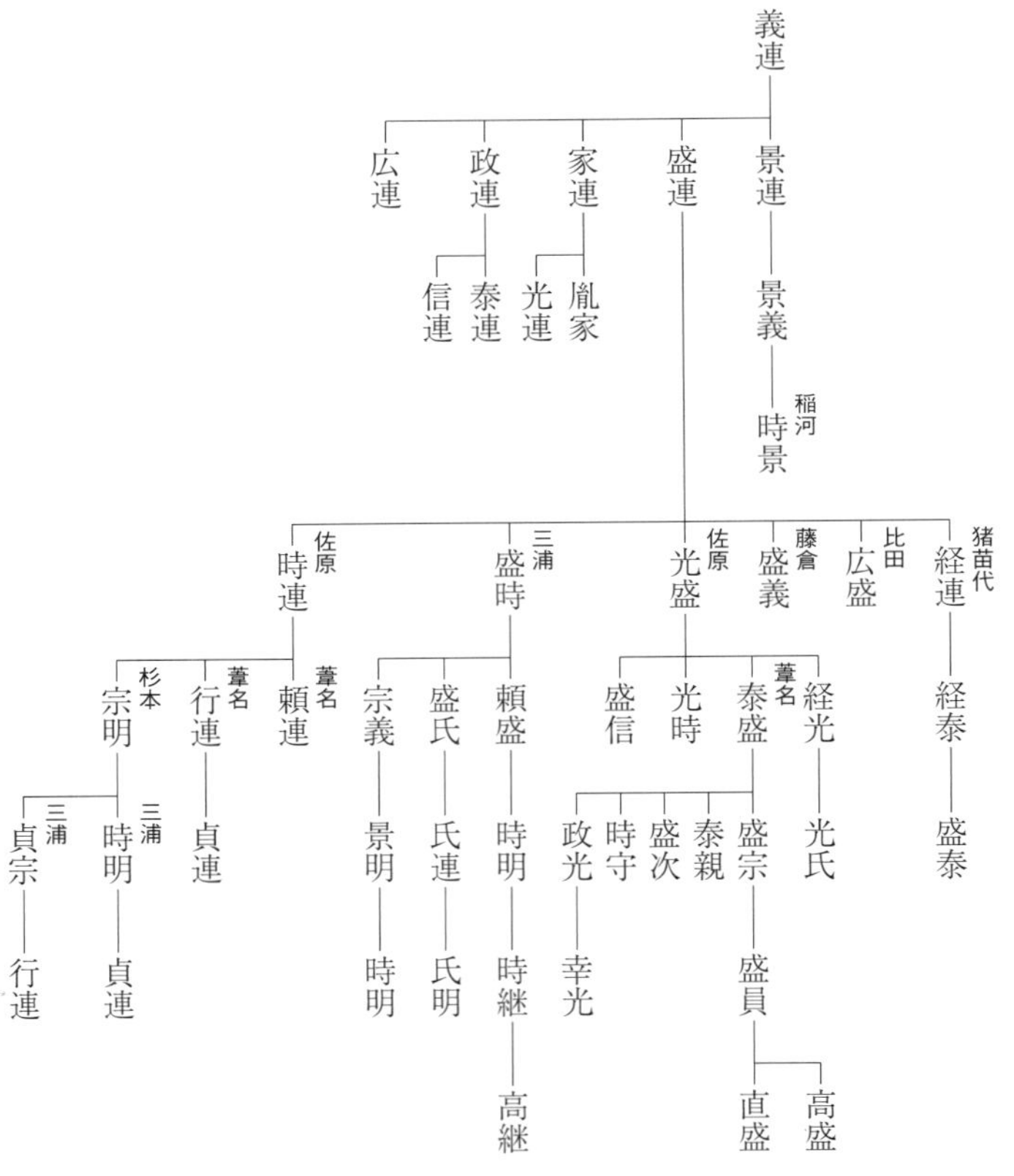


系図３　鎌倉時代の佐原流三浦氏略系図

した点から、盛時は寛元四年（一二四六）段階で、時頼から陸奥国糠部《ぬかのぶ》五戸《ごのへ》（青森県三戸郡五戸町）の地頭代職《じとうだいしき》に任じられており（宇都宮氏家蔵文書）、宝治合戦以前からすでに得宗被官的な性格を有していたものと思われる。

　このような関係から、宝治合戦に際して佐原六兄弟は、本宗家には与同せず、いずれも北条時頼亭に馳せ参じた（『吾妻鏡』宝治元年六月二日条）。この際の『吾妻鏡』の記事では、兄弟たちの名をそれぞれ、「佐原太郎経連」「比田次郎広盛」「藤倉三郎盛義」「次郎左衛門尉光盛」「五郎左衛門尉盛時」「六郎兵衛尉時連」としている。

ここからは、広盛は比田（福島県会津若松市）を、盛義は藤倉（会津若松市）をそれぞれ苗字の地としていることがわかり、宝治合戦段階において、すでに彼らは陸奥国会津の地に本拠を移していたであろうことが推察される。また、長男の経連はこの段階では「佐原」を名乗っているものの、この系統はその後陸奥国猪苗代《いなわしろ》（福島県耶麻郡猪苗代湖町）を苗字の地とし、この周辺に勢力を有していったことから考えれば、広盛・盛義と同様に、この段階ですでに会津周辺に本拠を移していた可能性が高いと思われる。

さらに、経連・広盛・盛義の三人はそれぞれ単なる仮名《けみょう》のみで記されており、この段階で無位無官であったのに対し、光盛・盛時・時連の三人は、それぞれこの段階ですでに左衛門尉・兵衛尉という官途を有していた。同じく佐原盛連を父としたとはいうものの、上の三兄弟と、矢部禅尼を母とする下の三兄弟とでは、幕府からの待遇に大きな格差が生じていたのであろう。

なお、比田氏・藤倉氏はそれぞれ、南北朝初期頃までは会津地域やその他の東北地域での活動を追うことができ、猪苗代氏は会津葦名《あしな》氏（戦国時代には「蘆名」とする表記も多く見られるが、南北朝・室町期では「葦名」の表記が多いことから、さしあたり本書では、この表記で統一することとしたい）と対立しながらも、その後その勢力下に属し、戦国末期まで猪苗代湖周辺に勢力を保ち続けることとなった。

宝治合戦後、盛連の子息たちは恩賞を与えられ、このうち盛時は「三浦介《みうらのすけ》」の地位を継承することとなった。建長元年（一二四九）八月、幕府は三浦介盛時に対して御教書《みぎょうしょ》を下したが、そこでは、「遠江前司盛連跡」にかかる関東御公事《みくうじ》（幕府が御家人に賦課した役で、京都大番役《おおばんやく》・鎌倉番役や儀式への奉仕など、さまざまなものがある）については盛時の兄光連が差配することとし、一方、兄弟たちが新たに与えられた相模国内の所領については、盛時が責任をもって所領の規模に応じて配分し、今後は「盛連跡」とともにつとめを果たすよう命じられている（宇都宮氏家蔵文書）。

父盛連の遺領の御公事について差配が委ねられているという点から考えれば、宝治合戦後には、矢部禅尼所生の三兄弟のうち最も年長の光盛がその中心にすえられ、一応の「宗家」と認識されたものと思われる。しかし、「三浦介」の地位を継承したのは光盛ではなく盛時であり、相模の新給所領の御公事の配分を命じられたのも盛時であった。盛時が兄光連をさしおいて三浦介の地位を継承した理由は定かでないが、先に述べたように、宝治合戦以前の段階からすでに得宗被官的な立場にあり、兄弟のなかでも特に北条時頼と親密な関係にあったことによるものとも考えられる。

このように、宝治合戦後まもなくは光盛系が嫡流とされたようであるが、その後、光連の子経光《つねみつ》は伯耆守護となる（「梵網戒本疏日珠抄」巻八裏文書）ものの、濫行のためか諸国を流浪しており、その弟の泰盛は、兄経光との訴訟の過程のなかで「悪口《あっこう》の咎《とが》」により拘禁されている（『新編追加』傍例）。さらにその弟盛信《もりのぶ》は、二月騒動《にがつそうどう》に与同して滅ぼされている（『系図纂要』）。

こうした点が影響したものか、鎌倉後期頃には「三浦介」盛時系が三浦一族の宗家とみなされるようになっていたようで、光盛系は鎌倉末期頃にはすでに所領を有していた会津地域にその活動の拠点を移していったものと考えられる。この系統はその後、「葦名氏」を名乗り、南北朝期には会津郡守護の地位を獲得し、それを足掛かりとして周辺領主を次々と傘下に収め、ついには戦国大名会津葦名氏として、南東北の地に君臨することとなってゆく。

なお、時連の系統は、時連自身が検非違使《けびいし》に任じられたように、その後も京都との関わりを強く持つこととなるが、大まかにいって大きく二つの系統に分かれてゆく。そのうちの一流は、時連の孫貞《さだ》宗《むね》の段階で足利尊氏《あしかがたかうじ》に仕えて京都で活躍する一方、美作・土佐といった西国にも所領を有し、その後、三浦半島に関わりを残しつつも、美作国勝山《かつやま》（岡山県真庭市）を本拠に室町幕府奉公衆《ほうこうしゅう》として活動し、天正四年（一五七六）に毛利氏により滅ぼされるまで、この地で存続していった。また、もう一流は、時連の曾孫貞連《さだつら》の時代に足利尊氏の侍所をつとめ、横須賀《よこすか》郷（神奈川県横須賀市）を本領とし、その後も三浦半島と大きく関わるかたちで発展してゆくこととなる。

一方、三浦氏の嫡流と認識されるようになっていった盛時系は、その後も三浦半島に本領を保持し続け、十六世紀初めまで「三浦介」の地位を継承してゆく。本書の主人公三浦道寸《どうすん》は、この系統の出身である。しかし、宝治合戦後の「三浦介」は、『吾妻鏡』などをみても、それ以前に比べて政治の重要局面などに登場する機会は激減し、幕府の儀式などの際にその名がみえる程度になってゆく。本宗家が滅亡し、庶流が「三浦介」を継承したことにより、家格の低下を招いたことは否めないものと思われる。以降、この盛時系の動向についてみていくこととしよう。

# 第二章　各地で活躍した南北朝期の三浦氏

## 建武政権・鎌倉将軍府に従う

元弘三年（一三三三）五月に鎌倉幕府は滅亡したが、この際の三浦氏の対応についてはよくわからない。

元徳三年（元弘元、一三三一）の元弘の変の際には、後醍醐《ごだいご》天皇の籠もる笠置山《かさぎやま》（京都府相楽郡笠置町）を攻撃する幕府軍のなかに、当時の三浦氏の当主時継《ときつぐ》（三浦介盛時の嫡子頼盛《よりもり》の孫）の名を見出すことができる（『太平記』・「光明寺残篇」）。また、翌年の正慶元年（一三三二）に幕府軍が大和国吉野（奈良県吉野郡吉野町）や河内国の赤坂（大阪府河内郡千早赤阪村）・金剛山（奈良県御所市）の護良《もりよし》親王・楠木正成《くすのきまさしげ》を攻撃した際にも、一族の三浦時明《ときあき》（盛時の子宗義《むねよし》の孫）がこれに参加している（『太平記』）。しかし、彼らは鎌倉幕府滅亡後も命脈を保っていることから考えれば、元弘三年のある段階で、幕府方から後醍醐天皇方へ転じることとなったのであろう。

討幕を果たした後醍醐は、元弘の変後に配流された隠岐から京都に入り、新たな政治を開始することを宣言した（建武の新政）。鎌倉を陥落させた新田義貞《にったよしさだ》は、そこにとどまることなく京都に上って天皇のもとで活動したので、新たに鎌倉の統治を行うことになったのは、足利尊氏の子千寿王《せんじゅおう》（のちの義詮《よしあきら》）であった。その後、元弘三年十二月になると、新政府の関東・東北に対する統治の方針が定められ、後醍醐の腹心北畠親房《きたばたけちかふさ》の子顕家《あきいえ》が義良《のりよし》親王（後醍醐の皇子）を奉じて陸奥国府《こくふ》（宮城県多賀城市）に赴いた（陸奥将軍府《むつしょうぐんふ》）。また、足利尊氏の弟直義《ただよし》が成良《なりよし》親王を（後醍醐の皇子）奉じて鎌倉に入る（鎌倉将軍府《かまくらしょうぐんふ》）こととなり、関東の武士たちは成良親王と直義に従うことになったのであった。

　こうした状況のなか、三浦一族の惣領《そうりょう》であった三浦介時継も東国にいて、鎌倉将軍府に従っていたようである。建武元年（一三三四）四月、時継は「勲功《くんこう》の賞《しょう》」として、新たに武蔵国大谷郷（埼玉県さいたま市大谷とする説と、同上尾市大谷本郷に比定する説とがある）・相模国河内郷（神奈川県平塚市）の二か所の所領を与えられている（宇都宮氏家蔵文書）。

　なお、この文書には直義の署名と花押《かおう》とが据えられているものの、文末に「仰せによって下知件のごとし」とあることから、一応は成良親王の仰せにしたがって所領が与えられていることがわかる。ただ、事実上は直義による宛行《あてがい》と考えられ、さらに「勲功の賞」とあることからすれば、何らかの功

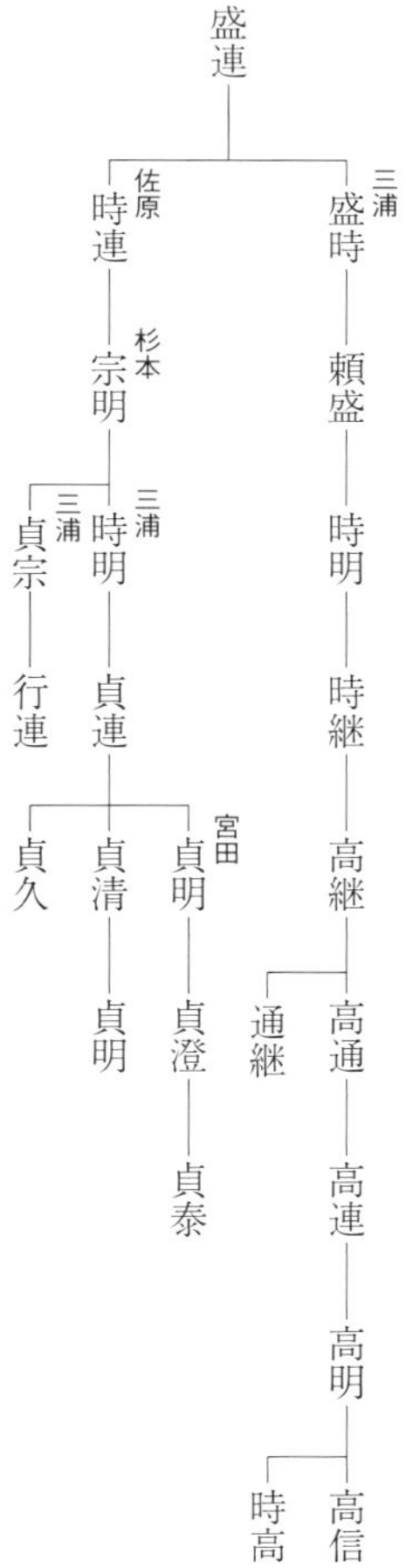

系図４　南北朝時代の三浦氏略系図

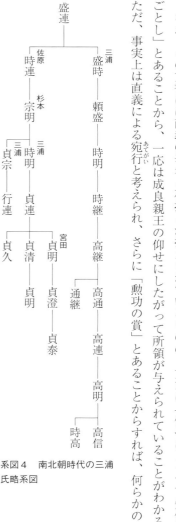

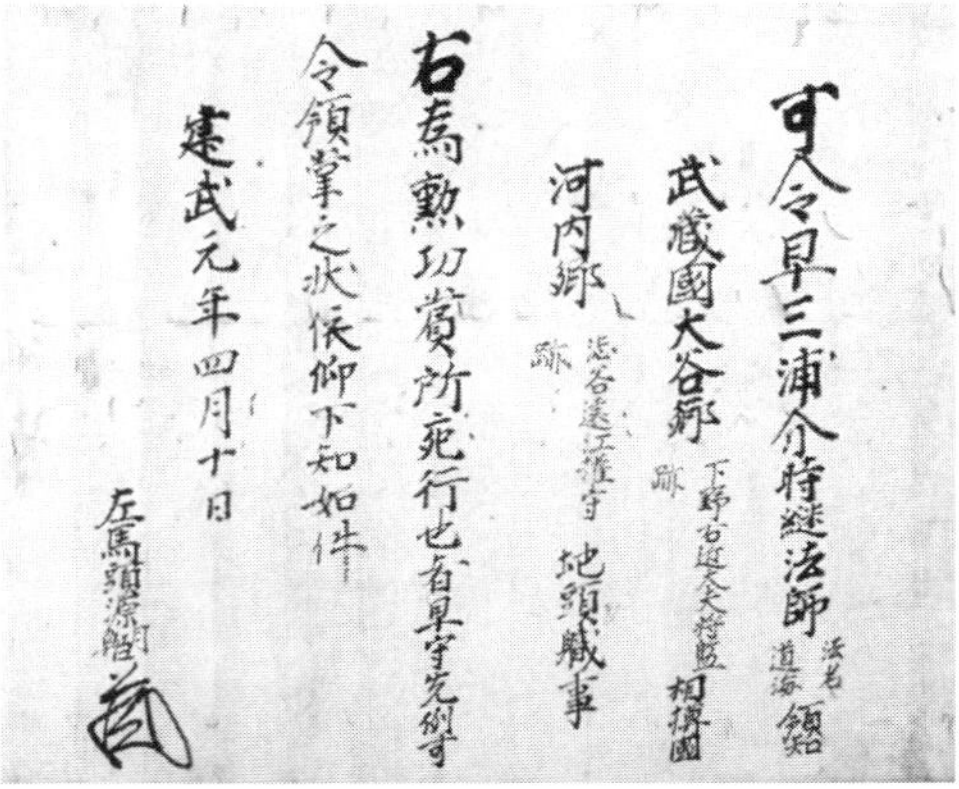

建武元年４月10日付け足利直義宛行状　（宇都宮氏家蔵文書）　小田部氏蔵　写真提供：桜川市教育委員会

績に対する新恩給与《しんおんきゅうよ》であったのだろう。いずれにせよ、この段階では時継が建武政権と鎌倉将軍府に従っていたことはまちがいなかろう。

## 三浦介の家格意識

天皇を中心とする政治体制を組織し、「公武一和」によって全国の統治を行おうとした建武政権であったが、その前途は多難であった。各地で北条氏の残党やその与党が蜂起を繰り返し、状況はなかなか安定しなかった。『太平記』には、後醍醐天皇がこうした各地で相次ぐ反乱を鎮めるため、皇居で「天下安鎮法《てんかあんちんほう》」という儀式を行ったことがみえる。ここからは、当時の「三浦介」の家格意識をうかがうことができて興味深いため、長文をいとわず引用してみたい（『太平記』巻第十二　安鎮国家法事付諸恩賞事）。

この法を行う時、甲冑の武士四門を堅めて、内弁《ないべん》・外弁《げべん》、近衛、階下に陣を張り、伶人《れいじん》楽を奏する始め、武家の輩《ともがら》南庭の左右に立ちならんで、剣を抜き四方を鎮むることあり。四門の警固には、結城《ゆうき》七郎左衛門親光《ちかみつ》・楠河内守正成・塩冶《えんや》判官高貞《たかさだ》・名和《なわ》伯耆守長年《ながとし》なり。南庭の陣には右は三浦介、左は千葉大介貞胤《おおすけさだたね》をぞ召されける。この両人兼ねてはその役に随うべき由を領状申したりけるが、その期に臨み千葉は三浦が相手に成らん事を嫌い、三浦は千葉が右に立たん事を忿《いか》りてともに出仕を留めければ、天魔《てんま》の障礙《しょうげ》、法会《ほうえ》の違乱《いらん》とぞなりにける。（後略）

【現代語訳】この法（天下安鎮法）を行う際、甲冑を身にまとった武士たちが皇居の四門を警固し、内弁・外弁、近衛が紫宸殿《ししんでん》の階下に陣を張り、伶人が楽を奏し、紫宸殿の南庭では武士たちが左右二列に並んで、剣を抜いて立ち、四方から邪気が入らないようにするかたちをとることとなった。四門の警固の責任者には、結城七郎左衛門親光・楠木河内守正成・塩冶判官高貞・名和伯耆守長年が起用された。南庭の陣には、右は三浦介、左には千葉大介貞胤が選ばれた。この両人は、前もってこの役をつとめるという請書を提出していたものの、ことに臨み、千葉は三浦が相手であることを嫌い、一方の三浦は千葉の右に立つことについて怒りをあらわにして、どちらも出仕することをやめてしまった。これは天魔による妨害であろうか、法会の妨げとなってしまった。

名和長年画像　「日本歴代人傑大鑑」　当社蔵

東西南北の四門の警固には、結城親光・楠木正成・塩冶高貞・名和長年という、後醍醐天皇に早くから従って政権にも参画していた新興の武士が起用される一方、南庭の陣の左右に並ぶ武士たちの筆頭として、三浦介と千葉大介貞胤とが選ばれたわけであり、ここには鎌倉以来の御家人たちが配されたのであろう。その代表として、天皇は三浦と千葉を選んだわけだが、これは両氏が源頼朝の挙兵にあたって大きな功績をあげ、その後も鎌倉幕府で重きをなした先例が踏まえられたものと思われる。

しかし、こうした天皇の配慮にもかかわらず、三浦と千葉はこうした措置に反発し、儀式の直前になって出仕しないと言い出した。ここでは、千葉側は「三浦が相手では納得できない」と主張する一方、三浦は「千葉の右に立つのは嫌だ」としているのである。鎌倉幕府の初期においては、両氏の家格は対等であったろうが、千葉にしてみれば、自らは宗家が存続して守護職も保持し続けているにも関わらず、三浦は本宗家が滅亡して庶流がこれを継承しており、守護職も失った家なのだから、それと並ぶのは我慢しかねるといった意識があったのだろう。これに対して三浦は、左右に列する場合、天皇から見て左が上位になるにもかかわらず、千葉が上位の左、三浦が下位の右に位置するという、筆頭とはいいながらも千葉の下位に立たされることに対して不満を抱き、ついには出仕をやめてしまったわけである。

ここからは、現実的には本宗家の時代に比べて大きく勢力を削がれてしまっているにもかかわらず、家格の上では千葉氏と対等か、それ以上のものという強い意識を三浦氏が抱いていたという点を読み解くことができよう。『太平記』に記された以上の話が事実であるかどうかはわからないが、仮に創作であったとしても、この時代の人々が、三浦氏のこうした強い家格意識を周知していたことは確認することができる。

　なお、ここにみえる「三浦介」が三浦時継であるのか、その嫡子高継《たかつぐ》であるのかはよくわからない。高継の場合であれば、「三浦新介《しんすけ》」と記されるべきとも考えられる一方、「千葉大介貞胤」との表記かられすれば、時継ならば「三浦大介」と記されたはずとも考えられ、残念ながら、いずれであるのかは判然としない。

## 中先代の乱に従軍した時継・時明

　三浦・千葉の出仕拒否といった事態はあったものの、こうした「天下安鎮法」の儀式が効果を示したものか、『太平記』は北条氏の残党による蜂起がいったん収まったとしているが、実際には不穏な状況は続いていた。

　建武二年（一三三五）七月、信濃の諏訪頼重《すわよりしげ》が、北条高時《たかとき》の遺児時行《ときゆき》を奉じて挙兵し、鎌倉に向けて進撃し、これに対する軍勢を打ち破っていった。情勢の不利を悟った足利直義は、成良親王を奉じて鎌倉を脱出し、西に向かった。その結果、北条時行勢は易々と鎌倉を占領し、あらたな鎌倉の統治者であることを示した（中先代《なかせんだい》の乱）。

　八月十二日、鎌倉の右大将家法華堂の禅衆清弁《せいべん》は、時行の奉行人たちから相模国三浦郡林郷大多和《おおたわ》村（神奈川県横須賀市）内の田畠在家の知行安堵《ちぎょうあんど》を受けた（法華堂文書）が、そこには「関東静謐《せいひつ》の上は、元のごとく知行せしむべし」とあり、時行の政権は戦いに勝利したことによって、「関東静謐」

という状況が生まれたと認識していたのであろう。

このように、時行の軍勢が大きな抵抗もなく鎌倉を占領することができた背景には、鎌倉幕府の滅亡後も、いまだそれを根強く支持する勢力が東国に幅広く存在していたという状況があったものと思われる。こうした旧鎌倉勢力を支持する者たちのなかに、三浦介時継や三浦時明（盛時の子宗義の孫）も存在したのであった。

鎌倉を逃れた直義は、ただちに兄尊氏に救援を求め、尊氏は東国下向に対する後醍醐天皇の許可を得られぬまま出陣し、東海道を東に進み、八月十七日には箱根で戦い、軍勢はそのまま相模になだれ込んだ。この箱根の戦いの際の北条時行方の大将は三浦時明であったようで（「足利尊氏関東下向宿次・合戦注文」）、翌日の相模川での合戦にも敗れた時明は、懐島《ふところじま》（神奈川県茅ヶ崎市）へ落ち延びたところ、付近の浦人たちがこれを憐れんで、大きな壺に時明を入れ、浜の砂の中にこれを埋めて隠したものの、壺の中で時明は死んでしまい、そのまま壺ごと土の中に埋められたという（天正本「太平記」）。

尊氏の軍勢は八月十九日に鎌倉になだれ込み、諏訪頼重は自害、北条時行は逃亡して、ここに中先代の乱は幕を閉じた。時行方に加担していた三浦介時継は、船で鎌倉を脱出したものの、尾張国熱田浦（愛知県名古屋市）で熱田大宮司によって捕らえられ、京都に護送されて斬首され、首が都大路《みやこおおじ》を渡された後に獄門《ごくもん》に懸けられたという（到津文書・『太平記』）。

## 全国に幅広く存在した三浦介家の所領

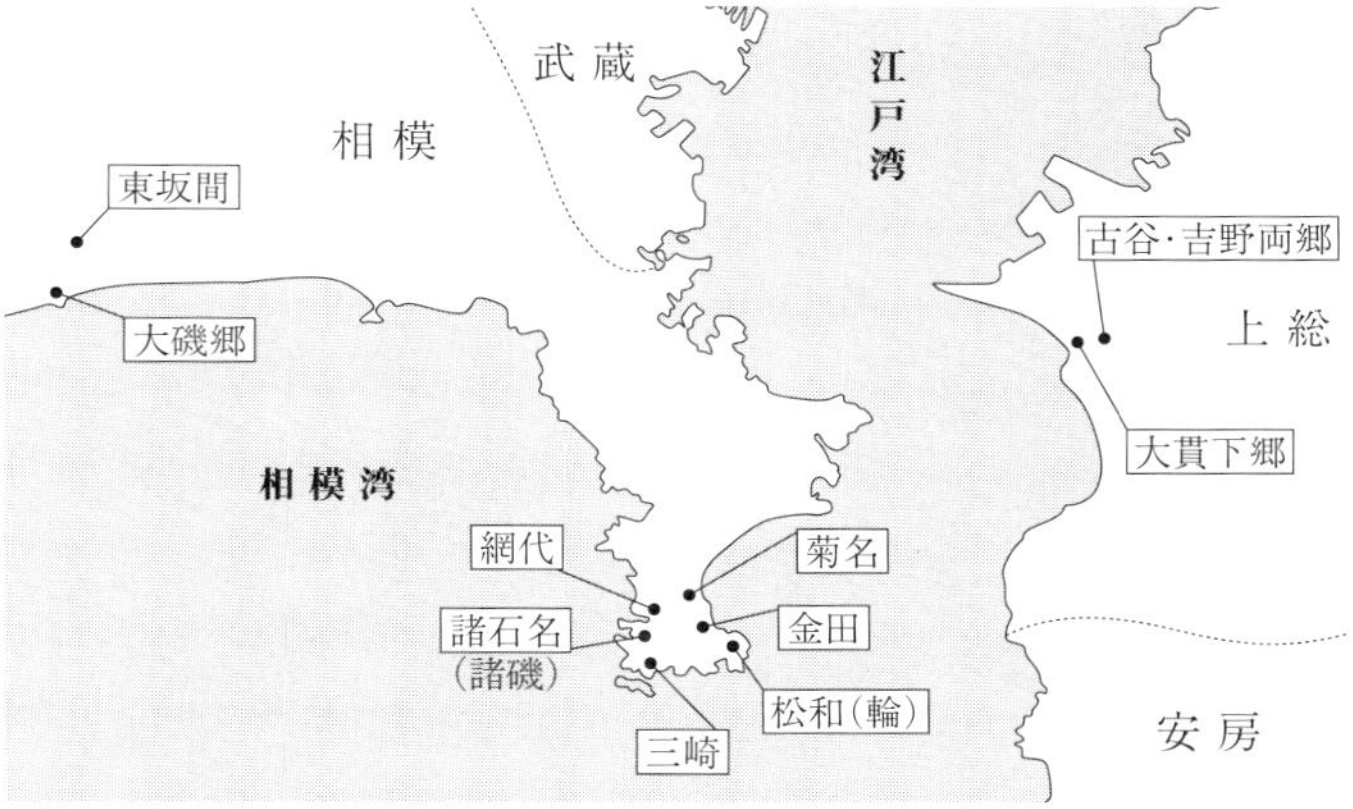


図２　「足利尊氏下文」にみえる三浦介高継の所領（１）

このように、三浦介時継は北条時行勢に加担して悲劇的な最期を迎えたが、これによって三浦氏が滅亡したわけではなかった。

時継の嫡子高継は、中先代の乱に際して父と袂《たもと》を分かち、一貫して尊氏に従っていた。尊氏が東国の反乱を鎮め、時継が処刑されてまもない建武二年（一三三五）九月二十七日、高継は尊氏から所領などを安堵する下文《くだしぶみ》を与えられており（宇都宮氏家蔵文書）、ここからは、当時三浦氏が保有していた所領などの概要を知ることができる。

なお、この下文には「勲功の賞として充て行うところなり」と記されており、高継が尊氏に従った功績によって所領が与えられたという形式が取られている。しかし、列挙された所領の末尾に「父介入道々海跡本領」とあり、これらの所領はもともと高継の父時継が領知していたものであり、実質的にはその遺領が高継に安堵されたということになろう。

この下文によって高継が安堵された三浦介家の所領など

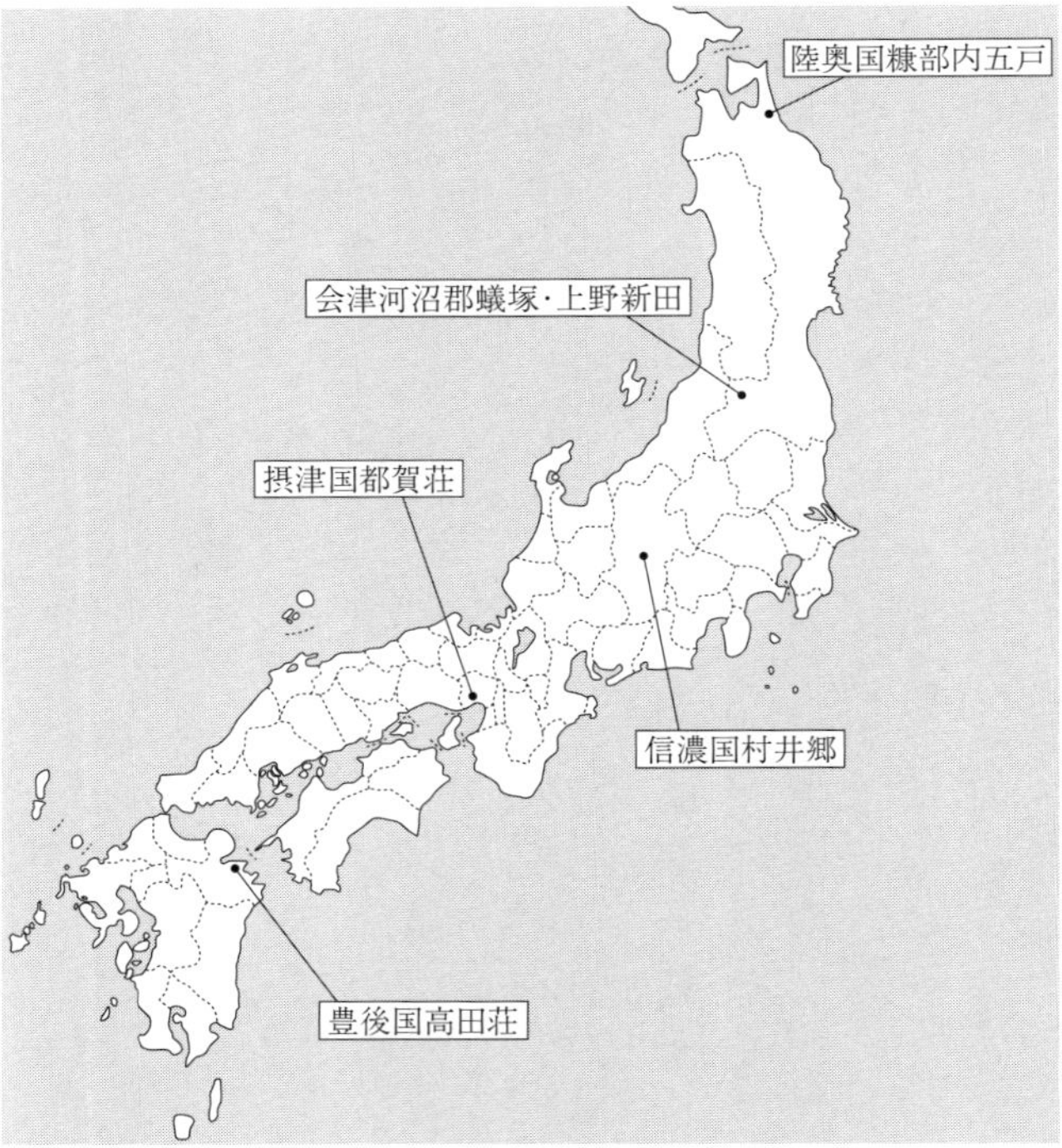


図３　「足利尊氏下文」にみえる三浦介高継の所領（２）

としては、相模国大介職、三崎・松和・金田・菊名・網代・諸石名（いずれも神奈川県三浦市）、大磯郷（神奈川県中郡大磯町）、東坂間（神奈川県平塚市）、三橋（不明）、末吉（不明）、上総国天羽郡内古谷郷・同吉野郷・同大貫下郷（いずれも千葉県富津市）、摂津国都賀荘（兵庫県神戸市）・豊後国高田荘（大分市）、信濃国村井郷（長野県松本市）内小次郎知貞跡、陸奥国糠部内五戸（青森県三戸郡五戸町）、同会津河沼郡蟻塚（福島県河沼郡会津坂下町）・同上野新田（福島県喜多方市）といったところが列挙されている。基本的には、これが時継・高継の時期の三浦氏が領知していた所領の全体像であったのだろう。

まず、「相模国大介職」とは相模介および、三浦介の地位と三浦氏の家督と考えてよかろう。また、所領については、本領の三浦半島のみならず、相模国中部や上総国・摂津国・豊後国・信濃国・陸奥国五戸・同会津と、幅広く全国に散在していたことがわかる。

このうち、信濃・豊後の所領については、鎌倉後期にはすでに三浦氏の所領であったことを確認することができ（宇都宮氏家蔵文書・「豊後国図田帳」）、まさに伝来の所領であったことがわかる。また上総の所領は、いずれも房総半島西岸の富津《ふっつ》湊の付近に集中しており、本領の三浦半島と江戸湾（三浦半島と房総半島に挟まれた内海、すなわち現在の東京湾を指す中世段階での具体的な呼称は管見には留まっていないが、本書では便宜上この名称を用いることとする）を挟んだ対岸に位置していることから、三浦氏の江戸湾交通への関与も想定することができよう。

なお、この下文には列挙されていないものの、高継はこの翌月、鎌倉鶴岡八幡宮に上総国真野郡椎津郷（千葉県市川市）内の田地を寄進して、現生の安穏と子孫の繁栄を祈願しており（鶴岡八幡宮文書）、椎津郷内にも三浦氏の所領があったことがわかる。

一方、三浦半島の所領についてみてみると、列挙された地はいずれも半島南端部にあり、この時期の三浦半島における三浦氏の所領は、半島の突端部、ほぼ現在の三浦市域に局限されるものであったということになる。この時期、半島中央部の横須賀郷（神奈川県横須賀市）を三浦貞連が領有しており、必ずしも三浦一族の所領が半島内から駆逐されてしまったわけではなかったが、一族の惣領三浦介家に関しては、こうした状況であったわけである。

箱根竹之下の千束橋　竹之下合戦にて官軍（後醍醐方）が退く際に橋を落としたので、足利軍が薪を千束投げ入れて橋の代わりにして渡ったという　静岡県小山町

宝治合戦後、佐原氏の系統が三浦介を継承してその命脈を保ったものの、本宗家の時代のように三浦半島全体に影響力を及ぼすことはできず、半島南端にのみ限定的に所領を有していたというのが、当時の実情であったのである。

## 各地を転戦し、室町幕府樹立に功をなす

中先代の乱を鎮圧した足利尊氏であったが、東国下向にあたっては後醍醐天皇の許可を得ておらず、両者の関係破綻は必然的であった。

新田義貞の率いる軍勢が東国に向かったことを知った尊氏は、天皇に反旗を翻すことを決意し、弟の直義を大将とする軍勢をこれに当たらせた。しかし、直義が新田軍に敗れた結果、尊氏は自身の出陣を決意し、多くの武士がこれに従った。

建武二年（一三三五）十二月に駿河国竹下《たけのした》（静岡県駿東郡小山町）での合戦に勝利した尊氏は、勢いを駆って軍勢を進め、年の明けた建武三年正月には京都に入り、当時侍所をつとめていた三浦貞連（三浦介盛時の弟時連の曾孫。当時横須賀郷の領主であったものと思われる）が戦死するなど、各地で激戦が繰り広げられた。

しかし、尊氏は京都での戦いに敗れ、摂津国兵庫湊（兵庫県神戸市）から船で九州へ下り、この地で再起を図った。少弐《しょうに》氏などの援助を得た尊氏は多々良浜《たたら》（福岡市）で菊池《きくち》氏を破り、軍を東へ向けた。四月二十七日に周防国笠戸《かさど》（山口県下松市）に到着した尊氏は、ここで三浦介高継に備中・美作の軍勢を率いて美作の敵を討つよう命じている（三浦文書）。

高継が備中・美作両国の統率者（実質的な守護）となることを期待していたのであろうが、おそらく高継は、尊氏に従って鎌倉から京都に入り、その後の九州下向の際には尊氏と分かれて美作あたりにとどまり、再起の時を待っていたものと思われる。尊氏の命に従って美作を発した高継は、五月十五日に備中国河原（岡山市）の足利直義の陣に参じ（『梅松論』）、その後は尊氏の軍勢と合流し、新田義貞や楠木正成との湊川の戦いに加わった（『梅松論』）。

これに勝利してそのまま京都を制圧した尊氏は、ここに新たな武家政権を樹立した。いわゆる室町幕府である。後醍醐天皇は退位を余儀なくされ、持明院統《じみょういんとう》の光厳《こうごん》上皇の弟豊仁《とよひと》親王（光明《こうみょう》天皇）が即位することとなったが、この年の十二月、後醍醐はひそかに京都を脱出して大和国吉野（奈良県吉野郡吉野町）に入り、自らの正当性を主張した。こうして南北に二つの朝廷が並び立ち、南北朝の内乱と呼ばれる長い戦乱が打ち続くことになる。

### 京都に留まり「侍所管領」をつとめた高継

幕府が成立したとはいうものの、東北には後醍醐の命を受けて統治にあたっていた北畠顕家がおり、また、新田義貞は北陸に拠って独自の勢力を形成しようとしていた。足利方もこれに対応するため、京都には全国各地から次々に武士たちが集まっていた。こうした混沌とした状況のなか、三浦介高継は尊氏に従って京都に留まり、侍所の任務を果たしていたものと思われる。

すなわち建武四年（一三三七）四月二十六日、肥後国吉人荘《よしひと》（熊本県人吉市）の犬童《いんどう》孫三郎重氏《しげうじ》という武士が上洛し、着到状《ちゃくとうじょう》を提出しているが、これを受け取って証判を加えたのが高継であった（相良家文書）。これは侍所の職務に基づくものと思われる。

また、京都の祇園社《ぎおんしゃ》の前執行《さきのしぎょう》顕詮《けんせん》は、丹後国波々伯部保《ほほかべのほ》（兵庫県篠山市）をめぐって現地の武士である波々伯部信盛《のぶもり》と争い、幕府に提訴していたが、暦応二年（一三三九）十二月に幕府の裁許が下された。そこには、「三浦介高継が侍所管領であったときに、顕詮が不忠をはたらいたと仁木頼章《にっきよりあき》が申し立てたが、事情を糾明したところ誤りはないことが判明し、その旨を院に奏上したので、日野資名《ひのすけな》・油小路隆蔭《あぶらこうじたかかげ》の二人の公卿《くぎょう》を通じて建武四年に安堵の院宣《いんぜん》をいただいた」という一文があり（南部晋所蔵文書）、これによっても高継が「侍所管領」の地位にあったことがわかろう。

高継のあとに侍所となった仁木頼章の申請に基づいて調査が行われ、建武四年に安堵の院宣が発給されたわけであるから、建武四年のある時期には高継は侍所の地位を退き、仁木と交替したのであろう。侍所は京都市中の治安維持などにあたるとともに、幕府の御家人を統轄する重要な役割であったが、以上のような状況を考えれば、高継は尊氏が京都を制圧した建武三年の秋頃から翌年にかけて、侍所所司（管領）の地位にあったとみてよかろう。

また、建武四年六月十日、越後の三浦和田茂継《もちつぐ》は弟の茂資《もちすけ》を養子として自らの所領を譲与するための譲状《ゆずりじょう》を記したが、この譲状の奥（文書の左側の空白部分）には、「この状一見し候らいおわんぬ　高継」とする、三浦介高継による異筆の書き入れがされている（中条家文書）。さらにその二日後の六月十二日に、茂継は高継に宛てて、「本国の越後で敵が動き出したため、帰国することになりました。陸路は敵勢が通路を塞いでいるため船で下ることとしますが、難儀なことが予想されますので、途中で万一のことが起きた場合を想定して譲状を記しましたので、それに花押を据えていただければうれしく思います」とする書状を送った。それに対して高継は、受け取った書状の裏に、「譲状二通を送っていただきましたので、これに花押を据えました。いまどきこのようなお計らい、うれしく思います。詳しいことについては御使に申しました」と記し、これを茂継に返送している（上掲「中条家文書」目録番号四七―一裏）。茂継は急ぎ譲状を記したのであろうが、上位者にその内容を保証してもらうため、こうした措置が取られたものと思われる。

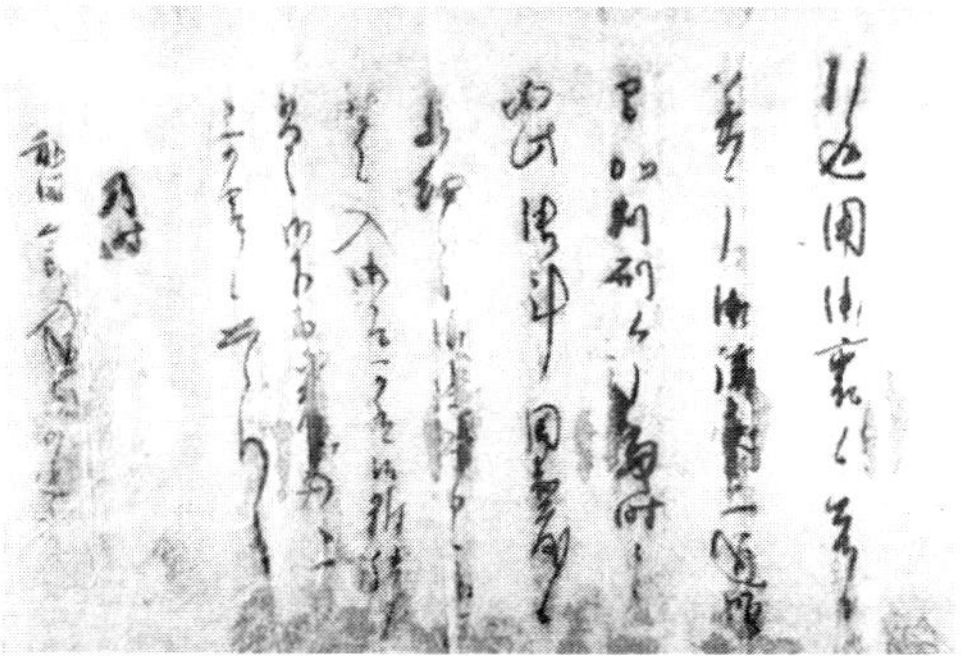
三浦高継返書（中条家文書）　山形大学小白川図書館蔵

建武四年六月という段階は、高継は在京していた時期であったろうから、この書状のやり取りは京都で行われたものであろう。京都から陸路で越後に向かおうとすれば、当然、京都→近江→越前→加賀→越中→越後というルートが取られたであろうが、当時越前には新田義貞が拠っており、茂継のいう「陸路は敵勢が通路を塞いでいる」という状況とも符合する。

それではなぜこの際、三浦和田茂継は三浦介高継に譲状への署判を求めたのであろうか。両者はともに三浦氏の系譜に位置付けられるとはいうものの、三浦和田氏は鎌倉時代初期の和田義盛の弟義茂を祖とし、七～八代も前に分かれており、実質的な父系親族とは言い難く、一門の惣領として署判を加えたとは想定しにくい。高継と茂継との間には、主従関係といった強固なものではなく、緩やかな上下関係があったものと思われるが、茂継が元服する際、高継ないしはその父時継を烏帽子親とし、「継」の字を与えられたといったような状況があったのかもしれない。

また、高継の記した「この状一見し候らいおわんぬ」という文言からは、先述の侍所などが、参陣した武士の提出した着到状に署判を加える事例が想起されるが、こうした点や建武四年六月という時期から考えれば、これも高継が侍所であったことによる措置であった可能性も想定されよう。この高継による署判は、こうした事情が絡み合ったものだったのかもしれない。

### 高継の活躍により向上した家格

侍所所司という重要な役割をつとめた高継は、その後も一貫して尊氏のもとで活躍した。

建武四年（一三三七）冬、陸奥国府（宮城県多賀城市）にいた北畠顕家が動き、十二月には大軍を率いて尊氏の子義詮の守る鎌倉に攻め寄せた。足利方は敗れ、義詮は三浦に逃亡、義詮を補佐していた

『太平記絵巻』に描かれた青野原の戦い　埼玉県立歴史と民俗の博物館蔵

斯波家長《しばいえなが》は自害に追い込まれた。

年の明けた暦応元年（一三三八）正月、顕家は鎌倉を発して東海道を進んだ。一方、顕家に敗れた鎌倉の足利方の軍勢も態勢を立て直し、尊氏救援のために顕家の軍勢を追い、挟み撃ちしようと試みた。その結果、正月二十八日に、両勢力は美濃国青野原《あおのがはら》（岐阜県大垣市）で激突した。『太平記』は、この戦いに「三浦新介」が加わったとし、今川貞世《いまがわさだよ》（了俊《りょうしゅん》）の著した『難太平記《なんたいへいき》』は、「三浦介」が参加したとしている。「三浦介」は高継を、「三浦新介」はその嫡子高通《たかみち》を指すものと思われる。『太平記』と『難太平記』との記事に相違があり、この戦いに加わったのが高継・高通のいずれであったのかは判然としない。

戦いは顕家方の勝利に終わったが、「建武三年以来記」は、その数日後の二月五日のこととして、「上杉中務少輔範藤・三浦介等、今日入洛《（じゅらく）》す」と記している。この日、上杉憲藤《のりふじ》（足利尊氏の母方の伯父上杉憲房《のりふさ》の子）・三浦高継らが入京したとあることからすれば、美濃での戦いに参加したのは高継自身、ないしは父子ともにこれに加わっていたとも考えられる。さらに、

「建武三年以来記」の記事からは、当時、三浦介高継が足利方の軍勢の筆頭格の一人と認識されていた様子をうかがうことができる。

こうした高継の活躍は、三浦氏の家格向上という効果をもたらしたようである。建武四年四月二十日、高継の嫡子高通は、北朝から左衛門少尉に任じられ（宇都宮氏家蔵文書）、同年八月二十八日には高継自身が、それまでの従五位下からひとつ上の従五位上に叙せられている（宇都宮氏家蔵文書）。

侍所所司をつとめ、足利方の中核的存在の一人としての地位を手にした高継は、こうした立場を足掛かりとして、自らと子息の地位向上をはかり、それを実現したのであろう。

## 高通への代替わりにともない鎌倉に戻る

こうして三浦氏の地位向上を実現した高継は、暦応二年（一三三九）に没した。『系図纂要』はそれを、この年の五月十七日のこととしている。

また、禅僧虎関師錬《こかんしれん》の年譜『海蔵和尚年録《かいぞうおしょうねんろく》』には、この年の五月の記事として、「相州別駕《べつが》死す。師下火を請く。二十日その家の嗣紙を出だして法語を求め写す」とある。「別駕」は「介」の唐名《とうみょう》であり、高継が「相模大介」の地位にあったことは、先述の建武二年（一三三五）九月二十七日付で足利尊氏が高継に与えたことがわかる。さらに、没年月が『系図纂要』と符合している点から考えれば、『海蔵和尚年録』にみえる「相州別駕」は、高継のことと考えてまちがいなかろう。

ここからは、当時、南禅寺《なんぜんじ》（京都市）にいた虎関師錬が高継の葬儀に際して下火《あこ》の役目（棺に火をつけた際に引導の言葉を発する役）をつとめ、五月二十日には高継の嗣子（高通）の求めに応じ、下火の法語を紙に書き写して与えたというのである。おそらく高継は、前年に入京した後、そのまま京都に留まって死去し、葬儀も京都で行われ、虎関師錬が導師《どうし》をつとめたのであろう。

この年の八月には、吉野で後醍醐天皇が没して南朝方の動きは一時収束し、前年八月には足利尊氏が北朝から征夷大将軍職に任じられており、ここに室町幕府は本格的にその政治を始めた。京都では尊氏・直義による二頭政治が展開され、鎌倉には義詮があって関東の支配にあたった。

『鶴岡社務記録』の康永二年（一三四三）四月二十四日条には、相模国の小石河公文《こいしかわくもん》兄弟が「三浦介」によって捕らえられたとみえる。小石河公文兄弟とは、足利方に敵対する勢力、おそらくは南朝方の勢力と思われるが、それを三浦介高通が鎌倉で捕らえたということであろう。ここからは、第一に康永二年段階で高通は鎌倉におり、義詮に従っていたと考えられること、第二にこの時期、高通は鎌倉の警備を担当するような役割を担っていたと思われる点などが明らかになる。父高継の在世時には父に従って在京していた高通であったが、父が没した後は京都から鎌倉に戻り、直接的には義詮に仕えて支えていたものと思われる。

さらに、高通は観応二年（一三五一）十月、相模国懐島郷（神奈川県茅ヶ崎市）半分を茂木知世《もてぎともよ》代貞《さだ》幹《もと》に沙汰付《さたしつ》けようとしている（茂木文書）が、これは守護としての職務に基づくものと思われ、遅くとも観応二年十月までには相模守護となっていたことはまちがいない。ただ、三浦氏が相模守護となった時期はさらにさかのぼることも考えられ、高継の時期にはすでにその地位にあった可能性も考えられる。

思えば、鎌倉時代の宝治合戦によって三浦本宗家が滅亡し、三浦氏は実質的な相模守護の地位を喪失する。その後、鎌倉幕府は相模には守護を設置しなかった。「三浦介」を継承した盛時以降、代々の佐原流三浦介家の当主たちが、本宗家の時代と同様に相模守護の地位を獲得し、三浦氏がこれを回復することを願ったであろうことは想像に難くない。そうした点からいえば、鎌倉幕府の滅亡と、それに続く南北朝の動乱は、三浦氏にとって復権への大きな転機となったわけである。相模守護の回復の時期がいつであったのかという問題は別としても、そこに高継の活躍と、それにともなう家格向上という点が大きく作用していたことはまちがいなかろう。

## 観応の擾乱では直義方につく

室町幕府の頂点にあったのは将軍尊氏であったが、実際の政務を担っていたのは弟の直義であった。直義は、足利一門や旧鎌倉幕府系の勢力などを基盤としながら、幕府政治の安定化に向けてさまざまな措置を講じていた。

一方、軍事面で指導的役割を果たしていたのは尊氏の執事高師直《こうのもろなお》であった。師直は南朝方との数々の戦いで大きな功績をあげ、新興勢力を基盤とし、大きな変革をもいとわない姿勢を示して勢力を築いていった。幕府では、両者を支持する勢力がそれぞれ形成されていき、その対立は決定的なものとなってゆく。世にいう観応の擾乱である。

貞和五年（一三四九）、直義は兄尊氏に師直の執事罷免を求めてこれを実現するものの、師直も八月十二日に大軍で直義邸を囲み、身柄の引き渡しを求めて反撃した。直義は尊氏のもとに逃げ込んだが、師直は尊氏の御所も囲んだ。しかし、さすがの師直も尊氏に弓を引くことはできず、両者は講和することとなる。

その結果、師直は復権し、直義は引退に追い込まれ、直義の腹心上杉重能《しげよし》・畠山直宗《ただむね》が流罪となり、配流先で殺害された。さらに、鎌倉にいた義詮が京都に上って尊氏を補佐することとなり、代わって義詮の弟の基氏《もとうじ》が鎌倉に下向して鎌倉公方となった。こうして状況はいったん収束したかにみえたが、観応元年（一三五〇）になると情勢は大きく動いた。直義の養子直冬《ただふゆ》（尊氏の実子）が中国地方で挙兵し、尊氏はその追討のために出陣したが、その隙に京都を脱した直義は、各地の与党に決起を呼びかけ、南朝と和睦を結んで自らの正当性を主張し、尊氏に対抗する構えをみせたのである。

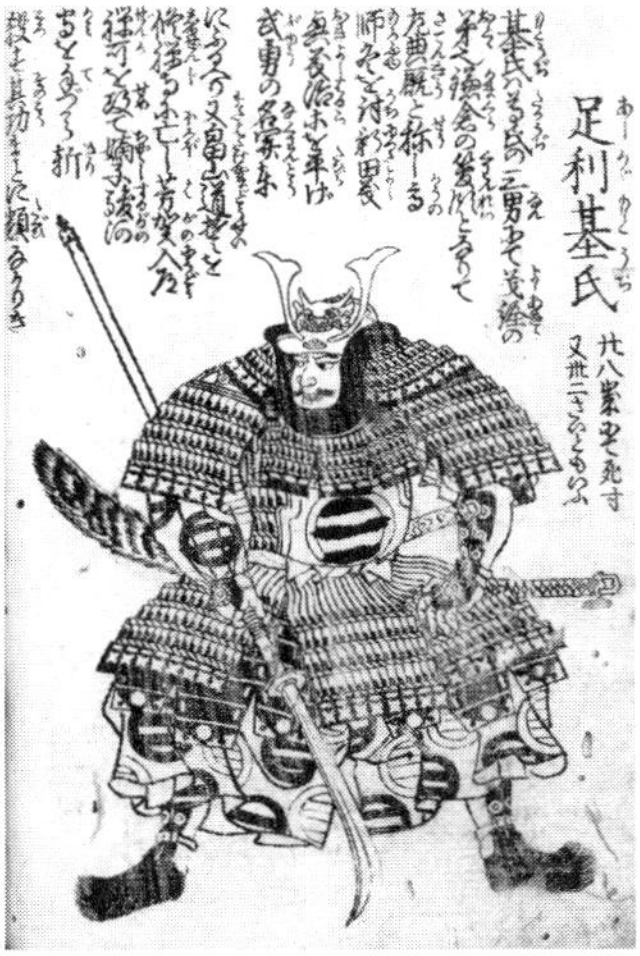

足利基氏画像　「百将伝」　当社蔵

一方、関東でも観応の擾乱による影響は大きかった。鎌倉公方足利基氏はいまだ幼く、高師冬《もろふゆ》・上杉憲顕《のりあき》が執事としてこれを補佐していたが、師冬は師直の従兄弟であったのに対して、上杉憲顕は直義に心服していた腹心であったことから、関東においても両者の対立が顕然化していった。

十一月、憲顕の子上杉能憲《よしのり》が常陸国信太荘《しだ》（茨城県土浦市・同稲敷郡阿見町・美浦村ほか）で挙兵し、憲顕は鎮圧に向かうが、憲顕は能憲と合体し、直義方の立場として逆に鎌倉に向かうこととなった。これに対して高師冬は、公方基氏を擁して鎌倉を脱したものの、相模国湯山《ゆやま》（神奈川県厚木市）で石堂義房《いしどうよしふさ》に阻まれ、基氏の身柄を奪われてしまった。その結果、師冬は甲斐に逃れ、基氏は上杉憲顕らに伴われて鎌倉に帰還することとなった。

この際、三浦介高通は上杉憲顕らとともに行動し、基氏の鎌倉帰還にあたっては先陣をつとめている（古文書録　乾）。さらに、京都醍醐寺地蔵院《じぞういん》の房玄法印《ぼうげんほういん》の記した『観応二年日次記《かんのうにねんひなみき》』の正月十七日条には、「関東をば石堂《(塔)》禅門ならびに三浦介がこれを打ち落とすと云々」と記されており、京都では石塔義房・三浦介高通のはたらきによって上杉憲顕らが鎌倉を押さえたと認識していたことは興味深い。ここで高通は、憲顕と手を携えるとともに、直義方の立場を選択したわけであるが、さらに高通は、関東における直義方勢力の中心的な存在の一人と認識されていたことがわかろう。

鎌倉を掌握した上杉憲顕は、子息能憲を直義救援のために派遣し、観応二年正月には直義の勢力が京都を制圧した。これに対して、直冬追討のために中国地方に出陣していた尊氏は、京都の奪回を意図したものの、摂津国打出浜《うちでのはま》（兵庫県芦屋市）で直義方の軍勢に敗れた。直義は高師直の身柄の引き渡しを要求し、師直とその一族は武庫川《むこがわ》（兵庫県西宮市・同芦屋市）付近で上杉能憲（憲顕の子であるが、師直に殺害された上杉重能《しげよし》の養子となっていた）を中心とする軍勢に襲撃され、二月二十六日に一族ことごとくが殺害される。

こうして、直義が復権を果たすことになったわけであるが、師直に従っていた武士たちは尊氏のもとに再結集し、事態は尊氏派と直義派との対立という様相を呈することとなっていった。形勢の悪化を悟った直義は北陸に逃れ、さらに同年十一月十五日には腹心上杉憲顕が掌握していた鎌倉に入り、尊氏に対抗する構えをみせた。鎌倉公方基氏は尊氏の実子ではあったものの、直義の猶子《ゆうし》ともなっていたことも、鎌倉に入る要因のひとつであったのだろう。

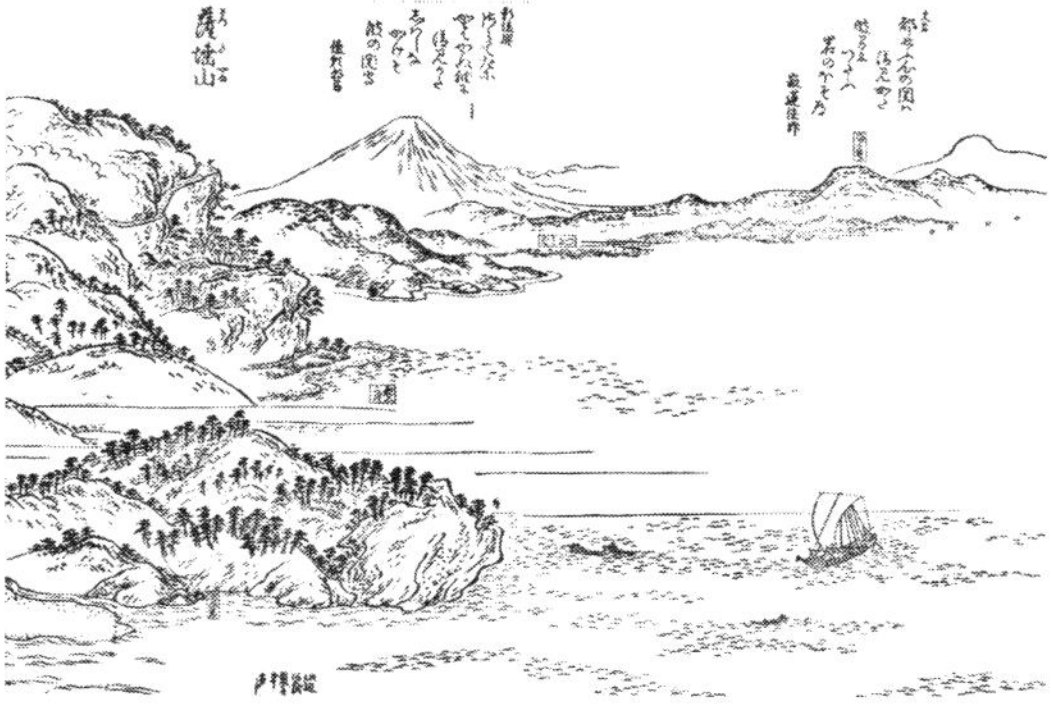

近世に描かれた薩埵山

こうした緊迫した状況のなかの十月七日、三浦介高通は、右大将家法華堂領大多和村（神奈川県横須賀市）に対して禁制《きんぜい》を発給して、甲乙人《こうおつにん》の濫妨狼藉《らんぼうろうぜき》を禁じている（法華堂文書）。これは、法華堂の要請を受けての措置と思われるが、政情不安のなか、濫妨狼藉をはたらく勢力の出現が予想されることに対し、高通は相模守護として地域の安定化を図ろうとしていたわけであった。

こうして、鎌倉は直義派によって掌握されたものの、こうした状況を打開すべく大軍を東に向けた尊氏は、十一月には駿河国薩埵山《さったやま》（静岡市）に到着し、ここに陣を張った。こうした尊氏の動きを受け、直義も大軍を率いて鎌倉を発し、両勢力が薩埵山で激突し、これに勝利を収めた尊氏はそのまま鎌倉に攻め入り、翌文和元年（一三五二）正月には鎌倉を制圧した。

その結果、上杉憲顕が信濃に逃れたのをはじめ、直義派の武将たちは各地に逃れたが、直義は伊豆山（静岡県熱海市）に逃れたところで尊氏から和睦の申し入れがあり、畠山国清《くにきよ》らによって尊氏の陣に迎えられ、鎌倉に連行された。『喜連川判鑑《きつれがわはんかがみ》』は、このとき、鎌倉公方基氏が尊氏・直義両者の関係修復のための仲介を執り行おうとしたものの、尊氏がそれを認めなかったとしている。結局、直義は幽閉されたが、二月二十六日（前日の二十五日とする説もある）に没した。『太平記』は、直義の死因を尊氏による毒殺としているが、真相は不明である。

薩埵山合戦から直義の死に至るまでの数か月の間、三浦介高通がどのように行動したのかについて物語る史料は、現在のところほとんど確認されていない。『太平記』には、「三浦介・葦名判官・二階堂下野二郎・小俣宮内少輔も高倉殿方にて、薩埵山の合戦に打負しかば、降人に成て命をば継たれども」とあり、高通は薩埵山合戦後、尊氏に降伏して従ったものの、その後、尊氏を裏切ってこれを討とうと計画したが、事が露見して逃亡したとしている。ただ、物語性が強く、真相についてはあまりよくわからない。

しかし、観応二年十二月十九日、大友氏時《おおともうじとき》は足利義詮から勲功賞として肥前国与賀《よか》荘（佐賀市）と豊後国高田荘（大分県豊後高田市）を与えられているが、このうち高田荘は「三浦介跡」とされている（大友文書。なお、この文書が発給されたのは、いわゆる「正平の一統」の時期であったため、文書には「正平六年」という南朝年号が用いられている）。高通は東国の直義方勢力の中心的な存在と認識されていたため、所領であった高田荘を幕府から没収され、大友氏時に与えられることになったのだろう。
高通の具体的な動きは不明であるが、その後の行動から考えれば、東国の直義方勢力が崩壊した際、一時的に本拠地である三浦に逃れたのではなかろうか。

## 新田義興に呼応して挙兵

こうして、尊氏は東国の争いを収めたかにみえたが、足利方の深刻な内部抗争は、南朝勢力に再起のきっかけを与えることとなった。

北畠親房は、東西で呼応して京都・鎌倉を同時に回復することを目論んだ。文和元年（一三五二）閏二月十九日、尊氏不在の隙をついた楠木正儀《まさのり》・千種顕経《ちぐさあきつね》らの南朝方軍勢は京都に進軍し、翌日には尊氏に代わって京都を守備していた義詮を近江に逐い、京都制圧に成功した。さらに南朝方は、北朝の光厳・光明・崇《す》光《こう》の三上皇と廃太子直仁《なおひと》親王（花園《はなぞの》天皇の皇子で崇光天皇の皇太子であったが、「正平の一統」により廃太子となった）を拉致し、身柄を大和国賀名生《あのう》（奈良県五條市）に移したため、北朝・室町幕府は存続の危機に陥った（北朝は後《ご》

新田義興画像　「百将伝」　当社蔵

光厳《こうごん》天皇を擁立、義詮は三月十五日に京都を回復）。

一方、関東でも閏二月十五日、新田義貞の子義興《よしおき》・義宗《よしむね》兄弟と、その従兄弟の脇屋義治《わきやよしはる》を中心とする勢力が宗良《むねよし》親王を奉じ、鎌倉の回復を目指して上野国で挙兵した。さらに、南朝に降伏していた北条時行や、尊氏に反発する直義派の武士たちも多くこれに加わった。義興勢は鎌倉街道を南下したが、これを知った尊氏も軍勢を率いて鎌倉を発し、両勢力は武蔵国金井原《かないはら》（東京都小金井市）・人見原《ひとみはら》（東京都府中市）で激突した。尊氏はこの戦いに敗れたものの、その後は態勢を立て直し、閏二月二十八日には高麗原《こまがはら》（埼玉県日高市）・入間河原《いるまがわら》（埼玉県狭山市）・小手指原《こてさしはら》（埼玉県所沢市）で新田義宗の軍勢を破った。

ところが、金井原・人見原の合戦の後、義宗と別れて別軍を組織した新田義興・脇屋義治らは、尊氏が留守にしている間隙を突こうと、一挙に鎌倉を狙う構えをみせた。武蔵国関戸《せきど》（東京都多摩市）から鎌倉街道を南下した義興らは、いったん鎌倉に入ったものの、閏二月二十三日には三浦に入り、五日後の二十八日にあらためて鎌倉を攻撃して、これを制圧したのである（水野文書・佐藤文書・『鶴岡社務記録』）。

薩埵山合戦の敗北と直義の死によって没落していた三浦介高通は、これを勢力挽回の好機と考えたのであろう。高通は、こうした一連の戦いのなかで新田義興に呼応して立ち上がり、ともに鎌倉に攻め入った。義興が鎌倉を退き三浦に入った閏二月二十三日、尊氏は安房国守護南宗継《みなみむねつぐ》に、「新田兵衛佐・三浦介以下の輩《（ともがら）》、安房国に没落せしむべきの由《（よし）》その聞こえあり。用意を致し治罰《（ちばつ）》を加うべきの旨、守護代に下知せしむべき」（清源寺文書）として、新田義興・三浦介高通らが安房国に逃亡するという風聞があるので、用意をして討伐するよう、現地の守護代に指示するよう命じている。この時点ではすでに、高通が新田勢に加わっていることについて、足利方は把握していたことがわかろう。

義興がいったん鎌倉を退き、三浦に入ったことも、高通が自身の本拠に義興を迎え入れ、ここで軍勢を整えたうえであらためて鎌倉を攻撃するための準備であったものと思われる。『鶴岡社務記録』は、二十八日の鎌倉での合戦について、「赤橋辺において、三浦・新田と高掃部助・石堂（塔）左衛門助（佐）合戦し、掃部助打ち負けおわんぬ」と記しているが、ここからは、鶴岡八幡宮の人々が、鎌倉を攻撃した新田勢の主力は三浦氏であったと認識していたことがよくわかる。

## 反尊氏を貫き没落

こうして、新田義興は鎌倉の回復という目的を果たしたが、小手指原などで義宗が敗れたことを知り、尊氏が引き返してくるなか鎌倉を守ることは不可能と悟り、三月二日に鎌倉を出て西に逃れ、相模国国府津《こうづ》山に籠もって再起を図った（『太平記』）。なお、『鶴岡社務記録』はこの際にも、「三浦・新田等鎌倉を出ず」として、高通を筆頭に記している点は注目されよう。

新田義興はこの後、越後に逃亡する。詳細は不明であるものの、おそらく高通は、最終的に本拠地の三浦に戻ったものと思われる。武蔵から引き返した尊氏は、三月十二日に鎌倉に入り、これを回復することに成功した。この結果、南関東における南朝方の蠢動《しゅんどう》はほぼ終息し、直義方の勢力もほぼ壊滅して、鎌倉は安定化の方向を迎えることとなった。

このように、一時は尊氏の心胆寒からしめた高通であったが、結局は敗北の憂き目を見ることとなってしまったわけである。高通が新田義興の挙兵に加担した翌年の文和二年（一三五三）七月には、河越直重《なおしげ》が相模守護の任にあったことが確認され（鶴岡等覚相承両院蔵文書）、高通は守護職を剥奪されたことはまちがいない。観応元年（一三五一）の直義方への荷担、ないしは翌年の新田義興勢への与同のいずれかの時期に剥奪されたのであろう。さらに、先述の豊後国高田荘をはじめ、所領の多くも没収されたものと思われる。

この後、高通は雌伏の時を過ごすこととなる。こうした高通の一連の動きをみていくと、父高継が尊氏のもとで活躍し続けたのとは対照的に、一貫して反尊氏の姿勢を貫いていたことは明らかである。その原因は明確でないが、『鎌倉公方九代記』には、高通が新田義興の挙兵に与同した事情を、次のように記している（『鎌倉公方九代記』巻一　基氏軍記上　義詮公与南方御合体附新田挙義兵）。

> 故新田左中将義貞の次男左兵衛佐義興・同三男少将義宗、脇屋右衛門佐（義助）の嫡男式部大輔義治三人ながら、武蔵・上野・越後・信濃の間に在所を定めず身をかくし、時を待て居られける処に、此宣旨をかうふり、さらばやがて軍勢をもよをせとて、東八ケ国に触れ廻らすに、同心の一族八百余人に及べり。（中略）三浦助（介）は、建武のはじめ時行が起りしとき、伯父大多和入道にぐせられ、すでに軍敗北せしかば、生捕れて、京都にして伯父と同時に斬らるべかりけるを、故新田四郎隠しをきて命をたすく。新田・足利不和に成たるころ、本領に仕居られ、しばらくは義貞に方人せ

しかども、義貞果玉ひて、八ヶ国には新田の味方と云ものなかりしかば、心ならず尊氏に降参し、あはれいかなる事もあれかし、新田に換して本意を達せんとおもひけれは、此度も催に同じて、新田に換しけり。

これによれば、三浦介高通は建武二年（一三三五）の中先代の乱の際、伯父の大多和入道とともに北条時行に味方して敗れ、生け捕られて伯父とともに京都で殺害されるところを、新田四郎という人物に助けられたため本領の三浦に戻り、新田義貞に従っていたという。しかし、義貞が討ち死にしたため、関東には新田氏に味方する者がいなくなったことから、心ならずも尊氏に降伏したものの、事あらば新田氏に味方して尊氏に反抗する志を抱いていたところ、新田義興らが挙兵したため、渡りに船とばかりにこれに味方したとしているわけである。

しかし、中先代の乱の際、高通は父の高継とともに尊氏に従っていたものと思われ、また、その伯父として「大多和入道」という人物が存在した事実も確認することはできず、さらに、尊氏に従っていたと思われる高通が京都に連行されて処刑されかけ、「新田四郎」なる人物に助命されたとすることは事実とは考え難い。こうした点からすれば、『鎌倉公方九代記』の記事をそのまま受け入れることは難しい。

ただ、高通が尊氏に対して何らかの不満を抱いており、それが一貫した反尊氏の姿勢へと繋がった可能性は考えられよう。父高継が在京して侍所所司をつとめるなど、幕府のなかで重要な役割を果たしていたにもかかわらず、父の死後、高通は関東に戻り、鎌倉で義詮・基氏に仕えることになったあたりに、わだかまりの原因があったのかもしれない。さらにいえば、高通は観応の擾乱の際に直義派の勢力の強かった鎌倉に身を置いていたため、上杉憲顕などと共同歩調を取り、反尊氏の姿勢を示すこととなったのであろう。

いずれにせよ、宿願であった相模守護職を剥奪され、多くの所領を没収されたであろう三浦氏は、苦難のときを迎えたのであった。

## 薩埵山体制の崩壊と高通の復権

苦心惨憺《くしんさんたん》の末、関東の混乱を収めた尊氏は、しばらく鎌倉に留まって関東の安定に尽力し、子息の鎌倉公方基氏を関東執事として畠山国清（基氏の正室の兄）が補佐する体制を整え、文和二年（一三五三）には京都へと戻ることとなった。京都は義詮が守っていたが、いまだ南朝方との戦いが継続しており、その安定化も重要な課題だったのである。

この後も、尊氏は南朝方との戦いに身を置き、それが功を奏して次第に内乱が収束していった延文三年（一三五八）に五十四歳の生涯を閉じた。こうして時代は転換点を迎え、京都は将軍義詮が、関東は基氏が統治にあたるという新たな体制が取られることとなった。

観応の擾乱後、関東では上杉憲顕が失脚し、憲顕が守護をつとめていた上野・越後両国は、あらたに下野を本拠とする宇都宮氏綱《うつのみやうじつな》が守護に任命された。しかし、この両国は南朝方との抗争のなかで上杉憲顕の勢力が拡大されており、その安定化をはかるため、畠山国清は基氏を奉じ、武蔵の入間川（埼玉県狭山市）に宿営して鎌倉府の機能をここに移転し（入間川陣）、北関東の鎮圧にあたった。以後、十年近くにわたってこうした体制が継続してゆき（薩埵山体制）、一定の成果をあげることに成功する。

　一方、京都では、尊氏の死後、細川清氏《ほそかわきようじ》が義詮によって執事に任命され、南朝方との抗争にあたった。延文四年、畠山国清は義詮からの要請を受け、関東での実力を背景に義詮に協力すべく、大軍を西に向け、南朝方との戦いに加わった。しかし、ここで仁木義長《よしなが》との対立が生じ、細川清氏と協力して義長を失脚させたものの、翌延文五年には清氏が義詮と対立して失脚する事態となり、国清は大きな成果をあげないまま、無断で関東に帰還するという状況に陥った。

足利義詮画像　「集古十種」　当社蔵

　さらに、成長した足利基氏は次第に国清と対立し、上杉憲顕の復権を画策したが、康安元年（一三六一）にかつての直義派の武将たちから国清罷免の嘆願が出されると、基氏は上洛軍失敗の名目で国清を罷免した。これによって国清は失脚し、領国の伊豆に籠もって決起を試みたものの、貞治元年（一三六二）に入間川陣から伊豆に向かった基氏に敗れ、国清は基氏に降伏した。さらにこの年、宇都宮氏綱が越後守護を解任され、上杉憲顕が呼び戻されて復権を果たすとともに、以後、基氏は鎌倉に居を据えることとなった。
一方、幕府においても、細川清氏の失脚後には斯波義将《よしゆき》が執事に任命されたものの若年であったことから、その父高経《たかつね》が政治の中心に立った。高経は直義派の重鎮で、観応の擾乱後は越前で逼塞していたが、ここに復権を果たしたのだった。

こうして薩埵山体制は崩壊したわけであるが、その結果、京都・鎌倉のいずれにおいても、観応の擾乱後に政治の表舞台に立った旧尊氏派が失脚し、かわって旧直義派に加わって没落していた勢力が返り咲きを果たすこととなった。貞治二年に上杉憲顕が関東管領《かんとうかんれい》に任命され、以後、政権を担うことになったのは、その象徴的な出来事といえよう。こうした転換は、京都の義詮と鎌倉の基氏が協力しあうなかで推し進められたものと考えられるが、旧直義派の復権という状況のなかで、雌伏のときを過ごしていた三浦介高通も返り咲きを果たすのである。次の史料（秋田藩家蔵文書　十七）がそれを明確に示していよう。

三浦介高通申す東国所領の事、去年すでにことごとく安堵せしめおわんぬ。いまだ道行かざるの由歎き申し候。舎弟次郎左衛門尉《（通継）》上総国真野郡返付せらるると云々。かたがたもって余儀に及ばざるか。急速に高通代に渡し付けらるべく候。謹言。

「延文二」十月十二日　　義詮（花押）

【現代語訳】三浦介高通の東国の所領については去年悉くこれを安堵したが、所領の渡し付けがなされていないと高通が訴えてきている。また、高通の弟次郎左衛門尉通継《みちつぐ》に上総国真野郡の所領が返付されたとのことである。いずれにせよ大事なことであるから、すぐに土地を高通の代官に渡し付けるようにしなさい。（後略）

この文書は、ある年の十月十二日に将軍足利義詮が発給した書状であるが、宛所《あてどころ》は欠損していて不明であるものの、関東のしかるべき立場の人物に宛てたものと思われる。おそらくは、弟の鎌倉公方基氏、ないしは関東管領に宛てたものと考えて差し支えあるまい。

内容は、この書状が発給された前年に高通が幕府から所領を返還されていたものの、実際には土地の引き渡しがなされていないため、高通が幕府にその旨を訴え、将軍義詮が鎌倉にその実現を行うよう求めたものである。高通はこの際、弟の通継が上総国真野郡の所領が返付された旨も訴えたようで、その引き渡しもあわせて求めているわけである。

問題は、この書状が発給された年代であるが、書状であるため本来無年号であったものの、付年号《つけねんごう》として「延文二年（一三五七）」と記されている。これは、この文書の写が作成される際に何らかの根拠に基づいて記されたものと思われるが、この記載が正しいとすれば、三浦介高通の所領が返付されたのは、その前年の延文元年ということになる。しかし、延文元年にはいまだ尊氏が在世しており、直義派の復権はいまだ実現していない状況であった。

こうした点から考えれば、この文書の発給年代を延

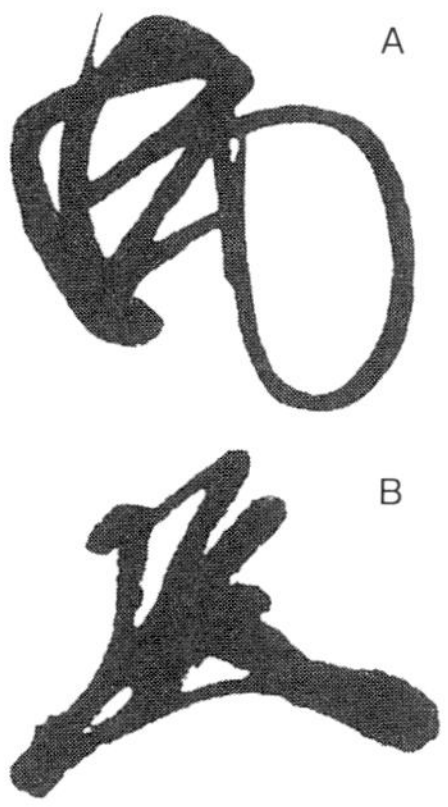

上杉憲顕花押　復権後Bが用いられる

文二年と考えることには無理があろう。はっきりとした年代は不明であるものの、延文三年に尊氏が没した後に政治状況が転換し、上杉憲顕が復権を果たす康安元年から貞治元年頃に、高通も幕府に帰順して東国の所領を返還されたと考えるのが自然なのではなかろうか。

さらに、貞治三年十二月に高通は、円覚寺正続院領の相模国毛利荘内厚木郷（神奈川県厚木市）に禁制を下しており（集古文書　巻三十四）、守護としての活動を確認することができる。遅くとも、この時点ではすでに相模守護に復帰していたのである。一貫して反尊氏の姿勢を貫き、それによって苦境に立たされた高通であったが、こうして直義派復権の波に乗り、高通もまた表舞台に復帰することとなったのである。

### 三浦介高連から高明へ

紆余曲折の末に復権を果たした高通がいつ没したのかは、残念ながら明確にすることができない。貞治六年（一三六七）九月十日、将軍足利義詮は三浦介高通に相模国材木座《ざいもくざ》（神奈川県鎌倉市）を佐々《ささ》木《き》高氏《たかうじ》（道誉《どうよ》）に打ち渡すよう命じている（佐々木文書）が、これが高通の終見史料となる。

高通のあとを継いだのは嫡子高連《たかつら》であったが、永和二年（一三七六）十月二十八日に鎌倉府が、三か年を限り箱根山別当関所を鎌倉円覚寺に寄進し、相模守護三浦介高連に寺家雑掌《じけざっしょう》へ沙汰付けるよう命じた、関東管領上杉能憲奉書写（集古文書　巻十）が高連の初見史料となる。永和二年段階で高連が相模守護であったわけであるから、高通は貞治六年から永和二年までの間に没し、高連が守護職も含め、そのあとを継いだものとみてまちがいなかろう。

現在、確認することができる高連に関わる史料の大部分は、相模守護としての職務に基づくものである。史料からうかがうことのできるその職責は多岐にわたるが、永和三年九月に、鎌倉府から円覚寺造営のための棟別銭《むなべつせん》を国内から徴収するよう命じられている（円覚寺文書）ことや、明徳元年（一三九〇）に相模国金目郷（神奈川県平塚市）で金目光明寺と鎌倉浄光明寺との争いがあった際、その検分を行い、高連や守護代が鎌倉府にその状況を記した注進状を送っている（相州文書）ように、国内の土地争いの調停や、鎌倉府の出した判決を実行に移して、土地を勝訴者に引き渡すといったことは、その職責のなかでも重要なものであった。

なお、この明徳元年段階で守護高連の守護代をつとめていたのは岡聖州《おかせいしゅう》という人物で、応永二年（一三九五）段階でも、いまだ守護代の役目を果たしていたことが確認できる（法華堂文書）。一方、応永九年に高連は、相模国海老名《えびな》郷（神奈川県海老名市）領家職《りょうけ》を鶴岡八幡宮末社三嶋神主大伴時連《おおともときつら》に沙汰付けるよう岡豊後守に命じており、この時点では岡豊後守が守護代であったことがわかる。岡豊後守は岡聖州の後継者であったのだろうが、ここから、この時期の三浦氏には代々守護代をつとめる岡氏という有力家臣が存在していたことが判明しよう。岡氏の出自はよくわからないが、鎌倉時代の三浦本宗家の家臣には確認することができず、佐原流三浦介家譜代の家臣だったのではなかろうか。

相模守護としての職務以外の高連の事績としては、上総国に慧日山東照禅寺《とうしょうぜんじ》（所在不明）を創建したことが知られている。永和三年に東照禅寺の鐘が鋳造された際、義堂周信《ぎどうしゅうしん》は住持南窓《なんそう》の乞いによっ

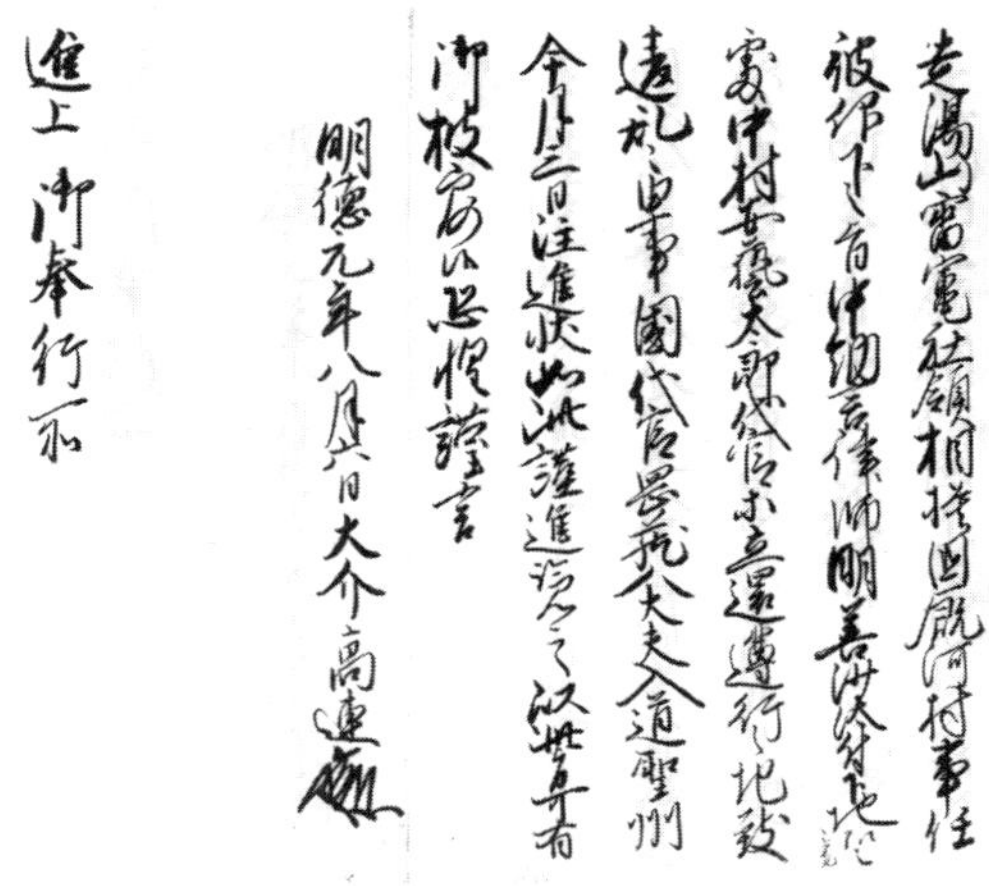
走湯山密厳院領相模国厩河村事任
被仰下之旨中納言律師明善法印沙汰付
處中村安藝太郎以下給人不還遵行地致
違乱之由事国代官景範大夫入道聖州
今月二日注進状如此謹進上之候此旨可有
御披露候以恐惶謹言
明徳元年八月六日　大介高連（花押）
進上　御奉行所

明徳元年８月６日付け三浦高連請文写　（走湯山什物）国立公文書館蔵

て鐘の銘を作成している。その経緯を記した『空華《くうげ》集《しゅう》』巻二十には、「本寺は蓋《けだ》し大檀那相陽の太守平公高連、今の住持沙門南窓薫師に命じて剏建《そうけん》するところなり」とあり、この寺は大檀那三浦介高連が南窓に命じて創建されたことがわかる。

三浦を本拠とし、相模守護であった高連が、海を隔てた上総に寺院を創建した事情は不明だが、この事例から、高連段階の三浦氏が上総と何らかの関わりを有していたことはまちがいないと思われる。康安元年（一三六一）から貞治元年（一三六二）頃に、高連の父である高通の弟通継の上総真野郡の所領が返付されていたことは先にみたが、高連も上総の東照禅寺の所在した場所に所領を有していた可能性が高いのではなかろうか。

また、高連の祖父高継や父の高通は、文書を発給する際、「三浦介」と署名していることが知られている（鶴岡八幡宮文書・集古文書　巻三十四等）。

明徳元年八月、相模守護代岡聖州は同国厩河村（神奈川県小田原市前川）を中納言律師《ちゅうなごんりっし》明善《みょうぜん》に沙

汰付けしようとしたものの、現地の妨害にあってこれを果たせなかった。高連が相模守護としてその旨を鎌倉府に伝えた（走湯山什物）が、この際、「大介高連」と署名している点は注目されよう。

これは、先にふれた建武二年（一三三五）九月に祖父高継が足利尊氏から「相模国大介職」を安堵されたことに由来し、観応の擾乱の影響によって一時的に三浦氏が没落した時期を除き、代々三浦氏の「家職《かしき》」と認識されていたものであったとも考えられる。いずれにせよ、祖父や父が単に「三浦介」と署名したのに対して、高連が「大介」と署名している点からは、高連の強い自負や、この時期の三浦氏の意識変化といった要素を読み取ることができるのではなかろうか。

なお、高連は応永二年九月五日付けの関東管領上杉朝宗《ともむね》施行《しぎょう》状《じょう》（法華堂文書）では「三浦介」とされているのに対して、応永七年六月十二日付け上杉朝宗施行状写（相州文書）では「三浦介入道」とされており、この五年ほどの間に出家していたことが判明する。

父の高通同様、残念ながら高連の没年もはっきりとしない。応永九年十月六日、鎌倉府は龍崎尾張入道家人依田太郎の押領《おうりょう》を排除して、相模国早河荘内久富名（神奈川県小田原市）を鶴岡八幡宮小別当大庭《おおば》弘能《ひろよし》に沙汰付けるよう、「三浦介入道」に命じている（鶴岡八幡宮文書）が、「入道」とあるからには、これは高連と考えて差し支えなかろう。

一方、応永十四年に相模国小田原および関所の不法知行の件につき、伊豆国走湯山《そうとうさん》密厳院《みつごんいん》雑掌が鎌倉府に訴えた際、鎌倉府は相模守護の「三浦介」に、係争地の当《とう》知《ち》行人《ぎょうにん》に弁明を行わせるよう命じている（神田孝平氏旧蔵文書）。五年前の応永九年に「入道」とされていたものが単に「三浦介」となっているわけであるから、これは別人、すなわち高連の嫡子高明《たかあき》と考えるのが妥当であろう。したがって、高通は応永九年から同十四年の間に没し、そのあとは高明が家督を相続し、相模守護の地位も継承したものと考えられる。

高明については、系図類によって高連の嫡子であったことや、その家督を相続したことが知られるものの、関係史料は管見の限り、先の神田孝平氏旧蔵文書に含まれる応永十四年三月十五日付けの関東管領上杉憲定《のりさだ》奉書のみであって、生没年を含めた事績については、残念ながらほとんど未詳である。しかし、応永十四年段階で高明が相模守護の地位にあったことはまちがいない。

整理すれば、この時期の三浦氏の存在とは、次のようなものであったものと思われる。すなわち、本拠の三浦半島では南端部分にのみ所領を有していたにすぎないことが顕著に示すとおり、現実的にはさして多くの所領を持つ存在ではなかった。しかし、鎌倉府の本拠相模国の守護職を代々世襲し、さらに鎌倉幕府以来の「名門」であったことから、鎌倉府において一定の影響力を持つ有力武士であった。これが当時の三浦氏の実情であったといえよう。

この後、こうした三浦氏の地位にも大きな危機が訪れることとなる。それは、鎌倉府の内部抗争が大きく作用することになるのだが、こうした点については、第Ⅱ部でみていくこととしたい。

# 第Ⅱ部　関東動乱のなかの道寸と三浦氏

三浦義同（道寸）画像　「百将伝」　当社蔵

# 第一章　上杉禅秀の乱・永享の乱と三浦氏

## 禅秀の乱では持氏方として活躍

足利尊氏の没後、西国を将軍義詮が、東国を鎌倉公方基氏がそれぞれ統治し、両者が協力して支配にあたったことにより、政治状況は安定化の方向に向かっていった。しかし、貞治六年（一三六七）四月に基氏が二十八歳の若さで没し、子息の金王丸（のちの氏満《うじみつ》）が鎌倉公方となったが、同年十二月には義詮も三十八歳で没して十歳の義満《よしみつ》が将軍職をつぐと、状況は次第に変化していった。

鎌倉公方は、将軍の座を視野に入れながら、幕府に対して反抗的な姿勢を取ることが多くなっていったのである。鎌倉公方は基氏の後、氏満―満兼《みつかね》―持氏《もちうじ》と代を重ねる一方、京都の将軍も義詮―義満―義持《よしもち》―義量《よしかず》―義教《よしのり》と相続され、両者の血縁関係は次第に薄くなってゆく。それにともない、東西の関係は協調の時代から対立の時代へと移り変わっていったわけである。康暦元年（一三七九）の康暦の政変の際、氏満がこれに乗じて反幕行為を企てたことに対し、関東管領上杉憲春《のりはる》（憲顕の子）が諫死《かんし》し、それを機会に義満が関東への圧迫を強め、嘉慶二年（一三八八）には富士遊覧のため駿河に下向して氏満を牽制したことなどは、その典型的な事例といえよう。

その後の満兼も、応永六年（一三九九）に応永の乱が勃発した際、大内義弘《おおうちよしひろ》と示し合わせて反乱に加担しようとしたものの、義弘の敗北によって計画は未遂に終わり、翌年満兼は、伊豆三嶋社に「改心」の願文《がんもん》を奉納する（三嶋大社文書）が、将軍義満は「関東調伏《ちょうぶく》」に腐心する（『華頂要略《かちょうようりゃく》』応永八年七月二十四日条）など、幕府と鎌倉府との対立はさらに拡大していった。

こうして、東西の対立が激しさを増していく一方、鎌倉府内部の対立も生じていた。応永十六年に満兼が没すると、十二歳の幸王丸（持氏）が鎌倉公方となったが、その翌年までには関東管領に就任していた犬懸《いぬかけ》家の上杉氏憲《うじのり》（禅秀《ぜんしゅう》）との関係は急速に悪化し、両者の対立は激化していった。そして、それが決定的となったのが、応永二十二年のことであった。

この年の四月、持氏は、病気を理由に出仕を怠ったとして、常陸国の住人で禅秀の家人でもあった越幡《おばた》六郎の所領を没収し、その身を追放した。これに対して、禅秀は処分の撤回を進言したものの、持氏は拒否したため、禅秀は病気と称して管領職を辞任し、持氏もこれを認めた（生田本『鎌倉大日記』）。持氏側の挑発行為といってよかろう。かわって山内家の上杉憲基《のりもと》が関東管領に就任したが、同年七月には、武器を携えた軍勢が密かに鎌倉に集まる事態となり、持氏による帰国命令が出されて落着したものの、禅秀の画策によるものとする噂も流れ、状況はさらに不穏なものとなっていった。

こうした状況を打開しようとした禅秀は、持氏の「不義《ふぎ》の御政道《ごせいどう》」を正そうと諸氏に決起を促し、足利満隆《みつたか》（持氏の叔父）・同持仲《もちなか》（持氏の異腹兄弟）や在京の足利義嗣《よしつぐ》（将軍義持の弟）を与党とし、さらに千葉兼胤《かねたね》・岩松満純《いわまつみつずみ》・那須資之《なすすけゆき》・武田信満《たけだのぶみつ》、三浦一族でも会津葦名氏など、関東・奥羽の錚々た

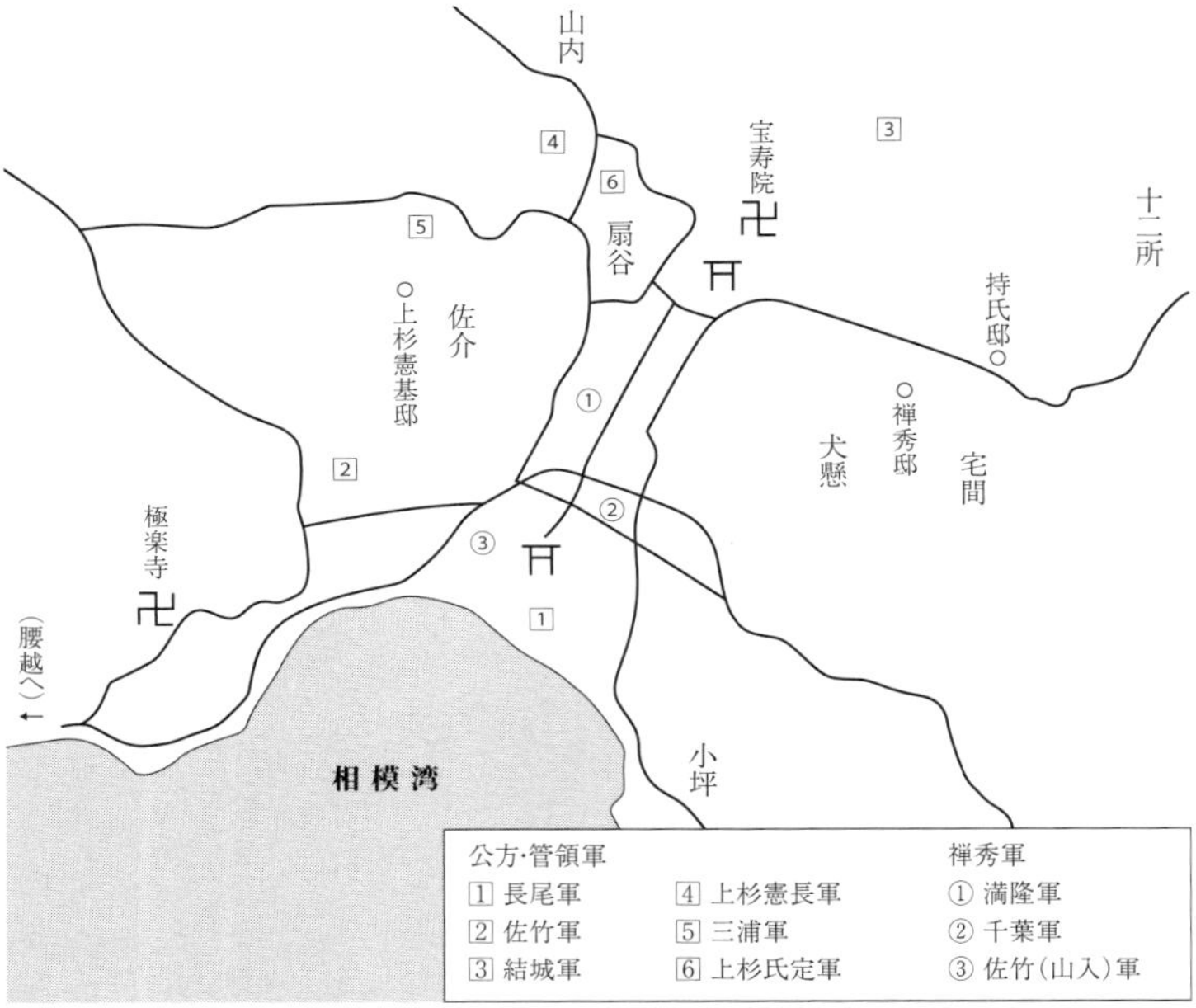


図４　上杉禅秀の乱関係図（田辺久子『鎌倉公方足利氏四代―基氏・氏満・満兼・持氏』〈吉川弘文館、2002 年〉収録の図をもとに、加筆修正）

る武士が禅秀方に与することとなった。

その結果、禅秀は応永二十三年十月二日に浄妙寺《じょうみょうじ》東の公方御所を急襲し、ここに「上杉禅秀の乱」の幕が開けた。これ以後、関東では絶え間ない戦乱が打ち続くこととなるが、「上杉禅秀の乱」はその端緒となるものであった。

公方持氏は、関東管領上杉憲基の居所佐介《さすけ》へ避難し、鎌倉各地では両勢力による激しい合戦となった。四日になり、持氏方は山内《やまのうち》上杉氏・扇谷《おうぎがやつ》上杉氏・下総結城氏や三浦氏を中心とした防衛のための布陣を敷いた。これについて『鎌倉大草紙《かまくらおおぞうし》』（巻二）は、「気生坂をば三浦・相模の人々、（中略）その外《ほか》所々方々へ馳せ向かい陣取る」と記しており、このとき三浦氏は、相模の武士を率いて鎌倉化粧坂《けわいざか》を守備したことがわかる。相模の武士を率いて戦場に赴いているからには、応永二十三年段階でも三浦氏が相模守護の任にあったことはまちがいなかろう。

なお、ここで守備にあたった三浦氏の当主が誰にあたるのかは、残念ながら明確でない。先にふれたとおり、三浦介高明に関する史料は、応永十四年に守護としての任にあったことが確認されるのみで、生没年を含め、その他の一切の事績が未詳であり、さらに高明の嫡子時明《ときあき》の相続年代も不明であるためである。禅秀の乱の際の当主が、高明・時明のいずれであったのかは結局のところ不明とせざるをえないが、高明がいまだ在世しており、その地位にあった可能性が高いのではなかろうか。

激しい合戦にもかかわらず、扇谷上杉氏定《うじさだ》や山内上杉氏の家宰長尾満景《かさいながおみつかげ》が討ち死にするなど、持氏方は劣勢の状況に陥り、結局は敗北してしまった。持氏は御所を脱出したが、鶴岡八幡宮南側を禅秀方に占領されていたため、山道を伝って三浦郡を経由して鎌倉由比ヶ浜に出て、途中、箱根別当が案内者となって駿河へ逃走し、今川氏の庇護下に入ったという（『湘山星移集』）。また、関東管領上杉憲基は越後に逃れた（『湘山星移集』・『異本塔寺長帳』）が、持氏方にあった三浦氏の動向についてはよくわからない。おそらくは、本拠の三浦に退いたものと思われる。こうして、鎌倉は禅秀方によって占拠され、足利満隆・持仲が新たな鎌倉公方となる構えをみせた。

しかし、こうした関東の不穏な状況に対し、京都の幕府も動いた。十二月に入り、幕府は持氏援助の方針を決定し、今川勢を主力とした鎌倉奪回の軍勢を発向する。幕府によるこの決定は、状況を決定的なものとし、禅秀方の武士の多くは持氏方に寝返ることとなった。さらに、上杉憲基を大将とする軍勢が武蔵から相模に向けて進撃したため、禅秀方は前後に敵をうけ、ついには応永二十四年正月、鎌倉雪下《ゆきのした》の合戦で敗北し、禅秀父子や足利満隆・持仲は自害した。

正月十七日には持氏が鎌倉に帰還し、ここに上杉禅秀の乱は終息をみた。京都にあって禅秀方に加担していた足利義嗣も、これによって逐電し、後に将軍義持の命により殺害されることとなる。

## 鎌倉公方足利持氏と関東大名との対立

こうして、幕府の援助により辛くも苦境を脱した持氏であったが、この乱による傷跡は大きく残った。禅秀の乱の背景には、犬懸上杉氏と山内上杉氏との鎌倉府内部での主導権争いに加えて、禅秀の縁戚に連なる面々が多かったとはいえ、多くの有力大名層が禅秀方に加担していることが顕著に示すように、鎌倉府発足当初から存在した、鎌倉公方と関東の有力大名との間に対立があったものとみられるのである。

禅秀の乱は、その対立が他の要因と結び付き、燃え広がった結果といえようが、乱が終息したとはいえ、いまだ鎌倉公方と大名層との対立そのものが解消されたわけではなかった。この後持氏は、自らに反抗的な大名層の討伐に乗り出してゆき、応永二十四年には上野の岩松満純（禅秀の娘婿）、同二十五年から翌二十六年にかけては犬懸上杉氏が守護をつとめていた上総の本一揆を、同二十九年には常陸の山入与《やまいりとも》義《よし》と、禅秀に加担した勢力を次々と討伐していった。

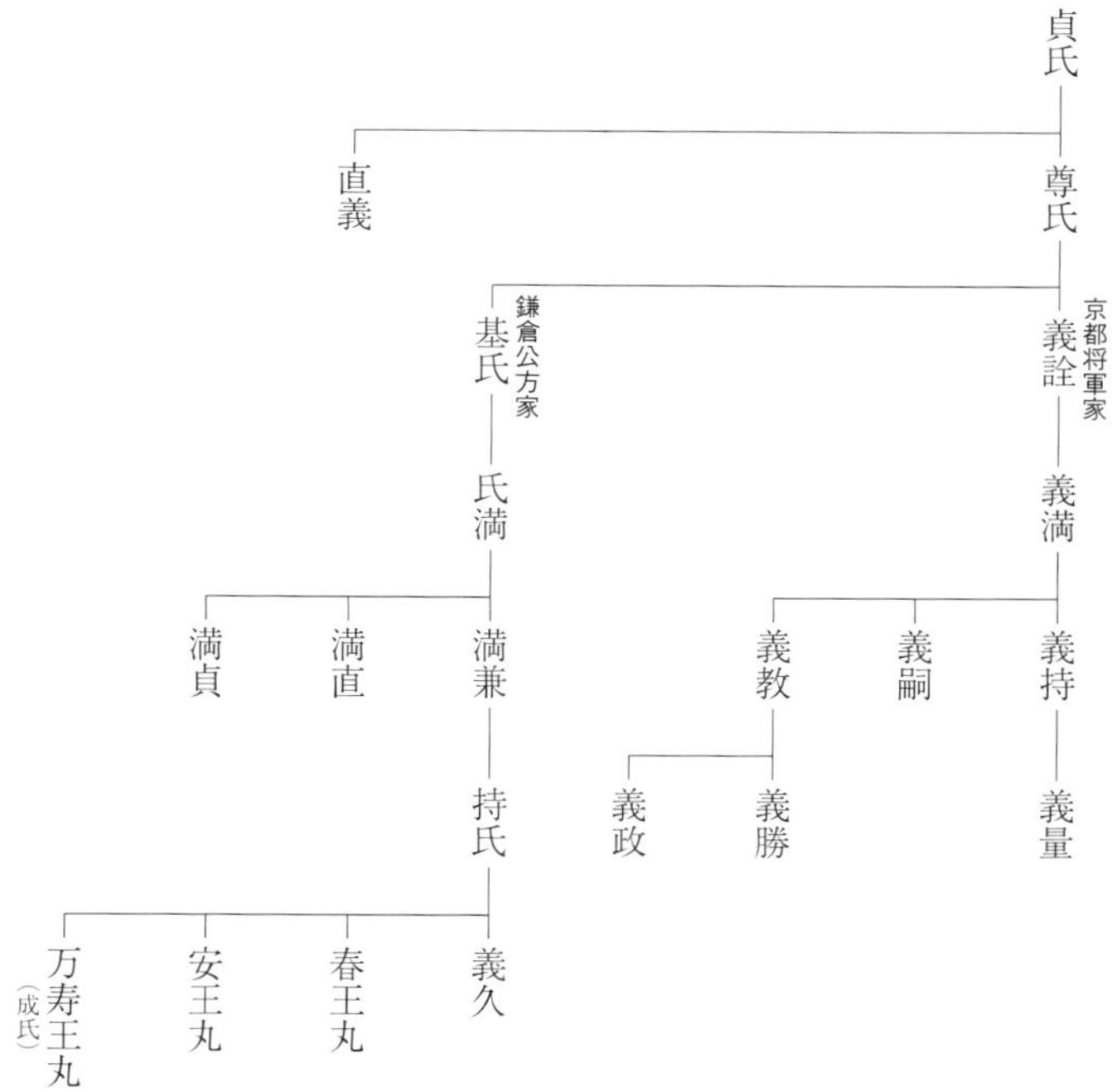


系図５　足利氏略系図

さらに、この時期幕府は、鎌倉公方の勢力拡大に対する牽制のため、関東の有力武士と直接主従関係を結んでいる。こうした勢力は「京都扶持衆《きょうとふちしゅう》」と呼ばれ、鎌倉府の管轄下にありながら、京都の将軍の直接指揮下に入る存在となっていた。こうした京都扶持衆の多くは、上杉禅秀の乱において禅秀方に加担、ないしは中立的な立場を取った者が多い。こうした行動に対して、持氏援助の方針を打ち出した将軍義持は、表向きには批判を加えたものの、実際は暗黙の了解を与えていたありさまであった。

禅秀の子息持房《もちふさ》が、幼少期に四

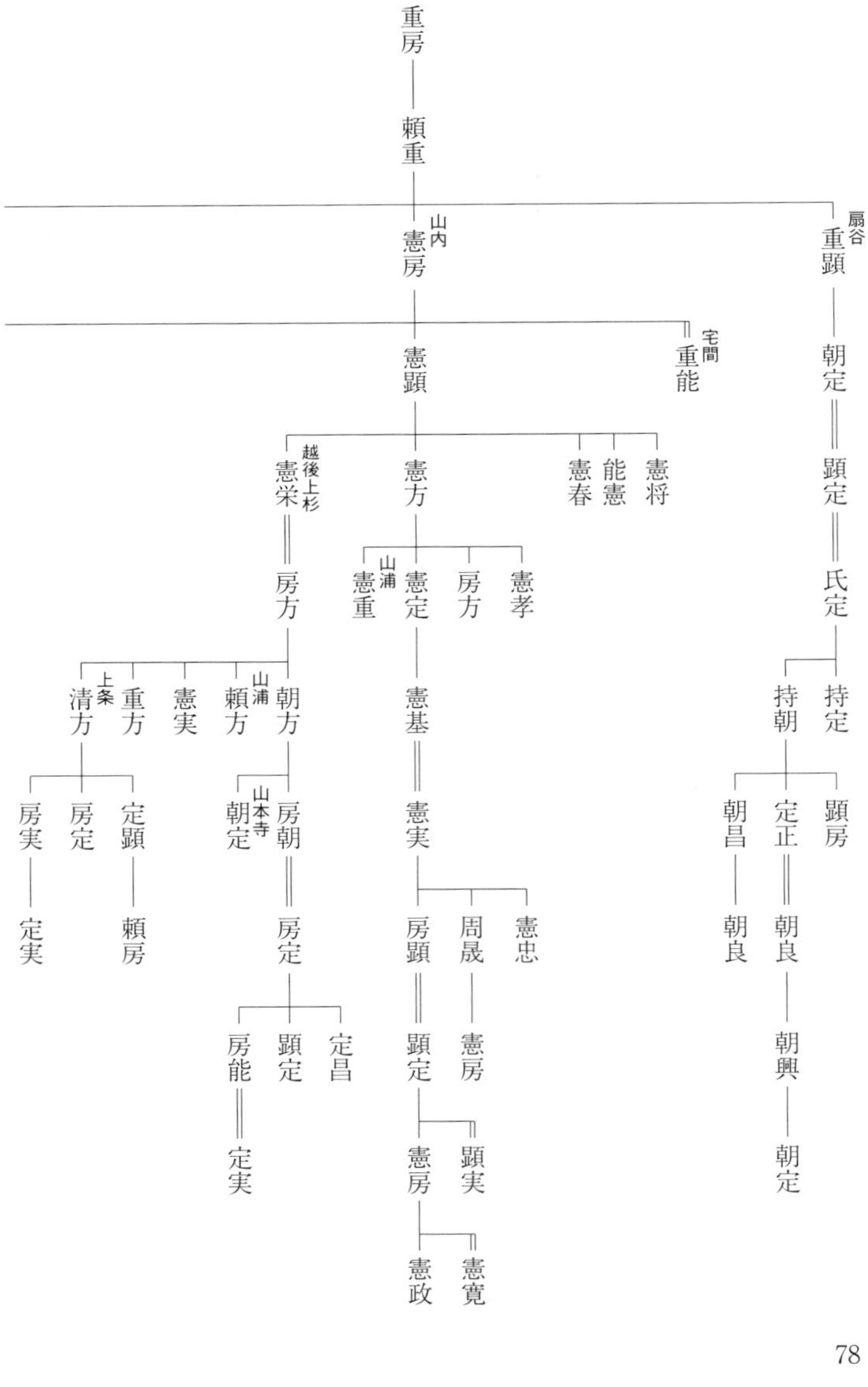
重房
頼重
山内
憲房
扇谷
重顕
宅間
重能
憲顕
朝定
顕定
氏定
越後上杉
憲栄
憲方
憲春
能憲
憲将
房方
山浦
憲重
憲定
房方
憲孝
持朝
持定
上条
清方
重方
憲実
山浦
頼方
朝方
憲基
房実
房定
定顕
山本寺
朝定
房朝
憲実
朝昌
定正
顕房
定実
頼房
房定
房顕
周晟
憲忠
朝良
朝良
房能
顕定
定昌
顕定
憲房
朝興
定実
憲房
顕実
朝定
憲政
憲寛

条上杉家（犬懸家の分家で在京）の上杉氏朝《うじとも》（持房の叔父）の養子となっていたとはいえ、その後、将軍義持や義教に重用されていることも、幕府の持氏に対する牽制のあらわれといってよかろう。そのため持氏は、京都扶持衆に対する見せしめのため、禅秀に加担していた常陸の小栗《おぐり》満重《みつしげ》を討伐し、さらにこれに与同していたとして、同じく京都扶持衆であった下野の宇都宮持綱や桃井《もものい》宣義《のぶよし》を滅ぼした。

こうした、持氏の関東から親幕府勢力の一掃を図ろうとする行動に対して将軍義持は激怒し、持氏呪詛《じゅそ》の祈祷を実施する一方、その討伐を管領以下の重臣に諮問《しもん》する事態に発展した。結局、持氏側が謝罪することにより、事態はいったん収まった。

しかし、これ以後も幕府は京都扶持衆を用いて持氏の勢力拡大を阻もうと画策する一方、持氏も自

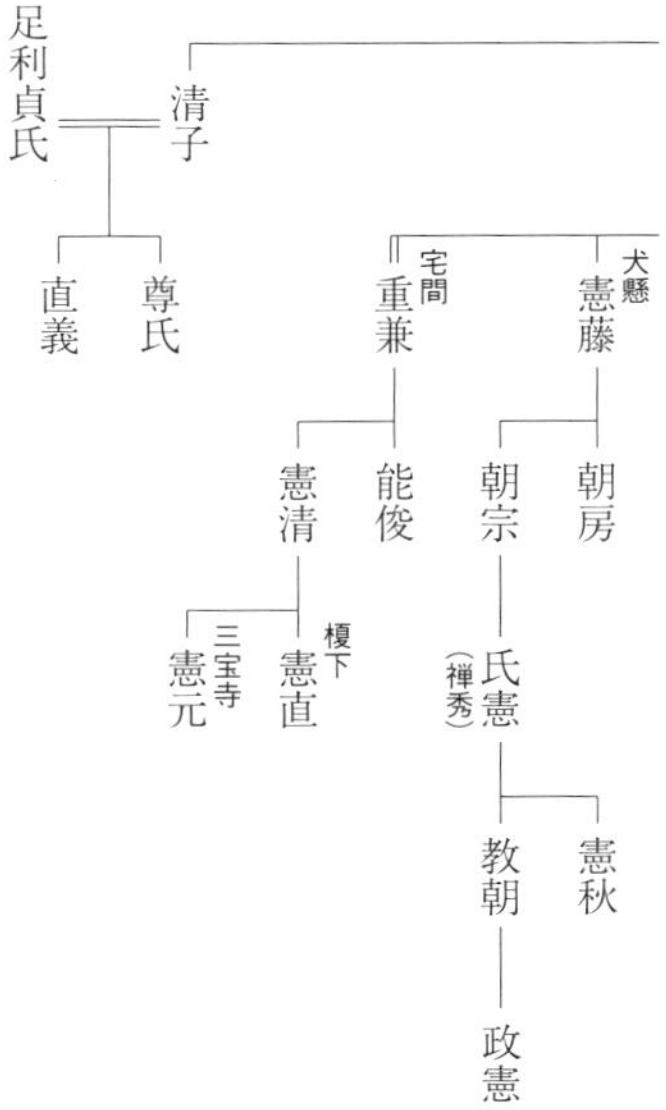


系図6　上杉氏系図

らに反抗的な勢力を関東から一掃するため、こうした勢力に対する討伐の機会を虎視眈々《こしたんたん》と狙い続けることとなる。そのため、鎌倉公方と関東の有力大名との対立はなおも引き続き、さらには幕府と鎌倉府との対立も激しさを増していくこととなった。そして、三浦氏もこうした対立と無縁の存在ではいられなかったのである。

## 相模守護職を更迭される

上杉禅秀の乱の際、三浦氏が持氏方に立ち、相模守護としての立場で国内の武士を率いて戦ったことについては先にふれたが、持氏の鎌倉脱出後の動きについては史料が残されておらず、明確にすることはできない。

おそらくは、本拠の三浦へ後退していたものと思われるが、幕府の援助による鎌倉回復の際の戦いにおいても、その名を見出すことはできない。相模守護の任にあった以上、この際に何らかの働きがあったならば、それが史料上にあらわれても不思議はないと思われるが、おそらく、禅秀方に対する明確な形での対抗措置を取ることができなかったのだろう。鎌倉が禅秀方に占拠されるという状況のなか、本拠の三浦はあまりにも鎌倉に近すぎたことと、兵力が決定的に不足していたことなどが、その理由として考えられよう。

禅秀の乱においてさしたる働きを示せなかったことは、三浦氏にとって重大な結果をもたらしてしまったようである。応永二十八年（一四二一）十二月、上杉定頼《さだより》は鎌倉浄光明寺《じょうこうみょうじ》領相模国金目郷（神奈川県平塚市）北方公田《くでん》流失にともなう公料《くりょう》の減免について、浄光明寺が検討を加えるよう書状を発給している（浄光明寺文書）。

上杉定頼は、小山田《おやまだ》上杉氏の当主であったが、この当時、扇谷上杉氏の幼少の当主持朝の「名代」の立場にあり、さらには扇谷上杉氏の事実上の当主の地位にあったものと考えられている（黒田二〇一二）。この公料減免の件については、その後、公方持氏が浄光明寺に欠損分の諸役減免を命じることとなる（浄光明寺文書）。

こうした一連の流れから考えれば、定頼の行為は守護としての職務に基づくものと考えて差し支えないのではなかろうか（なお、このときの定頼の立場を相模守護とは考えず、定頼が浄光明寺と鎌倉府との仲介役をつとめている史料がみられることから、鎌倉府奉公衆として同寺の担当奉行の任にあったとする解釈も存在する〈渡一九八九〉）。応永二十八年段階の相模守護が上杉定頼であったとすれば、三浦氏は禅秀の乱後にその地位を剥奪されたということとなり、その際の対応の責任を問われたことは十分に想定されよう。

この時期、上杉定頼が持氏に重用されたことは明らかで、安房守護に補任されるとともに、相模以外にも上総でも守護の任にあった可能性が指摘されている。これは、禅秀の乱の際に当時の扇谷上杉氏当主氏定が討ち死にしたこと、応永二十五年から翌年にかけての上総本一揆の鎮定に際しての持定《もちさだ》（氏定の子。持朝の兄であり養父）の功績に対する功賞的な意味合いがあった（前掲黒田二〇一二）。同時に、持氏による関東管領家への対抗措置であった（前掲渡一九八九）とも考えられる。

いずれにせよ、これにより鎌倉府内部で扇谷上杉氏の政治的地位が著しく向上したことはまちがいなく、この時期、相模に政治的影響力を及ぼすようになったことは、その後の同家の政治的立場を考えればきわめて重要である。

上杉定頼は、永享元年（一四二九）までは確実に在世していたようである（石川文書）が、相模守護の任は解かれたようで、応永三十三年には持氏近臣の一色持家《いっしきもちいえ》がその任にあったことが確認できる（法華堂文書）。これにより、定頼の地位を相模守護と考えるか否かにかかわらず、三浦氏が守護職を失ったことは確実に見て取れよう。その際の当主が誰であったのかは明確でないが、おそらく高明の晩年であったのではなかろうか。これによって、鎌倉府における三浦氏の政治的地位が大きく低下したことは確実であり、公方持氏との関係も含め、この時期、三浦氏は重大な局面を迎えることとなったのである。

## 永享の乱で持氏から鎌倉警固を命じられた時高

応永二十五年（一四一八）に、関東管領上杉憲基が後嗣のないまま二十八歳の若さで没したことにより、越後守護上杉房方《ふさまさ》（憲基の伯父）の子憲実《のりざね》が後継となり、応永二十七年までには関東管領に就任したものの、当時十一歳と若年であったこともあり、鎌倉公方足利持氏による反幕的な姿勢は激しさを増していった。特に、正長元年（一四二八）に京都で足利義持が没し、弟の義教が将軍となると、持氏のこうした姿勢はより顕然化していった。

一方、成長した憲実は、一貫して幕府と鎌倉府との融和につとめた。将軍の代替わりの際、後継に選ばれないことに不満を抱いた持氏が兵を率いて上洛を企てたのに対し、憲実が諫言してこれを中止させたことや、持氏が京都における「永享」改元を無視して正長年号を継続使用し、将軍義教への抵抗を示した際、憲実が京都に謝罪の使者を派遣している（永享三年）こと、さらに鎌倉府が押領していた所領を永享四年（一四三二）に幕府に返還していることなどは、その象徴的な出来事であろう。

しかし、持氏はこうした憲実の姿勢を顧みることなく、永享五年に没した駿河の今川範政《のりまさ》の後継者争いに介入し、また、永享八年に信濃守護小笠原政康《おがさわらまさやす》と村上頼清《むらかみよりきよ》の領地争いが生じた際、鎌倉に支援を求めた頼清を援助して小笠原討伐を企てるなど、鎌倉府の管轄外の地域にまで影響を及ぼそうとし、こうした事態を憂慮する憲実との間で確執を生じさせていった。

上杉憲実像　新潟県南魚沼市・雲洞庵蔵
写真提供：静岡県立中央図書館歴史文化情報センター

さらに、永享九年に持氏が再び信濃への出兵を企てると、憲実討伐のためとする風聞が流れ、鎌倉は騒然たる状況となり、憲実は藤沢（神奈川県藤沢市）へ退去し、その後、嫡子を領国の上野国に逃がした。持氏は憲実に鎌倉への帰還を促し、憲実の要求により、近臣の上杉憲直《のりなお》・一色直兼《なおかね》等を鎌倉から退去させ、直兼は三浦に蟄居させられている（『鎌倉大草紙脱漏』・『喜連川判鑑』）。

直兼は、娘の一人が持氏の側室であり、また、他の娘が上杉憲直の妻という持氏の側近で、さらに妻の一人に三浦氏の娘があった（「一色系図」）。憲直の妻の出身が三浦介家であるのか、庶流であるのかは判然としないものの、憲直はその実家を頼るかたちで三浦に蟄居することとなったのであろう。しかし、こうした措置が取られたにもかかわらず、持氏と憲実との対立が解消されることはなかった。

永享十年になり、両者の対立は頂点に達した。この年の六月、持氏の嫡子賢王丸《けんおうまる》が元服すると、憲実は慣例に従い、京都の将軍から偏諱《へんき》を受けるよう進言するが、持氏はこれを無視して「義久《よしひさ》」と名乗らせた。そのため、憲実は元服の祝儀にも欠席し、八月には鎌倉を退去して上野国平井《ひらい》城（群馬県藤岡市）に下っている。

これに対し持氏は、一色直兼・同持家を大将として追討軍を派遣し、同月十六日には自身も武蔵国高安寺《こうあんじ》（東京都府中市）に着陣した（『鎌倉大草紙脱漏』）。「永享の乱」の勃発である。

『鎌倉大草紙脱漏』には、このときの対応として、「御留守の警固、先例に任せ三浦介時高《ときたか》仰付られ、時高近年領地少く軍兵なければ、不肖の身としてはいかゞ叶ひがたき旨辞し申けれども、御成敗厳重たる上、先々仰に従ひ奉る」とみえている（「三浦介逆心之事」）。ここからは、永享十年段階の三浦氏の当主が時高であったこと、また、持氏が出陣するに際して、先例に従って鎌倉の留守の警固を時高に命じたことがわかる。ここでいう「先例」が、いかなる事例を指しているのかはよくわからない。

時高の生年は定かでないが、『三浦系図伝』には明応九年（一五〇〇）に七十九歳で没したとあり、これに基づいて逆算すれば、応永二十九年（一四二二）の生まれということになる。一方、軍記物《ぐんきもの》などにみえる時高の一般的な没年の伝承は明応三年で、七十九歳という没年齢が正しいとすれば、生年は応永二十三年となる（ただし、後述するように明応三年に時高が没したとする説は、現在では事実とは考えられなくなっている）。その後の時高の動向などから考えれば、こうした生年はほぼ妥当なものと思われ、これに従えば、永享十年段階の時高の年齢は、生年が応永二十三年ならば二十三歳、応永二十九年生まれならば十七歳となる。おそらく、この永享十年からさほどさかのぼらない時期に父高明が没し、嫡子時高が家督を相続したのであろう。

しかし時高は、近年では三浦氏は領地も少なく、多くの軍勢を動員することもできない点を理由に、持氏留守中の鎌倉警固の任を固辞したものの、厳命によってそれは認められなかった。当時の三浦氏の領地が、三浦半島においては南端部分にのみ存在していたという点などから考えれば、時高のこうした言い分もあながち「言い訳」とも思えず、「本音」であったといえよう。さらにいえば、禅秀の乱後に相模守護職を剥奪され、公方持氏との間に何らかの確執が生じていたことも、こうした姿勢を生み出した要因のひとつであったとも考えられよう。いずれにせよ、ここで時高が鎌倉の守備を命じられたことは、この後、重大な結果をもたらすこととなる。

### 持氏に背き鎌倉を襲撃

持氏と憲実の対立にあたり、幕府は憲実への支援を決し、軍勢を東に向け、両勢力の攻防が始まった。

持氏は、相模国海老名（神奈川県海老名市）に布陣して迎撃態勢を取ったが、十月三日になり、持氏側の体制の根底をくつがえす大事件が発生した。次の史料（『鎌倉大草紙脱漏』三浦介逆心之事）はその状況をあらわすものであるが、三浦時高の動向を示すものであるため、長文をいとわず引用してみたい。

> 時高思ふやう、先祖三浦大介（義明）右大将（源頼朝）家に忠ありしより以来、代々功を積て、御賞翫他に異なり。然《しか》るに当御代になりて、出頭人に覚へ劣り、内々面目を失い、無念に思ひける所に、持氏公内々勅命に背き給ひ、京公方より三浦方へ御案内書をなされければ、すなわちこの留守を打ち捨て、忽《たちま》ちに逆意を起し、鎌倉をまかり退き、己が宿所へ帰りけり。十月三日三浦介鎌倉を退きければ、このよしを公方へ早馬を以て申しければ、大きに驚き給ひ、誰を討手に遣すべきよし仰られける所に、同十七日三浦介、二階堂一家の人々と引合て鎌倉へ押し寄せ、大蔵・犬懸等へ夜懸せしめ、数千軒の在家へ火を懸たり。鎌倉中の僧俗上を下へと北迷《にげ》ふ。営中変化《へんげ》の分野目《ありさま》も当られぬ次第なり。

持氏留守中の鎌倉の警固を任された時高は、その任務を放棄して、この日鎌倉を退去した。この史料によれば、その理由は時高の先祖三浦義明以来、三浦氏は代々勲功を重ねてきて、他の武士に比べて鎌倉殿や室町殿《むろまちどの》・鎌倉公方の覚えもめでたかったが、持氏の時代になり、その近臣たちが重用されたため、三浦氏は内々に面目を失い無念に思っていたところ、持氏が京都の命に逆らい、将軍から時高に対して京都方に従うよう命が下されたため、時高はそれに従い、持氏に背いて鎌倉を退去したとしているわけである。

「出頭人に覚へ劣り、内々面目を失い、無念に思ひける」といったあたりは、世襲してきた相模守護職が持氏の近臣に取って代わられたことなどを指しているのであろうが、いずれにせよ、持氏との間に確執が生じていたところ、京都の将軍からはたらきかけがあり、渡りに船とばかりに持氏に背いて鎌倉を退去したということであり、真相を伝えたものと考えて差し支えあるまい。

十月四日には、上杉憲実が上野国を出陣して鎌倉に向かった。こうした動きを受けてのものであろうが、三浦に退去していた時高は、同十七日に二階堂《にかいどう》氏とともに鎌倉を襲撃していることがわかる。それに関する『鎌倉大草紙脱漏』の記事には、多少の誇張が感じられるものの、本来は鎌倉を守備しているはずの時高が、逆に攻め手となっているので、鎌倉の混乱ぶりは想像に難くなかろう。

鎌倉公方御所跡　神奈川県鎌倉市

さらに時高は十一月一日、再び鎌倉を襲撃した。史料（『鎌倉大草紙脱漏』持氏鎌倉へ帰給ふ事附鎌倉合戦之事）によって、そのありさまをみてみよう。

去程に同十一月一日、三浦介時高を大将にて、二階堂の人々・持朝（上杉）の被官一味同心して、大蔵《おおくら》の御所へ押寄ける。折節警固の兵少なけれバ、案内ハ知たり、大庭へ乱入。御

> 所方の人々若公(足利義久)をバ扇が谷へ落し奉りて後、殿中鳴を静て待かけたり。三浦介をはじめ、一枚楯を引側め、門の内へ込入けれバ、甲の鉢を傾け、鎧の袖をゆり合〳〵切合て、天地を動し火を散す。（中略）去程に方々より乱入の軍兵、人々の屋形に火をかけ、神社仏閣に入て戸帳を下し、神宝を奪取、狼藉止事なかりしかバ、三浦介が被官佐保田豊後守馳廻て制止てけれバ、軍勢暫く静りけり。

これによれば、この日、時高が大将として二階堂氏・扇谷上杉氏の被官とともに鎌倉に討ち入り、激しい合戦の末に持氏の大蔵御所を攻略したことがわかる。さらにこのとき、鎌倉には火が放たれ、軍勢が神社仏閣に乱入して財物を奪い取るありさまであったが、時高の家臣佐保田豊後守が駆け回ってこのふるまいを制止したことにより、やっと軍勢が静まったとしている。

## 持氏の自害、断絶した鎌倉公方

翌二日、海老名より帰還した持氏は、鎌倉の入り口にあたる葛原《くずはら》（神奈川県鎌倉市）で、上杉憲実の家宰《かさい》長尾忠政《ただまさ》に事実上降伏の姿勢を示し、忠政に伴われて鎌倉に入り、公方ゆかりの永安寺《ようあんじ》に入ろうとしたが、このときの様子も『鎌倉大草紙脱漏』で確認しておこう。

> 永安寺へいらせ給ふべきと御駕を進めける所に、三浦介が郎等佐保田豊後以下、八幡宮辺赤橋に馳塞り、凱《とき》の声をぞ上にける。これにより御駕を返され浄智寺へ入御なる。芳伝(長尾忠政)大に忿《いかり》て、豊後に近付、以の外狼藉なりとて荒らかに申けれバ、赤橋の軍勢引退ぬ。扨《さて》こそ事故なく永安

寺にいらせたまひける。

ここからは、永安寺に入ろうとした持氏一行に対し、佐保田豊後守以下の時高の家臣らが、鶴岡八幡宮付近の赤橋あたりで立ち塞がり、鬨《とき》の声をあげて威嚇したため、一行はいったん浄智寺に入ったが、長尾忠政がこうした三浦氏被官らの行動に怒り退去させたことによって、持氏はようやく永安寺に入ることができたということがわかる。

こうした点からすれば、時高の軍勢が主力となって鎌倉の攻略がなされたこと、戦闘終結後の鎌倉駐留も、三浦氏の軍勢が中心となってなされていた様子を読み取ることができよう。相模守護職の剥奪に顕著にみることができる、持氏と三浦氏との確執は、最終的にこうした結果をもたらしたわけであった。

伝足利持氏供養塔　神奈川県鎌倉市・別願寺

その後、持氏は同四日に金沢称名寺《しょうみょうじ》（神奈川県横浜市金沢区）に移され、翌日には剃髪《ていはつ》した。一方、降伏を潔しとしない主戦派の持氏近臣上杉憲直・一色直兼らは、憲実方と金沢一帯で激しい合戦に及んだが、結局、持氏近臣の多くも切腹させられ、十一月十一日に持氏は再び永安寺に移され、軟禁状態におかれた。

憲実は持氏の宥免を求めたものの、幕府はこれを認めず、翌永享十一年二月十日に扇谷上杉持朝・千葉胤直《たねなお》の軍勢が中心となり、持氏が蟄居していた永安寺と嫡子義久のいた報国寺《ほうこくじ》を攻撃し、この日、持氏は自害した。さらに、同二十八日には報国寺で義久も自害し、ここに鎌倉公方はいったん断絶することになったのであった。

## 関東の支配体制の再構築

こうして、鎌倉公方と関東の有力武士との対立は、幕府をも巻き込み、公方家の滅亡というかたちで終息をみた。しかし、持氏を挑発して鎌倉府を滅亡に追い込んだ将軍義教の東国政策に対して、強い反感を抱く東国武士たちも存在していた。

永享の乱後の急務は、新たな公方の任命であり、義教は自らの子を公方として鎌倉に派遣しようとしたものの、これは実現しなかった。公方不在のなか、こうした関東の不安定な情勢を収めるべき役割が、関東管領上杉憲実に求められたのは当然であった。しかし、憲実は主君持氏を死に追いやったことに対する自責の念から隠遁の意向を示し、実子がいまだ幼少であったことから、山内上杉氏の家督を上杉清方《きよまさ》（越後守護上杉房定《ふささだ》の子で憲実の弟）に譲り、永享十二年（一四四〇）十一月頃までには伊豆国の国清寺《こくしょうじ》（静岡県伊豆の国市）に退去して出家（法名《ほうみょう》は高岩長棟《こうがんちょうとう》）してしまった。このとき、同じく関東管領職も譲ろうとしたものの、幕府はこれを認めず、清方を憲実の代理者とするに止めた。

また、憲実が隠遁した直後の十二月四日、扇谷上杉持朝が弾正少弼から新たに修理大夫に任官している（「薩戒《さっかい》記《き》目録《もくろく》」）事実は注目される。これは、幕府の推挙によるものだが、扇谷上杉氏の家格を引き上げるための措置であるとともに、永享の乱後の関東において、持朝を関東管領の有力な補佐役とするための方策であったと考えられる。事実この後、持朝は関東において大きな存在となっていき、扇谷上杉家は管領山内上杉家に匹敵するほどの有力な位置付けを確保することになったのである。

　こうして、関東の支配体制の再構築が図られたものの、上杉氏の勢力と旧持氏派との対立は解消されなかった。永享十二年には、旧持氏与党の討伐が進められるが、次に掲げる史料（「政所《まんどころ》方《かた》引付《ひきつけ》」）はその様相をよく示しているとともに、永享の乱後の関東における三浦氏の位置付けを鮮明にあらわしたものである。

　一色伊与（予）守以下野心の輩糺明に就き、御書を下され候。目出候。向後においてはいよいよ等閑無く候わば、御悦喜有るべきの由、仰せ出され候。恐々謹言。

二月廿一

千葉介（胤直）

三浦介（時高）

　右の史料が収められている「政所方引付」は、室町幕府政所執事伊勢《いせ》氏のもとで政所代をつとめた蜷川《にながわ》氏に関わるものとされる。ここに掲げた史料（室町幕府政所引付頭人奉書写）の発給者は伊勢貞国《さだくに》と考えられ、年次は永享十二年と推定されている（木下二〇〇九）。

　したがって本史料は、当時、幕府引付頭人の地位にあった伊勢貞国が幕府の意向を受け、千葉胤直・

三浦時高に対して、両人が一色伊予守以下の旧持氏与党の動向を京都に伝えたことを賞する将軍義教の御内書《ごないしょ》が発給されたことを伝え、また、義教が両人の今後のさらなる尽力を求めたことを伝達したものになる。ここで発給されたという義教の御内書は、残念ながら現在は伝わっていないが、本史料はおそらく、その御内書の副状《そえじょう》にあたるものであったと思われる。

ここで注目すべきは、旧持氏与党の動向について、千葉胤直・三浦時高の両人が京都にその情報を送っており、それに対して将軍の御内書が発給され、その功が賞されているという点であろう。これは、永享の乱後の関東において、山内・扇谷の両上杉氏のみならず、千葉氏・三浦氏も重要な役割を果たすことが求められ、そうした職責の一環として、このような行為がなされたことを示すものと思われる。

永享の乱の際、鎌倉の留守の警固を任された三浦時高が、京都からの誘いもあって鎌倉を退去したことについては先にふれたが、こうした経緯が影響したかどうかは定かでないものの、この時期、三浦氏の家格が上昇し、京都側から永享の乱後の関東を主導する一翼を担う有力な存在と認識されていたことは明らかであろう。

**結城合戦で再び鎌倉の警固を命じられる**

こうした上杉方の動きに対し、永享十二年（一四四〇）三月、持氏方の残党は持氏の遺児春王丸《はるおうまる》・安王丸《やすおうまる》を擁して常陸国木所城（茨城県桜川市）で挙兵し、その後、結城氏朝《うじとも》が自らの居城下総国結城城（茨城県結城市）にこれを迎え入れ、同所を拠点に幕府・上杉氏に対する反抗を示した（結城合戦）。

　この報を関東から伝えられた幕府は、ただちに追討を命じ、上杉清方を総大将とする大軍が派遣され、結城城攻略にあたった。『鎌倉大草紙』（巻三）には、「鎌倉の警固《けいご》にハ三浦介時高同四月廿日馳参る」とあり、上杉清方以下の面々が結城城攻略に向かったこのときにも、三浦時高が鎌倉の留守の警固を任され、四月二十日に三浦から鎌倉に赴き、その任務にあたったことがわかる。永享の乱の際と同様の措置であるが、鎌倉にほど近い三浦に本拠を構える有力武士であったことから、公方や関東管領が鎌倉を留守にする際にはその警固にあたることが求められ、いつしかそれが「先例」とされたのかもしれない。

結城城跡　茨城県結城市

　上杉清方をはじめとする鎌倉府と幕府の軍勢は、七月末には結城城を攻囲し、翌嘉吉元年（一四四一）正月一日から本格的な攻撃を行い、四月十六日にこれを攻略した。結城氏朝・持朝父子は討ち死にし、春王丸・安王丸も捕らえられ、五月十六日には、京都に護送される途中の美濃国垂井《たるい》（岐阜県不破郡垂井町）で、義教の命により殺害された。
　こうして、「結城合戦」は終息をみたものの、それでも旧持氏方の反抗は収まらなかった。山内上杉憲定の子でありながら、鎌倉公方足利満兼・持氏の指示によって常陸の佐竹氏を相続した佐竹義人《よしひと》（結城持朝の舅）は、なおも抵抗の構えをみせていた。さらに、六月二十四日に将軍義教が赤松満祐《あかまつみつすけ》によって殺害された（嘉吉の乱）ことにより、状況は流動的となり、旧持氏方の活動も再び活発となる。この年の十二月には、信濃国佐久《さく》郡の大井持光《おおいもちみつ》のもとで養われていた持氏遺児の万寿王丸《まんじゅおうまる》が旧持氏方勢力に擁立され、鎌倉公方家の再興運動を開始している。

一方、幕府は嘉吉の乱後、関東の秩序回復のために上杉憲実に対して関東管領への復帰を命じたが、憲実はこれを拒んだ。さらに、自らの子が関東の政界に出ることを望まず、甥の越後守護上杉房朝《ふさとも》に預けていた房顕《ふさあき》以外の男子を出家させ、房顕には越後の所領を与えて幕府に奉公するよう命じるありさまであった。これにより幕府も、長年、憲実の「名代《みょうだい》」ととらえていた上杉清方を、正式な関東管領と認めざるをえない状況となった。

しかし、文安元年（一四四四）に清方が没すると、山内上杉家と関東管領の地位は空白となったものの、憲実はなおも自らの子があとを継ぐことを認めず、山内上杉氏の血を引く佐竹実定《さねさだ》（佐竹義人の子）を後継者に指名したが、家宰の長尾景仲《かげなか》はこれに反対して両者は対立した。

鎌倉公方・関東管領がともに不在となるという混沌とした状況のなか、旧持氏方勢力の動きはますます活発となり、万寿王丸は自ら鎌倉公方家の家督を相続して存在を示した。これに対して幕府は、文安四年に鎌倉公方の後継者につき、将軍足利義成《よししげ》（義政《よしまさ》）の兄弟とするか、持氏の遺児とするかを評議したものの、結局、幕府・鎌倉府も旧持氏方勢力に妥協せざるをえず、同年三月には万寿王丸の公方擁立を決定した。これにともない、山内上杉家の家宰長尾景仲は、憲実の反対を押し切って憲実の長男龍忠丸を関東管領に擁立し（龍忠丸は父憲実から義絶される）、八月には万寿王丸が鎌倉に帰還し、ここに東国の秩序が再建されることとなった。

その後、足利万寿王丸は元服して成氏《しげうじ》、上杉龍忠丸は同じく憲忠《のりただ》と名乗り、新たな関東の支配体制が構築されたかにみえたが、公方成氏は永享の乱で父持氏が殺害された経緯から、憲実・憲忠父子に激しい憎悪を抱くとともに、持氏の遺臣を重用して、鎌倉府の立て直しを図る姿勢をみせた。一方、公方不在期に上杉氏の権限は飛躍的に拡大しており、両者の対立は必至であった。この後、関東は絶え間ない動乱の渦に巻き込まれることになるが、それは当然、この時期の鎌倉府において有力な存在となっていた三浦氏をも否応なく巻き込んでいくこととなる。

## 相模守護に復帰した扇谷上杉氏と三浦郡

話はさかのぼるが、永享十一年（一四三九）に足利持氏が自害する九日前の同年二月一日、扇谷上杉持朝は、清浄光院法印に対して次のような書状を発給している（尊経閣古文書纂　東寺宝菩提院文書）。

法華堂御領相州三浦郡武・林四か村ならびに上総国飫富庄飫富社領加納《かのう》・本納《ほんのう》等の事、近年御成敗にあらざるの由承り候。今においては相違あるべからず候か。しかれば、先度罷り預かり候仁、石渡《いしわた》隼人入道に仰せ付けられ候の様、申し御沙汰候らわば、仰ぐところに候。恐々謹言。

二月一日　　弾正少弼持朝（花押）

謹上　清浄光院法印御房

これは、上杉持朝が相模国三浦郡武・林四か村（他の二か村は津久井《つくい》・須軽谷《すがるや》。いずれも神奈川県横須賀市）と上総国飫富《おぶ》荘飫富社領加納・本納（千葉県袖ヶ浦市）の支配に関してふれた書状である。これらの地は、いずれも醍醐寺地蔵院（京都市伏見区）の所領であったが、永享の乱の混乱のためか、支配ができなくなっていることが持朝に伝えられていたため、支配を回復することができるよう、以前に所領を預けられた石渡隼人入道をあらためて代官に任命する旨、持朝が清浄光院に依頼したというのがその内容である。

これらの地の領主が地蔵院であったからには、所領が支配できていないことや、支配の回復を持朝に訴えたのは地蔵院であったと考えてまず差し支えなかろう。また、清浄光院は、地蔵院から現地の支配を任された担当と思われ、代官に推薦された石渡隼人入道は、南北朝期から相模国三浦郡の公郷（神奈川県横須賀市）を中心とした活動を確認することができる、有徳人《うとくにん》石渡氏の一族と考えられる。

問題は、なぜ地蔵院が持朝にこうした訴えを行ったのかであるが、地蔵院は持朝がそうした案件を処理すべき立場にあったと認識していたと理解するのが妥当であろう。具体的にはこの時期、持朝が相模守護の任にあった可能性が高いかと思われる。上杉禅秀の乱後、扇谷上杉氏の定頼が相模守護となった可能性が高いことについては先にふれたが、その後、足利持氏近臣の一色持家がこれに替わったものの、この史料からは、永享の乱により扇谷上杉氏がその職を回復したものと判断することができるのではなかろうか。

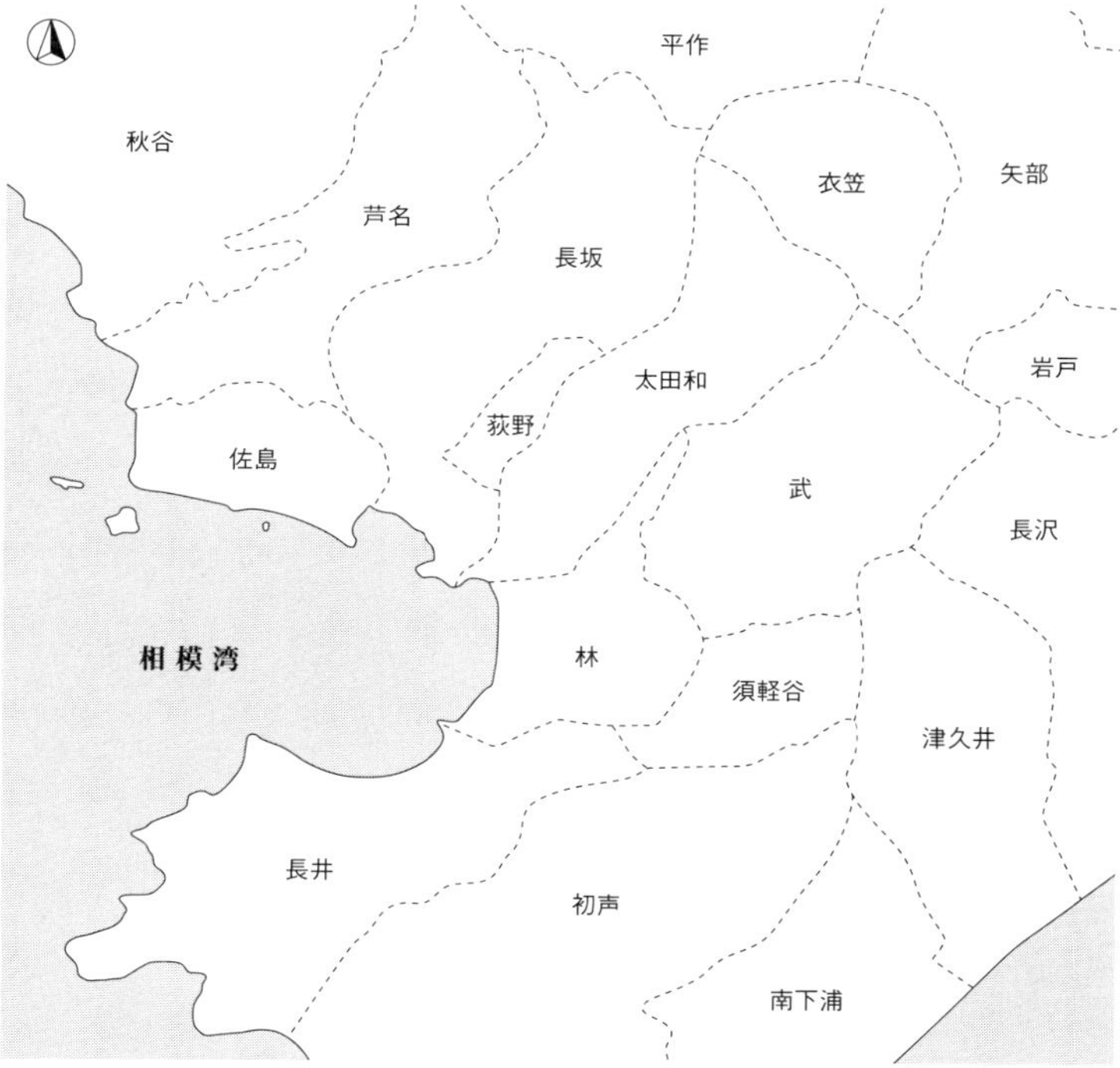


図５　武・林など四か村位置関係図

さらに注目すべきは、持朝が所領の代官として石渡隼人入道を推薦している点である。この点からすれば、石渡隼人入道は持朝と密接な関係にあったものと思われ、さらには扇谷上杉氏が三浦郡に密接な関わりを持ち始めていた形跡をうかがうことができよう。

なお、この武・林四か村の支配回復の問題は、一筋縄ではいかなかったようである。持朝が清浄光院に依頼を行った三年後の嘉吉二年（一四四二）には、ときの関東管領上杉清方から、次のような書状が出されている（「観智院金剛蔵聖教目録」）。

「（端裏書）関東において成敗の案嘉吉弐」
地蔵院領相州三浦郡武・林以下等の事、京都より仰せ下され候上は、早々相違無き様御成敗候わば、然るべく候。恐々謹言。

嘉吉弐
五月廿八日　兵庫頭清方在判

謹上　武田右馬助殿

本史料は、上杉清方が武田信長《のぶなが》に対して、地蔵院による武・林以下の所領の支配が回復されるよう幕府の命令が出されたため、それに従い処置するよう依頼したものである。ここで依頼を受けた武田信長は、甲斐国の国人領主で、永享の乱後には将軍義教に仕え、結城合戦の際には幕府軍の一員として活躍し、戦後はそのまま鎌倉に駐留していた（『鎌倉大草紙』）人物である。さらに、六年後の文安五年（一四四八）十二月、幕府は奉行人連署奉書をもって、地蔵院に次のような伝達を行っている（尊経閣古文書纂　東寺宝菩提院文書）。

法華堂領相模国三浦郡武・津久井・林・須加利谷四か村の事、仙波《せんば》常陸入道参洛あるべきの上は、その以後返付せらるべきの由、仰せ出され候なり。よって執達件のごとし。

文安五
十二月卅日　玄良（斎藤基恒）（花押）
為秀（飯尾）（花押）

地蔵院門跡雑掌

これは、幕府が地蔵院に対して、仙波常陸入道が帰洛するうえは、武・津久井・林・須加利谷（須軽谷）の所領を返付する旨を伝えたというのがその内容である。ここにみえる仙波常陸入道は幕府奉公衆で、武田信長と同様に、結城合戦の際には幕府軍の一員として関東に下向してきており、軍《いくさ》奉行の役割を果たしていた人物であった（『鎌倉大草紙』）。

以上の嘉吉二年・文安五年の地蔵院領武・林以下に関する二通の文書の内容から考えると、この地は結城合戦の際、幕府側の兵粮料所《ひょうろうりょうしょ》とされたとする推測が成り立つのではなかろうか。「兵粮料所」とは、合戦の際の兵粮調達のために設定される所領であるが、嘉吉二年の文書から考えれば、これらの地は本来地蔵院領であったものの、兵粮領所とされたため、臨時的に武田信長が管理するよう命じられていたことが推測される。

さらに文安五年になり、結城合戦から引き続いた幕府軍の鎌倉駐留が終息し、軍奉行の仙波常陸入道も帰洛することとなったため、兵粮料所としての指定も解除されることになり、本来の領主である地蔵院に返付されることとなったと考えれば、整合的に解釈することができよう。

同じ文安五年の十一月には、扇谷上杉持朝が幕府から鎌倉覚園寺《かくおんじ》領相模国毛利荘内妻田・荻野両郷（ともに神奈川県厚木市）の支配回復を命じられている（相州文書）が、この両郷も兵粮領所に指定されていたところ、この年に解除されたため、相模守護の持朝にこうした命が下されたものと思われる。

しかし、成氏の鎌倉公方就任によって、旧持氏方勢力の動きはさらに活発になり、その様相は、この地蔵院領武・林以下の地においても確認することができる。すなわち、宝徳二年（一四五〇）十月、幕府は関東管領上杉憲忠に武・林以下への一色伊予守の「強入部《こわにゅうぶ》」を排除して、判門田祐元《はねだゆうげん》へ沙汰付けるよう命じている（松雲寺文書）が、ここから成氏の近臣一色伊予守がこの地に「強入部」＝実力行使により所領を占拠していることがわかる。さらに、ここで所領を沙汰付けるよう命じられている判門田祐元は上杉憲忠の被官であり、地蔵院からこの地の代官に任じられていたのであろうが、ここからは、成氏の近臣と憲忠被官との軋轢、ひいては鎌倉公方と関東管領との対立をも見て取ることができよう。

さらに注目すべきは、この時期の三浦半島には、このように醍醐寺地蔵院領をはじめ、山内上杉氏の所領や京都の寺院の所領が数多く存在していたという点である。三浦半島における三浦介家の所領が半島南端部にのみ存在していたことについては先にふれたが、この時期の三浦氏は鎌倉で大きな存在感を示してはいたものの、本拠のすぐ近くに他領が数多く存在し、半島の中南部にあたる地すら領知できない状況であったのである。こうした点の克服が、三浦氏の前に大きく立ちはだかっていた。

### 扇谷上杉氏との関係を強化

扇谷上杉持朝は、宝徳元年（一四四九）頃までには嫡子顕房《あきふさ》に家督を譲って隠居したが、娘を関東管領上杉憲忠に嫁がせて山内上杉氏との連携を強め、上杉方の有力な存在としての地位を確固たるものとしていた。

一方、成氏方と上杉方との対立は激しさを増し、宝徳二年四月には、山内上杉氏家宰長尾景仲と景仲の婿で扇谷上杉氏家宰太田《おおた》資清《すけきよ》が成氏を襲撃するという事件が発生した。これに対して、成氏は江の島に避難し、小山持政《おやまもちまさ》・宇都宮等綱《ひとつな》といった北関東の有力武士を中心とした援助を得て、景仲等の軍勢を撃退している（江の島合戦）。

しかし、上杉持朝・顕房父子は本拠の相模国糟屋《かすや》荘（神奈川県伊勢原市）に、上杉憲忠も七沢要害《ななさわようがい》（神奈川県厚木市）にそれぞれ在陣して対抗姿勢をみせ、状況は膠着状態に陥りかけた。そのため、成氏は幕府に上杉方との和睦の斡旋を依頼するとともに、長尾景仲・太田資清の処分を求めた。幕府はこの求めに応じ、憲忠の鎌倉帰還や関東諸士の成氏に対する忠節などを命じたため、成氏は八月に、憲忠は十月にそれぞれ鎌倉に帰還し、状況は旧に復したかにみえた。

成氏は鎌倉に帰還した直後から、鶴岡八幡宮などの有力寺社領の売却地を返還させる「徳政《とくせい》」を実施した（鶴岡八幡宮文書等）。三浦郡でも十二月に法華堂領大多和村（神奈川県横須賀市）が鶴岡八幡宮寺の相承院に返付されている（法華堂文書）。「徳政」は通常、代始めに行われる「代始め徳政」の形態を取ることが一般的であることから考えれば、このとき成氏は、江の島合戦の終息にあたり、新たな政治の始まりを宣言するとともに、自らの権威を誇示することを目的にこうした施策を実施したものと思われる。

しかし、江の島合戦の首謀者に対する処分は、長尾景仲が扇谷上杉氏の家宰職を更迭されたのみという曖昧な形で終わったため、禍根はそのまま残り、両勢力が再び激突するのは時間の問題であった。

大森氏頼画像　「義烈百首」　当社蔵

こうした緊迫した状況のなか、この時期の三浦氏は、扇谷上杉氏との関係を強化していった。少なくともこの時期には跡継ぎを持っていなかった三浦時高は、扇谷上杉氏との縁組を整え、持朝の次男を養子に迎えている。この養子の実名《じつみょう》は、一般的な系図類では「高救《たかひら》」とされているが、同時代史料では「道含《どうがん》」の法名で確認することができる（以下、「道含」をもってこの人物の名を呼ぶこととする）。

また、時高の妹は駿河国御厨《みくりや》地域（静岡県御殿場市周辺）を本拠とする大森氏頼《おおもりうじより》に嫁いでいたが、氏頼は、永享の乱の際、兄憲頼《のりより》が持氏方であったのに対して、上杉方として大きな功績をあげた武将であった。一方の三浦時高も、永享の乱後に政治的地位を上昇させていたことは先にふれたが、こうした両者の関係を考慮すれば、時高の妹が氏頼に嫁いだのは、永享の乱後程ない時期であったものと思われる。そして時高は、道含の妻として、氏頼と妹との間に生まれていた娘（時高の姪）を迎え（「大森葛山系図」）、相模西部にも影響力を保持した大森氏との関係をさらに強化している。

なお、道含と大森氏頼娘との間に生まれたのが、本書の主人公道寸《どうすん》（道寸の実名は「義同《よしあつ》」とされ、それを実証する史料も存在するが、同時代史料ではほとんどの場合、「道寸」名であらわれるため、以下この名を用いることとする）である。道寸の没年齢が記された史料として、唯一『鹿山略記』の寿徳庵項を見出すことができるが、そこには「永正十五戊寅年七月十一日三浦新井城において物故。寿六十六」とあり、永正十五年（一五一八）に六十六歳で没したとある。これを逆算すれば、道寸の生年は享徳二年（一四五三）であったことになる。

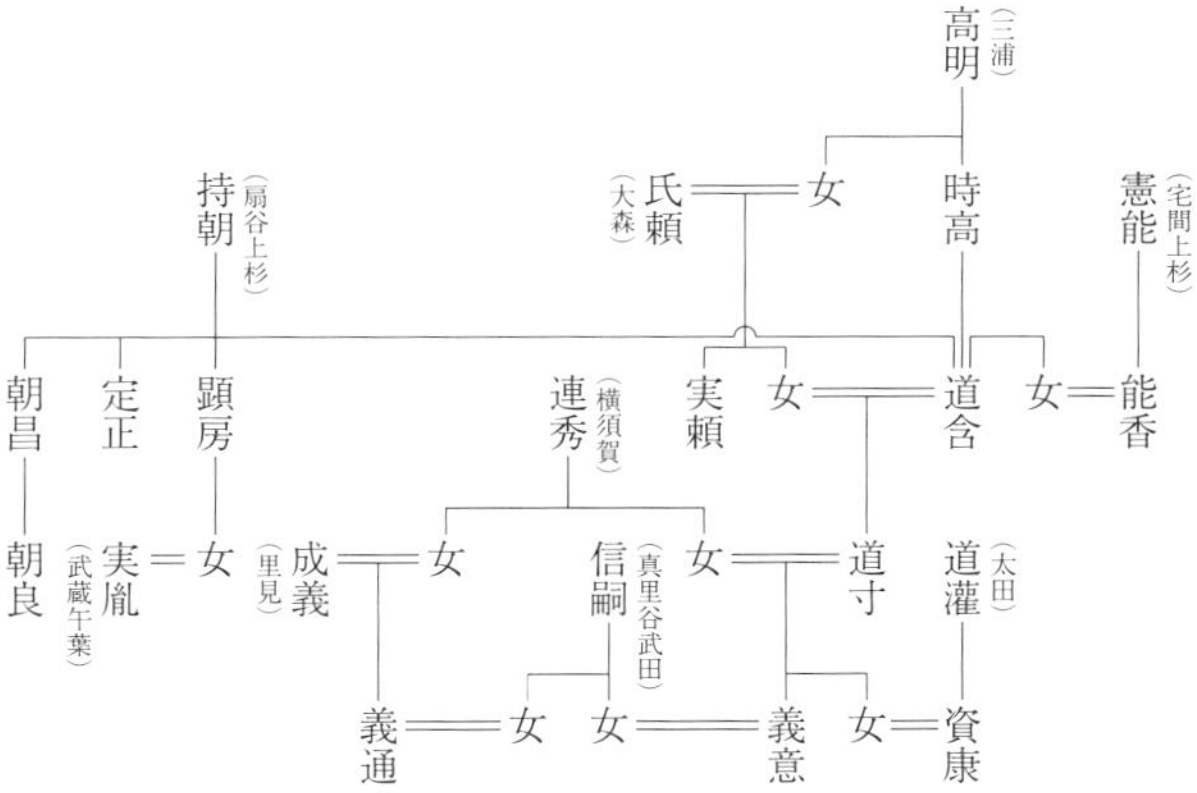


系図７　三浦氏・扇谷上杉氏関係略系図

しかし、後述するように、道寸の没年を永正十五年とするのは誤伝であり、正しくは同十三年である。『鹿山略記』の、道寸が六十六歳で没したとする記述が正しいものとし、この没年にあてはめれば、その生年は宝徳三年（一四五一）となる。このように、道寸の生年が宝徳三年ないしは享徳二年と推測されることからすれば、父道含と母大森氏頼娘との婚姻の時期はその数年前、つまり江の島合戦の勃発した宝徳二年前後と考えて差し支えないのではなかろうか。

道含の兄顕房の生年は永享七年（一四三五）と推定され（「上杉系図」）、宝徳二年段階では十六歳であった。次弟道含のこのときの年齢は未詳であるが、それをわずかに下回るものと考えられよう。実名とされる「高救」の「高」は、養父時高からの偏諱《へんき》と考えられることからすれば、道含の三浦氏への養子入りと元服・婚姻はほぼ同時期になされたものと推測される。さらに、それが宝徳二年前後であるからには、成氏方との対立が激化する状況のなか、三浦氏が大森氏も含めた上杉方との関係強化のために実現させたものと理解することができよう。いわば、上杉方勢力のなかで有力な存在であった三浦氏は、扇谷上杉氏から養子を迎えることにより、さらに関係を強化し、より一層、上杉方のなかでの地位を確固たるものとしようとしたのであった。

一方、扇谷上杉氏にとっても、三浦氏の存在は重要なものであったと思われる。永享の乱後の三浦氏は、関東において千葉氏と並ぶ有力な存在であり、さらに鎌倉にほど近い三浦を本拠とする存在であった。こうした勢力を自陣に取り込んでおくことは、相模守護としても、関東の重鎮としても重要であったことは想像に難くない。また、三浦氏にとっても、自らの本拠相模の守護であり、さらには、関東の事実上の主導者であった扇谷上杉氏との関係強化は望ましい事態であったと思われる。

こうした両者の利害関係が一致したことにより、道含の養子入りが実現したのであろうが、これによって、三浦氏は扇谷上杉氏の準一門的存在となったわけであった。成氏方と上杉方との対立がますます激しさを増していく状況のなか、三浦氏は上杉方としての旗幟を鮮明にし、扇谷上杉氏と強い関係を築いていくことにより、その存続を図ろうとしていたのである。

# 第二章　享徳の乱と三浦氏

## 享徳の乱の勃発と都鄙関係

足利成氏の鎌倉公方就任によって激しさを増した成氏方と上杉方の対立は、享徳三年（一四五四）十二月二十七日に、成氏が関東管領上杉憲忠を鎌倉西御門《にしみかど》第で謀殺したことを契機に、関東の武家勢力を二分する全面抗争へと発展してしまった。これが、その後三十年の長きにわたって続くことになる「享徳の乱」であり、この乱の発生によって、関東は戦乱の時代に突入したものといえよう。

これに対して上杉方は、享徳四年正月四日、扇谷上杉持朝が成氏攻撃のため本拠の糟屋荘（神奈川県伊勢原市）を発して島河原（神奈川県平塚市）に進み、また、扇谷上杉顕房や山内上杉氏の宿老長尾景仲を中心とした軍勢が上野国から南下し、成氏を挟み撃ちする構えをみせた。こうした上杉方の動きに対して成氏も、西には奉公衆一色直清《なおきよ》や武田信長らを派遣して対応にあたらせ、自身は南下してくる顕房・景仲軍を迎撃するため、鎌倉街道を北上して武蔵府中（東京都府中市）へと進んだ。

正月二十二日、上杉持朝軍と成氏方とは島河原で合戦となったが、持朝はこれに敗れて伊豆国三島（静岡県三島市）に逃れた。さらに同月二十一・二十二日には、分倍河原《ぶばいがわら》（府中市）などで顕房・景仲軍と成氏軍とが合戦となり、成氏方がこれに勝利した（「武家事紀」三十四所収文書）。この合戦では、扇

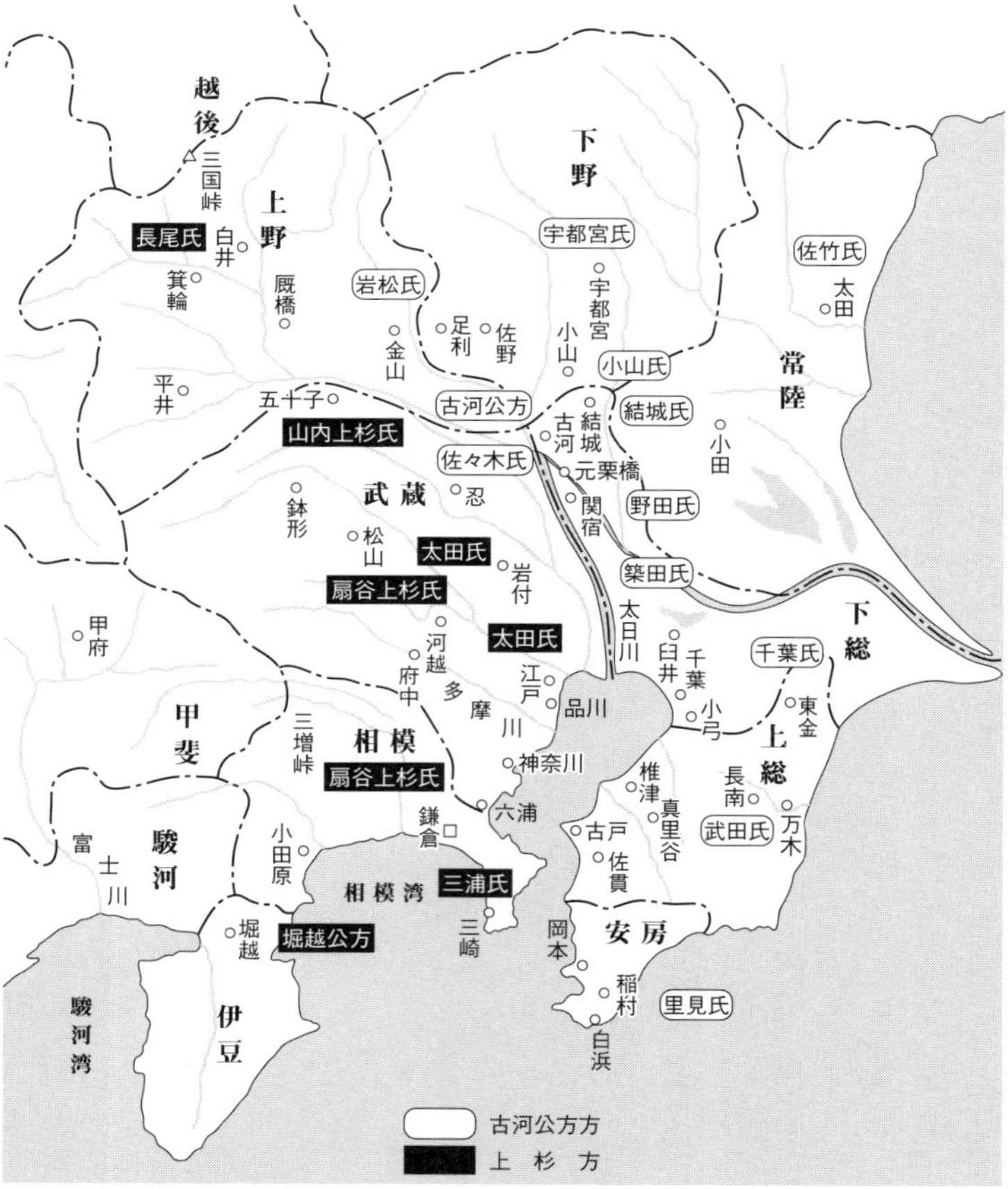


図6　享徳の乱における関東の勢力図（館山市立博物館『さとみ物語　戦国の房総に君臨した里見氏の歴史』〈2000 年〉の図をもとに、加筆修正）

谷上杉顕房・犬懸上杉憲秋《のりあき》・小山田上杉藤朝《ふじとも》（定頼の子）などが戦死しており、上杉方の大敗であった。顕房の戦死により、扇谷上杉氏では再び持朝が家督につく事態となったが、緒戦にいずれも敗北を喫したのみならず、山内・扇谷両家とも当主を失うこととなった上杉方は、苦しい状況に陥ってしまった。

一方、上杉憲忠の謀殺を知った幕府は、上杉方支援の方針を明確に打ち出し、四月には後花園《ごはなぞの》天皇の成氏追討の綸旨《りんじ》と御旗《みはた》を得、さらに京都で幕府に仕えていた上杉房顕（憲実の子で憲忠の弟）を憲忠の後継と定め、関東管領に任命して東国に下向させた。房顕はまず越後へ下り、そこから四月には上野国平井城（群馬県藤岡市）に入った。

さらに幕府は、越後守護上杉房定《ふささだ》（清方の子で房顕の従兄弟）と駿河守護今川範忠《のりただ》に上杉方の支援を命じ、房定は五月中には上野に入り、乱の様相は幕府・上杉方と成氏方との争いという状況を呈することとなった。

島河原の合戦に敗れて伊豆三島に逃れていた上杉持朝は、ここで四月三日に京都を発していた今川軍の下向を待っていたが、同月二十三日には伊豆・相模で成氏方との間で合戦があり（竜穏院文書等）、その後下向してきた今川範忠の軍勢と合流して、六月十六日には鎌倉の成氏方勢力を駆逐してこの地を占領した。このとき、今川氏を主力とした軍勢は鎌倉の神社仏閣を多く焼き払ったようで、『鎌倉大草紙』はこのときのこととして、「頼朝卿已後北条九代の繁昌は元弘の乱に滅亡し、尊氏卿より成氏の御代に至て六代の相続の財宝、この時皆焼亡して、永代鎌倉は亡所《（もうしょ）》となり、田畠あれはてける。まことにあさましき次第也」と記している。

こうした幕府・上杉方の動きに対して、成氏は分倍河原の合戦の後、常陸国小栗城（茨城県筑西市）に敗走した長尾景仲を追って北上したが、その後、鎌倉を幕府・上杉方に占領されたため、下総国古河《こ が》（茨城県古河市）に入り、以後、ここを本拠とした。そのため、成氏以後五代を「古河公方」と呼ぶ。

成氏が古河を本拠とした要因はいくつか考えられるが、この近辺に広がっていた下河辺荘《しもこう べ》（古河市・千葉県野田市・埼玉県久喜市・同加須市等の広域な範囲に及ぶ）は、小山義政《よしまさ》とその子若犬丸《わかいぬまる》による小山氏の乱以降は鎌倉公方の御料所とされており、その経済的基盤を成していた点や、小山氏・結城氏といった成氏の強い支持勢力の本拠に近かったといった点があげられよう。

このような享徳の乱勃発後の一連の戦いの結果、関東の情勢はほぼ、江戸湾に向かって流れていた利根川（太日川《ふといがわ》）を境に、東側を古河公方が、西側を上杉方が支配することとなり、事実上、関東は東西に二分されることとなった。

成氏は、こうした関東における戦いは上杉氏との争いであり、「京都に対し奉り野心を挿し候処にあらず」と、幕府に対しては異心がない旨を述べた書状を管領細川勝元《かつもと》に書き送っている（「武家事紀《ぶけじき》」三十四所収文書）が、幕府側は「関東時宜、去今数箇度言上し候といえども、御返事遅留」（同前）とみえるように、成氏のたび重なる主張に対して回答を与えないありさまであった。

京都では、享徳四年七月に「康正」と、康正三年（一四五七）九月には「長禄」と、矢継ぎ早に改元が行われるが、こうした幕府側の姿勢により、成氏は改元後も「享徳」年号を継続使用することによって対抗する姿勢をみせていくこととなり、享徳の乱は長期化することになっていったのである。

## 享徳の乱における三浦氏と三浦郡

享徳の乱が勃発した際の、三浦時高の動向を具体的に示す史料は、残念ながら確認されていないものの、前後の姿勢から考えて、上杉方として行動したことはまちがいなかろう。そして、この時期の三浦氏や、本拠の三浦郡の動向を考えるうえで興味深いのが、次に掲げる史料である（法華堂文書）。

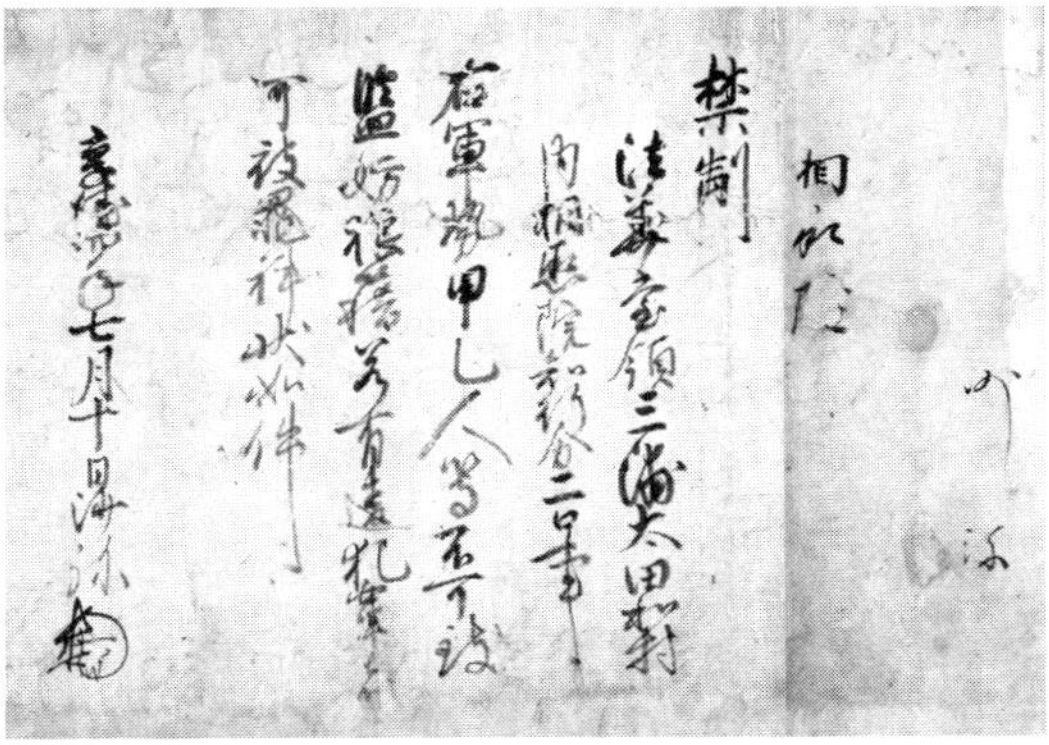

享徳４年７月１０日付け某禁制（法華堂文書）神奈川県鎌倉市・明王院蔵

禁制

法華堂領三浦太田和村内相烝（承）院知行分二口の事

右、軍勢甲乙人等監（濫）妨狼籍（藉）致すべからず。若《も》し違犯《いぼん》の輩《ともがら》あらば、罪科に（処脱カ）せらるべき条、件のごとし。

享徳四年七月十日　　沙弥（花押）

この史料は、享徳四年（一四五五）七月十日付けで、鎌倉法華堂領三浦郡太田和（大多和。神奈川県横須賀市）村内における乱暴狼藉を禁じるために発給された禁制である。発給者は単に「沙弥《しゃみ》」（法体の者）とあるのみで、花押も他に類例が確認されていないため、誰によるものであるのかは判然としない。しかし、禁制（制札とも）は、占領地域等における安全保障的な性格を持つ文書であり、発給者の一方的な意思にもとづくものではなく、受給者の要請によって発給され、その際には多く代価の授受がなされるものである。

　したがって、この史料は発給者の軍勢が三浦郡太田和村周辺を軍事的に制圧していた状況のなかで、この地の領主法華堂ないしは太田和村の要請にもとづき、対価が支払われたうえで、発給者の軍勢が村内で乱暴狼藉を行わないことを保障してもらったものということになる。ここから考えれば、この頃、太田和村周辺をはじめとする三浦郡が戦場となっていた可能性が高いといえよう。

　問題は、太田和村周辺を軍事的に制圧していた勢力、すなわち、この史料の発給者が誰であったのかという点である。この享徳四年七月十日の約ひと月前には、今川氏を主力とする幕府軍が鎌倉を占領する事態が発生している。さらに、「糟谷系図」には糟屋但馬守範忠《のりただ》という人物について、「今川に属し、三浦において討死」とする記述がみられる。年代は記されていないものの、今川氏に属した人物が三浦で討ち死にしたという状況は、享徳四年の鎌倉侵攻の際以外にはありえないものと思われる。こうした点からすれば、この年の七月十日頃、今川氏の軍勢が三浦郡にまで侵攻していたと想定することに、あながち無理はないと考える。

　こうした観点からいえば、この禁制の発給者として想定される人物に、今川範忠があげられよう。しかし、ここに見える花押は、現在確認されている範忠のそれとは形が異なっている。さらに、この禁制が発給される約五か月前（享徳四年には閏四月あり）の三月二十一日付けで、今川範忠は伊達《だて》範宗《のりむね》に駿河国三沢村（静岡市清水区）の本知行を返付している（駿河伊達文書）が、そこで範忠は「前上総介」と署名しており、三月段階では、いまだ出家していなかったことがわかる。

残念ながら、この後、範忠の署名のある史料は管見に入らないが、三月段階で出家しておらず、その直後から幕府の命により東国に下向していることからすれば、七月段階ですでに出家していた可能性は低く、この史料の発給者を今川範忠と考えることには、無理があるものと思われる。

先にもふれたように、享徳の乱が勃発した際の時高の動向はよくわからないが、おそらく上杉方に立ったことはまちがいないと思われる。さらに、幕府軍による鎌倉占領の後に、今川氏の軍勢が三浦郡にまで侵攻しているわけであるから、時高はこれと共同して軍事行動を取ったことは、十分に想定されよう。

三浦郡で上杉方が具体的に誰と合戦を繰り広げ、今川氏家臣の糟屋範忠が討ち死にすることとなったのかについても不明である。ただ、佐原流三浦介家の庶流で宮田（神奈川県三浦市）を苗字の地としたとされる貞明《さだあき》（南北朝初期に足利尊氏の侍所をつとめた三浦貞連の子）の系統（貞明―貞澄《さだずみ》―貞泰《さだやす》。代々能登守を受領名としたことから、「能登守家」と呼ぶ）や、三浦郡横須賀郷（神奈川県横須賀市）を伝領して、その後これを苗字の地とする横須賀氏系三浦氏（貞連―貞清《さだきよ》―貞明―駒石丸《こまいしまる》―久連《ひさつら》）などは、代々鎌倉府奉公衆であったと考えられ、こうした三浦氏庶流との抗争が想定される。

こうした状況から考えれば、禁制の発給者の可能性がある人物として、三浦時高の名を挙げることができるのではなかろうか。残念ながら、時高の確実な花押は現在のところ確認されていないため、それと確定することはできない。さらに、「法華堂文書」にみえる曾祖父高通の花押や、「走湯山什物」で確認できる祖父高連花押の模刻と、この禁制にある花押の形状が類似しているとも言い難い。

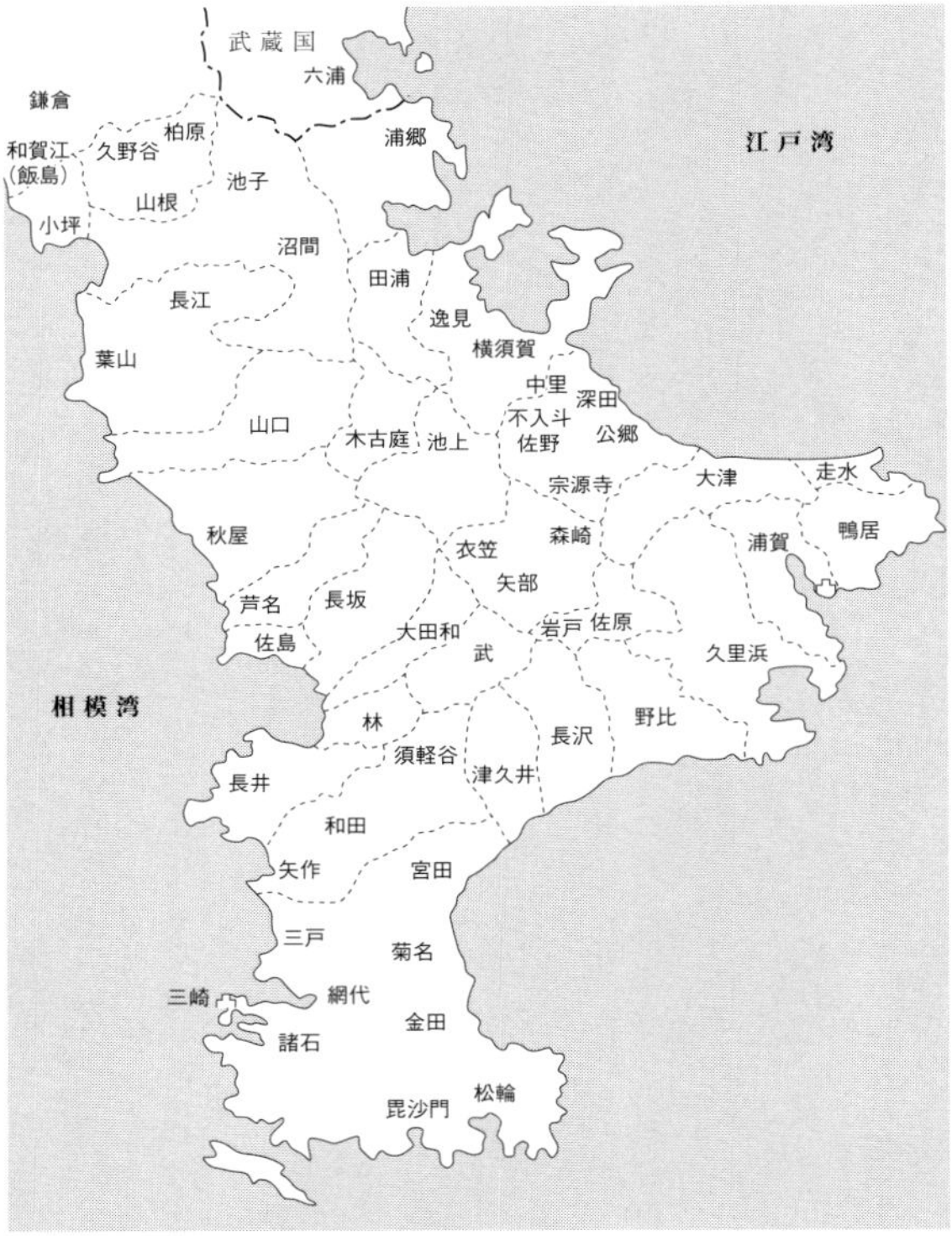

図7　15世紀後半の三浦郡

しかし、後述するように、三浦郡和田を支配していた「能登守家」の勢力が、享徳の乱発生後にはこの地から駆逐されている点や、この系統がその後、古河公方に仕えている（三浦文書）点などからすれば、上杉方が三浦郡における成氏方との抗争に勝利し、太田和村をはじめとする地域を軍事的に制圧した結果、上杉方の時高は郡内で多くの所領を獲得し、この地域最大の領主として、郡域に大きな影響力を持つ存在となった可能性は考えられる。

先の禁制が、こうした三浦郡における抗争のなかで発給されたものであることはまちがいないが、以上のような観点に立てば、あくまで推測の域を出るものではないものの、発給者を三浦時高と考えることは一考に値しよう。

### 和田郷龍徳院領と扇谷上杉氏

鎌倉公方足利持氏が鎌倉永安寺で自害することをさかのぼる七年前の永享四年（一四三二）二月十二日、「平貞泰《たいらのさだやす》」という人物が、次のような寄進状を書き記している（津久井光明寺文書）。

「（端裏書）三浦能登次郎□寄進状案」

寄附し奉る

三浦郡和田郷内松崎屋敷の事

右志は、空海松岩菩提所として龍徳院《（りゅうとくいん）》へ寄附し申すところなり。よって後日のため寄進するところの状件のごとし。

永享四壬子二月十二日　平貞泰判

この史料は、「平貞泰」が「空海松岩」の菩提所である龍徳院に対して、三浦郡和田郷（神奈川県三浦市）内松崎屋敷の地を寄進したことを示すものである。「平貞泰」は端裏書《はしうらがき》にもあるように、三浦氏庶流で宮田を姓としたとされる貞明（「系図纂要」）の孫で、鎌倉府奉公衆宮田能登守貞澄の子三浦貞泰と考えてまちがいなかろう。

龍徳院は、江戸時代後期に成立した『新編相模国風土記稿』（巻百二十一）には、津久井光明寺（神奈川県相模原市緑区）の役院十刹《じっさつ》のうちの一つとある。その後、津久井に移転したものの、この段階では三浦郡和田郷内に存在していたのだろう。

さらに、「空海松岩」という人物については不明ではあるが、貞泰が菩提所たる龍徳院に土地の寄進を行っていることからすれば、その父貞澄の法名である可能性が考えられよう。また、貞泰の本拠と考えられる宮田（三浦市初声町下宮田・同南下浦町上宮田）には、台地上に「本屋敷」の地名も残り（下宮田）、宮田氏の拠点であった可能性が想定されるが、「和田」はそれに隣接する地域となる。

なお、この史料と同日付けで「貞高」という人物が、龍徳院に寄進する松崎屋敷の地の具体的な注文（リスト）を列挙して書き記している（津久井光明寺文書）。先の寄進状とあわせて龍徳院に交付したものと思われ、「貞高」はその実名《じつみょう》から、貞泰の一族と考えられよう。ここで貞泰が龍徳院に和田郷内松崎屋敷の地を寄進したからには、永享四年段階では本拠の宮田のみならず、少なくとも和田郷の一部は貞泰が支配していたことはまちがいない。

一方、永享の乱や享徳の乱勃発を経た康正二年（一四五六）十一月、同じ和田郷内龍徳院や松崎屋敷に関わる、次のような史料が発給されている（津久井光明寺文書）。

　譲与す
三浦郡和田郷の内龍徳院ならびに院領松崎屋敷田畠の事、由緒あるにより、証文をあい副え、禅薩首座《しゅそ》に譲与するものなり。ゆめゆめ門徒法眷《ほうけん》の綺《いろい》あるべからざるところなり。よって後証のため状件のごとし。
　康正弐年十一月廿八日　　　　　　文龍（花押）

禅薩首座禅師

これは、康正二年十一月二十八日付けで、文龍という僧侶が禅薩に対して和田郷内龍徳院とそれに付属する院領松崎屋敷の地を譲与する旨を示した譲状である。本史料が含まれている津久井光明寺文書には、「宝積寺《ほうしゃくじ》」という鎌倉建長寺の末寺であった津久井光明寺の前身寺院に関する史料がいくつか確認できる。近年の研究では、鎌倉山崎と青山桐谷（相模原市緑区）の二つの宝積寺が存在していたことが明らかとなっており（川本二〇一五）、文龍は松月軒主であるとともに、桐谷宝積寺の役僧であったものと思われる。

その後、文龍はこの譲与の件について相模守護扇谷上杉氏からの保障を得ようと、家宰の太田道真《どうしん》（資清）にそれを要請したようである。翌年の長禄元年（一四五七）六月二十五日、道真は文龍・禅薩それぞれに書状を送り、譲与の件を了承した旨を伝え、さらに文龍には、近く鎌倉に赴くので、その際に直接会って話を聞く旨も申し述べている（津久井光明寺文書）。

しかし、この譲与に対しては、反対する勢力が存在した。一つは珍公《ちんこう》という僧侶で、これに対して道真は、七月十一日に龍徳院領は文龍に支配権が認められているものであることを理由に、珍公を説得する書状を送っている（同文書）。もう一つは、寺領の代官をつとめていた河名《かわな》氏であった。河名氏は土地の引き渡しを拒否したため、禅薩は譲与を受けたものの、実際の支配は行えない状態であったようである。

七月二十三日に、道真は再び文龍・禅薩の両名にそれぞれ書状を書き記している。そこでは、河名氏から異議が出されていたものの、道真が書状を送ってこれに対処したため、無事に土地の引き渡しが行われた様子を確認することができ、土地を受け取った禅薩には、このうえなお抵抗があるようならば報告するよう促している（同文書）。

以上のように、和田郷龍徳院領は複雑な経緯をたどっている。注目すべきは、永享四年段階では宮田氏の三浦貞泰がこの地を支配していたのに対して、永享の乱・享徳の乱勃発後の長禄元年には、現地の支配を実行するために、扇谷上杉氏の保障が求められている点である。おそらく宮田氏は、先にふれた享徳の乱勃発にともなう三浦郡での戦いの際に没落し、この地域の支配権を失うことになったのだろう。

さらに、文龍・禅薩が扇谷上杉氏に所領の譲与に対する保障を求めたのは、河名氏のような抵抗勢力を排除して、現地を確実に支配することがその目的であったと考えられる。彼らはそれを自力で行うことができなかったため、おそらくは多額の礼銭《れいせん》を支払ったうえで、扇谷上杉氏の力を借りたのだと考えられる。

ここで扇谷上杉氏は、文龍・禅薩の依頼を受け、異議を申し立てる河名氏を説得して、土地の引き渡しを実行させたわけだが、万一、河名氏が抵抗の姿勢を示した場合には、武力による排除も辞さなかったものと思われる。実際には、そうした事態に立ち至らなかったわけであるが、こうした様相からは、享徳の乱が勃発したこの時期、上杉方がこの地域を支配することとなり、さらに相模守護であった扇谷上杉氏が、三浦郡にも強い影響力を及ぼすようになっていた状況を読み解くことができよう。

## 堀越公方の下向と混乱する関東情勢

享徳の乱は、古河公方足利成氏と上杉氏との争いに止まらず、関東全体を巻き込む全面抗争へと発展し、ほぼ利根川以東を成氏方が、以西を上杉方が支配する状況が生じたことは、先にふれたとおりである。

そうしたなかで、山内上杉氏は上野から武蔵西部にかけての地域に、また、扇谷上杉氏は相模から武蔵東部にかけての地域に強い影響力を及ぼすようになり、特に扇谷上杉氏はこうした過程のなかで、江戸城（東京都千代田区）や河越城（埼玉県川越市）を取り立てて、重要な支配拠点としていった。

一方、幕府は攻勢を強めていた成氏に対抗するため、将軍足利義政の異母兄で天龍寺香厳院主であった清久《せいきゅう》を還俗《げんぞく》させ、義政の偏諱を受け政知《まさとも》と名乗らせたうえで、新たな鎌倉公方とするため長禄二年（一四五八）に関東へ送った。しかし、現実には実権は幕府に握られており、関東の武士たちの支持を得ることもできなかったため、政知は鎌倉に入ることができず、伊豆国堀越《ほりごえ》（静岡県伊豆の国市）に入り、「堀越公方」と呼ばれることとなった。

さらに幕府は、政知の関東下向とあわせて大規模な成氏討伐の計画を遂行しようとしたものの、関東出兵を命じられていた越前守護斯波義敏《しばよしとし》が将軍義政の命に従わず、越前で発生した守護代甲斐常治《かいじょうち》の蜂起を鎮圧するため領国へ下ったことにより義政の怒りをかい、長禄三年五月には更迭されたため、成氏征討の計画は頓挫してしまった。

これに対して関東では、長禄三年に関東管領上杉房顕が武蔵国五十子《いかっこ》（埼玉県本庄市）に陣を築き、

伝堀越公方御所跡　静岡県伊豆の国市

扇谷上杉持朝をはじめとする上杉方の主だった武将たちがここに結集して、成氏方と対峙する構えをみせていた。これを知った成氏は、五十子陣を攻撃しようとし、同年十月十四日には付近の太田荘（埼玉県熊谷市周辺）で両軍の合戦となった。上杉方はこの戦いに敗れたものの、最終的には成氏軍も撤退したことにより、五十子陣は上杉方の手に確保され、上杉方はこの地を拠点に成氏方と対峙する構えをみせ、両者の抗争は長期戦の様相を呈することとなった。

さて、伊豆に拠点を置いた堀越公方は、建前としては鎌倉府の機能を継承したわけであったが、旧鎌倉府管轄十二か国のうち、陸奥・出羽・甲斐の三か国はその「分国《ぶんこく》」には含まれず、さらに常陸・下野・下総・上総・安房の五か国では成氏方が優勢であった。そのため、直接的に権限を行使することができたのは伊豆・相模のみであり、武蔵・上野にも支配権を及ぼしたものの、結局のところ、その権限の及ぶ範囲は、両上杉氏の守護任国に限られていた。

その反面、堀越公方は幕府から関東の御料所《ごりょうしょ》（関東公方の直轄領）や闕所地《けっしょち》（没収した所領）の処分権を認められていた。しかし、享徳の乱勃発による公方不在の状況のなかで、両上杉氏は実質的に領国内でのこれらの地に対する処分権を獲得しており、新たに東国に下向してきた堀越公方政知がこうした権限を行使しようとすれば、当然、上杉氏の権限と抵触することとなったのである。

現に、長禄二年には政知の重臣であった渋川義鏡《しぶかわよしかね》の被官板倉頼資《いたくらよりすけ》が、京都から下向してきた軍勢の経済的基盤確保のため、関東公方の所領と新たな闕所地の調査を行っており、さらに山内上杉氏の領国内に入り込もうとする京方軍勢に対し、上杉方は何とかそうした状況を阻止しようとしている様子をうかがうことができる（正木文書）。

寛正元年（一四六〇）正月、享徳の乱勃発後の享徳四年（一四五五）六月以来、鎌倉に駐留していた今川軍が引き上げ、狩野介《かののすけ》の軍勢のみが鎌倉に残ったものの、狩野介自身は在国して不在であった（『香蔵院珍祐記録』寛正元年二月条）。一方、翌寛正二年八月、鎌倉では鶴岡八幡宮社頭の掃除が町人百余人に対して命じられているが、この命を発したのは渋川義鏡の被官板倉氏であった（『香蔵院珍祐記録』寛正二年八月条）。こうした点からすれば、寛正二年夏頃までには、堀越公方が狩野介の軍勢を追い払うなどして、鎌倉を支配下に置いたことはまちがいないものと思われる。

## 板挟みとなり隠遁した時高

こうして、堀越公方の勢力が相模に進出してきた結果、そこを自らの分国としていた扇谷上杉氏との間に政治的対立が生じたのは必然であった。

寛正三年（一四六二）三月、将軍足利義政は政知に対して、「道朝《どうちょう》の事につき雑説《ぞうせつ》の子細候か、驚き思《おぼ》し食《め》され候。代々忠節の者に候。殊に故御所様別して御扶助の事に候。定めて疎略有るべからず候や。能々《よくよく》申し含めらるべし。彼の分領以下《いげ》においては、相違無く、下知せしめ給うべき」（「御内書案」）と命じている。

つまりこの頃、扇谷上杉持朝（道朝）に関する「雑説」が立ったことに義政は驚き、持朝は代々忠節を尽くしてきた者であり、特に義政の父義教が目をかけた者であるから、決して粗略に扱うことなく、その所領に関してはまちがいのないよう下知するよう政知に命じているわけである。ここでいう「雑説」とは、持朝が幕府方から離反して、成氏方に寝返るといった風説であったものと思われるが、ここからは、堀越公方と扇谷上杉氏との対立が生じていた様子を読み取ることができよう。

さらに義政は、この年の十二月七日、政知に対して御内書を発給しているが、そこでは上杉持朝が兵粮領所として土肥中務少輔に与えていた相模国中豊田郷（神奈川県平塚市）、同じく狩野介に与えていた相模国の大友右馬頭跡などの地を、政知が没収したことを戒める旨が記されている（「御内書案御内書引付」）。堀越公方と扇谷上杉氏との対立は、持朝が戦乱のなかで獲得して権限を行使していた御料所や闕所地に対する処分を撤回し、あらためて政知の名によって、新たにこれを再配分しようという動きのなかから生じたものであることが理解できよう。

両勢力の対立は、すでにそれ以前から激化していたようで、寛正二年には、政知の執事であった犬懸上杉教朝《のりとも》（禅秀の子）が原因不明の自害を遂げ、また、同年に扇谷上杉氏の家宰太田道真が隠居していることなどは、こうした対立と無関係な出来事ではなかったであろう。

さらに、扇谷上杉氏から養子道含を迎えて関係強化を図っていた三浦氏も、両勢力の対立と無関係でいることはできなかった。寛正三年三月二十九日、将軍足利義政は、三浦時高に宛てて次のような御内書を発している（「御内書案御内書引付」）。

隠遁の由、その聞こえの条、驚き思し召され候。早々帰参有るべきなり。

三月廿九日　　御判（足利義政）

三浦介とのへ

この史料は、この頃時高が隠遁する意思を表明したため、それを聞いた義政は驚き、時高を慰留するとともに、隠遁を撤回するよう求めたものということになろう。また、この時期の時高の動向をあらわしているのが、次に掲げる『香蔵院珍祐記録』（鶴岡八幡宮寺供僧《ぐそう》香蔵院珍祐が記した外方《とかた》供僧衆《しゅう》会《え》の記録）の寛正三年四月条の記事である。

一、三浦介今月七日三浦へ下着。三十旗ばかりと云々。身上無為の篇とこれを申す。（後略）

ここからは、成氏方との対陣のため武蔵国五十子陣にいた三浦時高がそこを引き上げ、寛正三年四月七日に三十騎ばかりを引き連れて本拠の三浦に退いたということがわかる。さらに同月には、三浦時高ばかりでなく、堀越公方の重臣渋川義鏡から扶持を受けるとともに、扇谷上杉顕房の娘を妻としていた武蔵の千葉実胤《さねたね》も隠遁する事態が発生している（「御内書案」）。一方、時高の妹が嫁ぎ、時高の養子道含の妻の実家であった大森氏は、堀越公方勢力を構成する有力な存在であった。

先に掲げた二点の史料や、こうしたいくつかの事実から考えれば、この時期の三浦時高の周辺では、次のような事態が発生していたと考えられるのではなかろうか。

五十子陣跡　埼玉県本庄市

すなわち、堀越公方と扇谷上杉氏との政治的対立が発生したことにより、養子の道含を通じて扇谷上杉氏と関係を強化していた一方、強い縁戚関係のあった大森氏を通じて堀越公方とも関わっていた時高は板挟み状態となり、いずれの勢力に味方するかの選択を迫られた。進退に窮した時高は隠遁を表明し、自家の存続を図った。これを聞いた将軍足利義政は慰留するものの、時高の意志は固く、五十子陣から三浦に退去するという形で隠遁を実行に移した、というものである。両勢力と密接な関係にあり、板挟み状態となって進退に窮したという点では、千葉実胤も同様の立場であったものと思われる。

こうした両勢力の対立は、先にふれたように、将軍義政の調停によって収拾されていった。義政は政知に対して、扇谷上杉持朝を粗略に扱うことなく、その所領に関してもまちがいのないよう命じ、持朝には武蔵国河越荘を給付するなど、従来の権限をそのまま認め、その地位を保障する（「御内書案」）ことにより、寛正三年末までに両者は一応の和解を遂げたようである。

こうした両勢力の対立を煽ることとなっていたのが、政知の執事的な立場にあった渋川義鏡であった。政知が義鏡を重用したのは、義鏡が当時の斯波氏当主義廉《よしかど》の実父であり、慢性的に軍事力不足に悩まされていた政知は、こうした関係を用いて、斯波氏の軍勢が東国に下向することを期待したことによるものと考えられる。しかし義政は、両勢力の対立を解消するため、義鏡を堀越公方府から追放した。そのため斯波軍の編成も失敗し、扇谷上杉氏の立場が保障されたことによって堀越公方の勢力が鎌倉に入り込む余地がなくなり、結果として、堀越公方権力は掣肘を受けることになったのであった。

なお、この後、三浦時高の姿を確実な史料に見出すことはできなくなる。『北条記』などの江戸時代に成立した軍記類には、隠遁から三十年以上が経過した明応三年（一四九四）ないしは同九年に、時高が道寸によって攻め滅ぼされたとする記事が唐突に現れるものの、後述するように、これは歴史的な事実とは認めがたい。時高は寛正三年に隠遁し、その後、表舞台に立つことはなかったのであろう。没年は未詳だが、ほぼ同世代と思われる扇谷上杉持朝が応仁元年（一四六七）に五十三歳で没していることからすれば、時高も隠遁した三浦でその頃静かにその生涯を終えたのかもしれない。

## 三浦介道含の家督相続と長尾景春の乱

江戸時代に成立した軍記類に基づいた三浦氏の研究においては、時高の養子として道寸が迎えられ、明応三年（一四九四）ないしは同九年に、養父を攻め滅ぼして家督を相続したものとされてきた。

しかし、同時代のものを中心とした確実な史料から考えれば、それは事実とは認めがたく、寛正三年（一四六二）に時高が隠遁した後には、扇谷上杉家から養子として迎えられた道含が三浦氏の家督を相続したことは確実であろう。その痕跡は系図類にも残されており、『上杉系図』の高救（道含）の項には「三浦介時高の子となる」とあり、『大森葛山系図』には、氏頼の娘で三浦氏に嫁いだ女性の項に、「三浦介室、道寸母」との注記がほどこされている。いずれも、道含が時高の養子となり、三浦介を相続した事実を示すものといえよう。

一方、享徳の乱は膠着状態に陥っていたが、そうしたなかでも変化をもたらす状況は生じていた。寛正七年二月、関東管領山内上杉房顕が五十子陣（埼玉県本庄市）で跡継ぎのないまま没したことにより、将軍義政の命などもあり、越後守護上杉房定《ふささだ》（房顕の従兄弟）の子顕定《あきさだ》が山内上杉氏の家督を相続した。

さらに、文明五年（一四七三）には、山内上杉氏の家宰白井《しろい》長尾景信《かげのぶ》（景仲の子）がやはり五十子陣で没した。山内上杉氏の家宰職は、陪臣《ばいしん》の身分とはいえ、関東管領の補佐役であったことから大きな力を握る立場であった。長尾氏は白井長尾家・惣社《そうじゃ》長尾家・犬懸長尾家・鎌倉長尾家（後に下野国足利荘に移り足利長尾家となる）に分かれ、持ち回りで山内上杉氏の家宰職をつとめていたが、本来は嫡流である鎌倉家とそれに次ぐ犬懸家がこれをつとめ、両家の当主が幼少であった場合などには、白井家・惣社家から輩出されるかたちが取られていたようである。

しかし、享徳三年（一四五四）に上杉憲忠が謀殺された際、鎌倉家の長尾実景《さねかげ》とその子で犬懸家を相続していた憲景《のりかげ》がともに殺害されたことが影響し、家宰職は景仲・景信と二代続けて白井家から輩

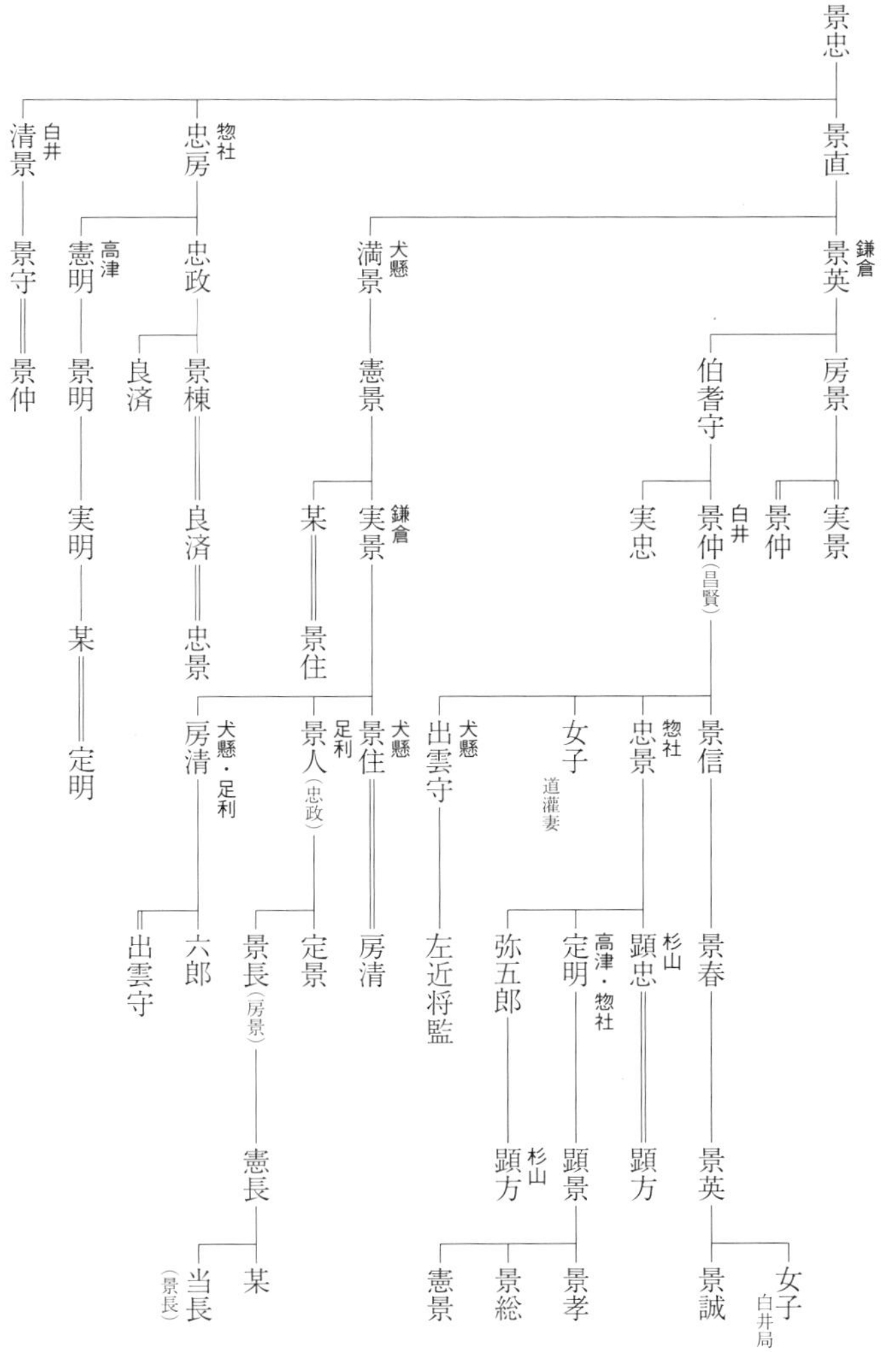


系図８　長尾氏系図（黒田基樹『図説太田道灌―江戸東京を切り拓いた悲劇の名将』〈戎光祥出版、2009 年〉より転載）

出されていた。さらに足利家では、文明四年に当主景人《かげひと》が没しており、あとを継いだ定景《さだかげ》や犬懸家の当主房清《ふさきよ》（景人の弟）はいまだ幼少であった。結局、景信の没後、白井家の家督はその子景春《かげはる》が相続したものの、白井家の力が強くなりすぎることを嫌ったこともあったのだろう、山内上杉顕定は新たな家宰職として景信の弟総社長尾景信を任じた。

この人事は上杉方、特に山内上杉氏に深刻な内部対立をもたらした。家宰職を得ることができなかった景春は不満を抱き、さらに、白井家が家宰職であった時期に所領の安堵や給付を受けた山内上杉氏傘下の武士たちは、家宰職の移動による権利の喪失を恐れ、多くの者が景春に同調することになった。実際、家宰職に付随して継承されてきた所領では問題が発生し、白井家と惣社家の武士による衝突も発生している（黒田二〇一〇）。景春の従兄弟である扇谷上杉氏の家宰太田道灌《どうかん》も、この件に関して仲裁を試みるものの、山内上杉顕定・扇谷上杉定正《さだまさ》（持朝の子。持朝の没後家督を相続した政真《まさざね》が文明五年に戦死したことにより扇谷上杉氏を相続）・長尾景信のいずれもこれを受け入れず、調整は失敗に終わった。

文明八年に駿河守護今川義忠《よしただ》が遠江国で討ち死にすると、今川氏では家督相続をめぐり、義忠の子龍王丸（氏親《うじちか》）と従兄弟の小鹿範満《おしかのりみつ》が争い内紛が発生したが、太田道灌は堀越公方の執事犬懸上杉政憲《まさのり》の娘を母とする小鹿範満を家督に付けるべく内紛に介入し、この年、兵を率いて駿河に赴いた。長尾景春はこの隙に乗じ、同年六月に武蔵国鉢形城《はちがた》（埼玉県大里郡寄居町）に拠って挙兵した（長尾景春の乱）。上杉方は当初、景春の勢力を軽視していたようであるが、二代続けて家宰職をつとめた白井長尾家の実力は侮り難く、五十子陣の上杉方の武将のなかには無断で帰国する者もあらわれた。

図８　長尾景春の乱関係図

そして翌文明九年正月、景春は五十子陣を急襲し、これを崩壊させた。成氏方に対する上杉方の最大の防御拠点が、景春の率いるわずかな兵で落とされてしまったのである。そのため、山内上杉顕定・扇谷上杉定正や越後上杉房定、長尾忠景《ただかげ》・太田道真といった上杉方の中心的人物たちは上野に逃れたが、こうした景春方の勢いをみて、相模・武蔵・上野の扇谷上杉氏分国でも、景春に与同して蜂起する勢力が相次いだ。

こうしたなか、上杉方の首脳のうち、唯一南関東にあったのが太田道灌であった。そのためこれ以後、景春の乱の鎮圧は、道灌を中心にして進められることとなる。道灌は、扇谷上杉氏の拠点武蔵河越城・同江戸城の防備を固める一方、周辺の景春方勢力の鎮圧を順次進めていった。このときの道灌の対応は、次の『鎌倉大草紙』（巻五）の記述によってよくわかる。

景春一味の族には武州豊嶋郡の住人豊嶋勘解由左衛門・同弟平右衛門の尉、石神井《しゃくじい》の城・練馬《ねりま》の城を取り立て、江戸・河越の通路を取り切り、相州には景春が被官人溝呂木《みぞろぎ》の城にたてこもる。越後の五郎四郎は小磯《こいそ》という山城に楯籠る。金子掃部助は小沢《こさわ》という城に楯籠る間、太田左衛門入道下知として扇が谷より勢を遣わし、同三月十八日溝呂木の城を攻め落す。同日小磯の要害を責らる。一日防戦い夜に入ければ、越後五郎四郎叶わずして城をわたして降参す。それより小沢の城へ押し寄せけれども城難所にて落ち難し。河越の城には太田図書介資忠《すけただ》・上田上野介・松山衆を籠《こめ》め、江戸の城には上杉刑部少輔朝昌《ともまさ》・三浦介義同《よしあつ》・千葉二郎自胤《よりたね》等を籠めらる。（後略）

【現代語訳】景春の一味としては、武蔵国豊島郡の住人豊嶋勘解由左衛門、その弟平右衛門尉が石神井城・練馬城（ともに、東京都練馬区）を取り立てて、江戸・河越の通路を遮断した。また、相模国では景春の被官人が溝呂木城（神奈川県厚木市）に籠城し、越後五郎四郎は小磯（神奈川県中郡大磯町）という山城に籠城した。金子掃部助は小沢（神奈川県愛甲郡愛川町）という城に籠城したため、太田道灌の命により扇谷上杉氏から軍勢が派遣され、同年三月十八日に溝呂木城を攻め落した。同じ日に小磯要害も攻撃し、城方は一日中防戦につとめたものの、夜に入り、越後五郎四郎は防戦叶わずして上杉勢に城を明け渡して降参した。そこからさらに上杉勢は小沢城へ押し寄せたものの、この城は難所であり、なかなか落城しなかった。上杉方は、河越城には太田資忠（道灌の弟）・上田上野介（扇谷上杉氏の宿老）・松山衆を籠城させ、また、江戸城には扇谷上杉朝昌（定正の弟）・三浦義同・千葉自胤らが城に入り守備にあたった。

この史料では、江戸城に在城した人物のうち、「三浦介義同」の名が挙げられているが、この時期の三浦氏の当主は道含であったので、これは「三浦介道含」の誤記であろう。ここからは、景春の乱鎮圧に際し、道含が江戸城に在城していたことがわかるが、道含はこのとき、戦力に対する相談も受けたものと思われる（「太田道灌状」）。道含は扇谷上杉定正・朝昌の兄であり、まさに一門的存在として、こうした扱いを受けたのであろう。また、ここからは道灌の東奔西走ぶりを見て取ることができるが、この後、道灌は鉢形城に迫り、五月八日には付近の用土原《ようどはら》（埼玉県大里郡寄居町）・針谷原《はりがやはら》（埼玉県深谷市）で景春の軍勢を破っている。

木造太田道灌坐像　東京都北区・静勝寺蔵　写真提供：北区飛鳥山博物館

一方、上杉方の分裂を見て取った古河公方足利成氏は同年七月、景春支援のため上野に出陣し、上杉方は成氏と幕府との和解成立に上杉氏が尽力することを条件に和睦を申し入れ、何とか成氏を撤兵させた。この状況においては、成氏方との対

鉢形城跡　埼玉県大里郡寄居町

決よりも、景春の乱を鎮圧することを優先した結果であろう。

このとき、道灌は上野に身を置いていたが、その隙に乗じ、南関東の景春与党は再び蜂起していた。道灌は南関東にとって返し、七月十八日には景春を破り、鉢形城を攻略した。その後、鉢形城は山内上杉顕定の居城とされ、上杉方の拠点となる。なお、この間の道含の動きについては、「相州ニハ三浦介方数ケ度合戦、当方骨肉の間勿論に候か」（「太田道灌状」）とあり、相模で数度合戦に参加していることがわかる。「数ケ度合戦」の具体的な内容は未詳であるが、「当方骨肉の間」とあるように、扇谷上杉定正・同朝昌の兄である道含は、扇谷上杉氏方の中心的な勢力の一翼を担う存在として、景春方との抗争にあたったものと思われる。

# 第三章　三浦道寸の登場

## 享徳の乱の終結、長享の乱の勃発

文明十年（一四七八）から翌年にかけて、太田道灌を中心とした上杉方は、長尾景春の有力な与党であった下総の千葉氏の攻略を進めた。一方、文明十一年九月になると、景春が武蔵北部で再び蠢動し、上杉方はこれに対する処置を迫られた。さらに文明十二年になると、先の約定を守らず、上杉方が幕府との和睦の仲介を進めないことに苛立った古河公方足利成氏が再び景春支援の動きをみせ、上杉方には動揺が走ったものの、この年六月に上杉方はようやく景春を没落させ、長尾景春の乱はここに鎮定された。

しかし、景春の乱が与えた影響は大きかった。景春与党の多くは山内上杉氏の家臣であったが、彼らの所領は上杉方に収公され、相模・南武蔵の扇谷上杉氏分国内では、それがほぼ同氏の領有に帰した。この結果、扇谷上杉氏分国における山内上杉氏の所領の多くが失われることになったが、一方、扇谷上杉氏は分国内での所領の割合を飛躍的に増大させ、多くは乱鎮定の最大の功労者太田道灌とその関係者の領有となったのである。さらに景春与党のうち、道灌を通じて上杉方に帰服した者も多く、彼らは以後、事実上道灌の政治的統制下に入った。

図9　長享の乱における関東の勢力図

さらに、乱鎮圧の過程で道灌は、多くの関東の有力領主に対して指導的地位を確立したが、そのなかには三浦氏や大森氏も含まれていた。景春の乱の鎮定の過程において、扇谷上杉氏方の有力な存在であった三浦氏は、その関係をさらに強化するとともに、同氏の家宰であり、「関東随一の武将」となった太田道灌との関わりを強めたのである。

また、上杉方が幕府との和睦の仲介になかなか動かないことに業を煮やした足利成氏は、文明十二年には越後の上杉房定を仲介として幕府に和睦を申し入れるが失敗し、翌年には再び上杉方を頼るようになり、ついに文明十四年十一月に幕府と成氏との和睦が実現した（「都鄙《とひ》和睦」）。これによって、三十年近くの長きにわたって打ち続いた享徳の乱が、ようやくここに終結した。

しかし、これで戦乱が完全に終結したわけではなかった。長尾景春の乱の後、道灌の勢力があまりにも強大となったことに対し、主の扇谷上杉定正や他の同氏家臣らが警戒を強め、その結果、文明十八年七月、道灌は糟屋館（神奈川県伊勢原市）で定正によって謀殺された。これにより、足利成氏のもとに預けられていた道灌の嫡子資康《すけやす》は、江戸城に戻り家督を継いだものの、定正の追及を受けて甲斐に逃れ、その後、山内上杉氏を頼ることとなった。

享徳の乱に際しては、一致協力して成氏方に対抗した山内・扇谷の両上杉氏であったが、道灌の謀殺が新たな火種を生む契機となり、両者の対立は激化して、対決は避けられない事態となった。長享元年（一四八七）になると、両者は互いに臨戦態勢を取るようになり、足利成氏の嫡子政氏《まさうじ》が扇谷上杉氏に加担するなど、同年末からは両勢力の争いが展開されるようになった。ようやく享徳の乱が終結したのも束の間、再び関東の武家勢力を二分する大規模な抗争が始まったのである。これを「長享の乱」という。

長享二年になると、両勢力の争いは本格化し、二月には相模実蒔原《さねまきはら》（神奈川県伊勢原市）で、六月には武蔵須賀谷原《すがやはら》（埼玉県比企郡嵐山町）で、さらに十一月には武蔵高見原《たかみがはら》（埼玉県比企郡小川町）でそれぞれ大規模な合戦が繰り広げられている。

### 扇谷上杉氏と手を切り山内上杉氏に従う

須賀谷原合戦の後、山内上杉氏方は同地にそのまま在陣していたが、かつて太田道灌の招きにより江戸城に滞在していた禅僧万里集九《ばんりしゅうく》が、この地に在陣していた道灌の子資康を訪ねている。その際の出来事については、万里集九の詩文集『梅花無尽蔵《ばいかむじんぞう》』等に詳しく記されているが、そこには三浦氏に関わる興味深い記事も確認することができる。

①不改亭、三浦道含亭。叙は別巻に見ゆ。

柳色眠りやすく、花醒めやすし。由来、山は旧時の青を帯ぶ。春声は老いず、一簾の鳥。百二十年、いよいよ齢を保つ。

（柳色易眠花易醒　由来山旧帯時青　春声不老一簾鳥　百二十年弥保齢）

【現代語訳】不改亭に賛した詩（三浦道含亭の名である。この詩の叙文は、別巻に収録されている）。不改亭の庭の柳の色は眠るように青く、花の色もさめて色あせてくるが、もともと山の色は昔のままの青い色をみせている。簾の前に鳴く鳥の声は、春先の音色そのままに老いることなくういういしい。山も鳥も昔にかわることはないが、同様に不改亭の主人は百年も百二十年も変わることなく、ますます寿命を保たれることでしょう。

②三浦の道寸翁、南紙一片を携え、来たりあい告げていう。「請う、江山に雪ふらんと欲する勝壁、これに賛せよ。けだし湘寺の才郷侍史の需《もと》むるところなり。必ず妙画師を得て、子細にその趣きを図さん」と。余謂えらく、あらかじめ搔きて痒きを待つものかと。しかりといえども黙

止すべきにあらず。みだりに禿兎を援きていう。画裡の江山、雪意しきりなり。景はなおあるがごとく、筆いまだ横たえざるの先。吟驢の尾禿びたり、板橋の路。閑かに梅花を見て、鞭を忘却す。

（画裡江山雪意連　景猶在筆未横先　吟驢尾禿板橋路　閑見梅花忘却鞭）

【現代語訳】三浦道寸翁が中国紙一枚を持ってこられ、私に「どうか、山や川に今にも雪が降りそうになっている景色（の絵がここにあると思って）に賛する詩を書いてください。これは鎌倉の寺の才郷侍史が求めているものなのです。必ず優れた画家を見つけて、詳しくその趣きを描かせましょう」とおっしゃった。（本来は、絵が先に描かれていて、賛の詩は後から書かれるものであるから）私は、これは痒くなる前に掻いておいて、痒くなるのを待つようなものとは思うが、しかし黙って見過ごすこともできないため、何となくちびた筆を引き寄せて、次のように作詩した。絵の中の山や川一帯には、今にも雪が降ってきそうな気配が漂っている。その景色は、いまだ筆で描く前から目の前に見えるようだ。板橋へ続く路を歩んでいる詩人の乗る驢馬《ろば》は、尾の毛が抜けてちびているが、詩人は静かに梅花を眺めて、驢馬に鞭打つことも忘れてしまっている。

いずれも、『梅花無尽蔵』巻二におさめられている記事であるが、ここからはさまざまな点を読み取ることができる。まず第一に、①からは、このときの在陣中に、三浦道含は万里集九に自らの屋敷「不改亭」に関する七言絶句《しちごんぜっく》の漢詩を賦してもらっていることである。史料中には「叙は別巻に見ゆ」

とあるが、これについては『五山禅僧詩文集　抄』に「不改軒詩幷叙」としておさめられており、道含の屋敷「不改軒（不改亭）」についての、先に掲げたものと同じ漢詩とその叙が確認されるとともに、ここからは、この漢詩が賦されたのが長享二年九月のことであったことがわかる。

また第二に、②から道含の嫡子道寸も、中国伝来の南紙《なんし》を携えて万里集九のもとに赴き、その南紙に描かれる予定の絵画に関する賛《さん》を記してもらっている事実が判明する。いまだ眼前には存在していない絵を思い浮かべながら詩を賦した万里集九も、苦笑を禁じえなかったであろうことは想像に難くないが、この出来事も、父道含が「不改亭」の漢詩を賦してもらった長享二年九月と同時期のことと考えてよかろう。

そして、さらに重要なのが、こうした一連の出来事が、長享の乱の際に山内上杉方の拠点となった須賀谷陣で繰り広げられたという点である。つまりここからは、このとき道含・道寸父子は、それまで従っていた道含の実家扇谷上杉氏に味方することなく、敵方の山内上杉方として行動していたという点を読み取ることができるのである。

## 道寸の出家の理由

なお、誤記と考えられるものを除き、ここに掲げた『梅花無尽蔵』の記事は、年代の明確な道寸の初出史料となる。この長享二年段階で、父道含が出家して「不改軒」と号していたのみならず、道寸自身もすでに出家して、法号《ほうごう》を名乗っていたこともわかろう。

この頃、道含は五十代、道寸は三十代半ばの年齢であったと思われ、道含の場合はさておきつつも、道寸の出家は早すぎるようにも感じられる。しかし、父子ともに出家している点から考えれば、かつて扇谷上杉氏と堀越公方勢力の板挟み状態となり、隠遁という選択肢を選んだ時高の場合と同様に、何らかの政治的立場の選択により、こうした事態が生じた可能性が高いと思われる。

そして、それはおそらく、長享の乱の勃発にあたり、それまで三浦氏が準一門的存在として従ってきた扇谷上杉氏を離れ、山内上杉氏に味方するという政治的立場の選択であったのではなかろうか。

三浦道寸画像　松浦家蔵

このときには三浦氏と同様、武蔵の千葉自胤《よりたね》も扇谷方から山内方に転じているが、道含・自胤はいずれも太田道灌とは親しい関係にあった。

道灌の謀殺により、その子資康が山内上杉氏を頼ることとなった点については先にふれたが、この事件が三浦氏に重大な政治的決断を迫ることになった点はまちがいなかろう。道含は、弟の扇谷上杉定正・朝昌と手を切り、資康が味方した山内上杉氏に与同する立場を選択したわけであるが、実家の勢力から離れ、その敵方となるという道含・道寸父子の選択からは、長尾景春の乱後の三浦氏が、いかに道灌と強固な関係を築いていたかという点を鮮明に見て取ることができよう。

翌年の長享三年三月、相模国三浦郡和田郷（神奈川県三浦市）の龍徳院に対して、次のような禁制が発給されている（津久井光明寺文書）。

禁制
　相州三浦郡和田郷龍徳院において、軍勢・甲乙仁等濫妨狼藉の事。
右、違犯の輩に至りては、罪科に処すべきの状、件のごとし。
　長亨《(享)》参年三月日
　　　　藤原（花押）

発給者は単に「藤原」とあるのみだが、その花押形から、扇谷上杉定正の養嗣子朝良《ともよし》（定正の弟朝昌の子）によるものであることが判明する。また、先にもふれたが、禁制は占領地等において受給者（この場合には龍徳院）の要請にもとづき、対価の授受をともなったかたちで発給される安全保障的性格をもつ文書である。したがって本史料は、扇谷上杉氏の軍勢が和田郷に侵攻していたという状況のなかで、龍徳院の申請により、扇谷方の軍勢が龍徳院で濫妨・狼藉を行うことに対し、朝良が禁じたものということになる。

ここからはこの時期、和田郷周辺が戦場となっていたこと、この地に扇谷上杉氏の軍勢が侵攻していたことがわかろう。三浦氏が山内方となったことは、相模・南武蔵に大きな勢力圏を築いていた扇谷方と敵対したということであり、三浦氏の本拠三浦郡をも戦場とする可能性を高めたであろう。この扇谷上杉朝良の禁制の存在から考えれば、そうした危機は現実化し、この時期に扇谷方の軍勢が三浦郡に侵攻し、三浦氏の本拠三崎《みさき》城（新井城。三浦市）にほど近い和田郷まで占拠させるような事態が発生したことはまちがいなかろう。

三崎城（新井城）航空写真　写真提供：東京大学大学院理学系研究科附属臨海実験所

それまでの三浦氏は、道含の実家であり、相模守護でもあった扇谷上杉氏と手を携えることによって、家の存続と発展を図ってきたが、長享の乱の勃発により、これと断交し、本格的な抗争を展開するようになったのであった。このときに、三浦氏と同じく山内方に転じた千葉自胤については、北武蔵に出陣している事実を確認ができる（「古簡雑纂」）ものの、三浦氏がこうした事態に際して、具体的にどのような軍事行動を取ったのかは明らかでない。おそらく、先に掲げた上杉朝良禁制で確認できるように、本拠の三浦郡に扇谷方の軍勢が侵攻するといった事態が生じたため、相模国内で扇谷方との抗争を繰り広げることとなったのだろう。

また、太田資康は三浦道寸の娘を妻としていることが知られている（『三浦系図伝』等）が、後の明応三年

（一四九四）には、両者の政治的立場は異なるものとなることからすれば、婚姻は長享の乱が勃発して、両者がともに山内方にあったこの時期に成立したと考えるのが妥当であろう。資康は、父道灌の時期以上に、三浦氏との関係を強化しようとしたものと思われる。

### 時高を滅ぼして家督を継承したという伝承

さて、ここでようやく道寸が登場してきたわけであるが、かつての三浦氏に関する研究においては、道寸は実子のいなかった時高の養子となったものの、養父を攻め滅ぼすかたちで三浦氏の家督を継承したと考えられてきた。根拠となったのは、江戸時代に成立した軍記類の記事であったが、次に掲げる史料は、その代表的な事例であろう（『鎌倉九代後記』成氏）。

同（明応）三年九月廿三日夜、三浦時高カ守ル相州新井城へ、時高カ養子陸奥守義同後道寸ト号ス。実ハ上杉高救子也、押寄テ是ヲ攻ム。大森筑前守合力シ、遂ニ時高ヲ誅ス。中村民部少輔相州梅沢住人、城ヨリ切テ出、討死ス。時高・義同不和ノヲコリハ、時高義同ヲ養テ後、実子誕生ス。是ニヨリテ、義同を追出スヘキ気色アリ。家臣等諫レトモ、時高コレヲ用ス。義同剃髪シテ、三浦ヲ忍出、相州諏訪原惣（総）世寺へ蟄居ス。其後時高カ振舞ヲ悪ミテ、三浦ノ一族・被官等、時高ヲ背キ、義同ヲ慕ヒテ、惣世寺へ馳集ル。又義同カ実母ハ大森実頼カ娘ナレハ、彼門葉一味シテ、時高ヲ亡ト云々。

【現代語訳】同（明応）三年（一四九四）九月二十三日の夜、三浦時高が守る相州新井城へ、時高の養子陸奥守義同〈後に道寸と号す。実は上杉高救の子である〉が押し寄せ、これを攻撃した。

大森筑前守もこの攻撃に合力し、ついに時高を殺害した。中村民部少輔〈相州梅沢の住人〉が城から打って出たが討ち死にした。時高と義同が不和となったことのはじめは、時高が義同を養子とした後に実子が誕生したことである。これにより、義同を三浦家から追い出そうとする動きがあった。家臣等が時高に諫言したものの、時高はこれを取り上げなかった。義同は剃髪して三浦を密かに逃れ、相州諏訪原の総世寺（神奈川県小田原市）に蟄居した。その後、時高の振る舞いに怒り、三浦一族やその被官等が時高に背き、義同を慕って総世寺へと馳せ集ることとなった。また、義同の実母は大森実頼の娘であったため、その一族も義同に味方して、時高を滅ぼすこととなったとのことである。

つまり、道寸は時高の養子となったものの、時高の晩年になって実子が誕生したため廃嫡され、母の実家大森氏の勢力圏内の総世寺に退去したが、こうした措置に対する三浦氏の一族・被官の不満が募り、結局、道寸は大森氏の援助も得て、明応三年九月二十三日に時高の本拠新井城（神奈川県三浦市）を攻撃して、時高を滅ぼして三浦氏の家督を相続したという話である。

なお、『異本小田原記』は同様の「事件」の発生を伝えているものの、その年代は明応九年のこととする。さらに、この話には「亜流」も存在する。『鎌倉大日記』は、明応三年九月に新井城を攻撃したのは伊勢宗瑞《いせそうずい》（北条早雲《ほうじょうそううん》）であるとし、また『応仁記』は、この頃宗瑞によって伊豆を逐われた堀越公方足利茶々丸《ちゃちゃまる》（政知の子）が、時高によって匿われていたことから宗瑞の攻撃を受け、時高は茶々丸ともども滅亡したとしている。

しかし、養父時高を攻め滅ぼしたことにより道寸が家督相続したとする「通説」に対し、近年、黒田基樹氏が疑問を呈し（黒田二〇〇一）、こうした時高滅亡に関わる話の大部分が後世の創作であるとしている。従うべき見解と思われるため、以下、黒田氏の論考に拠りつつ、この「事件」の真偽を考えてみたい。

## 伝承の実像

先にみたように、堀越公方勢力と扇谷上杉氏勢力の狭間に立たされた時高は、寛正三年（一四六二）に隠遁し、以後、確実な史料にその姿を見出すことができない。それにもかかわらず、隠遁から三十年以上を経過して、唐突に道寸に対する「敵役」として時高が登場することに対する不自然さは否めない。さらに、これまでたびたびふれてきたように、時高の後に三浦介を相続したのは、道寸の父道含であった。こうした点から考えれば、時高は隠遁して表舞台から去り、その後、没したと考えるのが妥当であろう。

さらに、黒田氏の指摘するように、明応三年（一四九四。ないしは同九年）段階での時高の生存を前提とした「事件」は、後世の創作と判断することが自然なものと思わざるをえない。その反面、明応三年に発生したとする「事件」が、近世に成立した多くの軍記類に取り上げられている事実からすれば、「火の無いところに煙は立たず」の諺どおり、この年に三浦氏をめぐる何らかの「事件」が発生し、軍記類は多くの創作を織り込みつつも、それを母体に何らかの事実を反映させたと考えることもまた可能だろう。それでは、当時の政治的状況を踏まえながら考えれば、時高滅亡に関する話はどういったものであったと解釈できるだろうか。

　この「事件」が発生したとする明応三年の前年には、伊勢宗瑞が堀越公方足利茶々丸を追放して、伊豆をその勢力下におさめている。宗瑞は、幕府の政所執事をつとめた伊勢氏の一族であり、もと幕府奉公衆の「伊勢盛時《もりとき》」がその前身であったが、その姉妹（北《きた》川殿《がわどの》）が駿河守護今川義忠に嫁ぎ、龍王丸（氏親）の母となっていた。宗瑞は京都と駿河を往復しつつ、最終的には長享元年（一四八七）に、自らの甥に今川氏の家督を相続させるクーデターのため駿河に下り、以後は今川氏のもとに身を置いていた。そして明応二年には、京都で発生した「明応の政変」に呼応しつつ、細川政元《まさもと》や扇谷上杉氏と連携して、伊豆討ち入りを果たしたのであった。

「江戸名所図会」に描かれた関戸城

　また、翌明応三年には、宗瑞の伊豆討ち入りに誘発されたのであろう、関東で延徳二年（一四九〇）に一応の和睦がみられた山内方と扇谷方による抗争が再燃し、扇谷方は八月に武蔵関《せき》戸《ど》要害（東京都多摩市）、九月には相模玉縄《たまなわ》要害（神奈川県鎌倉市）と、相次いで山内方の拠点を攻略している（『石川忠総留書《いしかわただふさとめがき》』等）。

さらにこの時期、宗瑞は扇谷方として武蔵に出陣し、宗瑞をも加えた扇谷方は山内方の鉢形城（埼玉県大里郡寄居町）を攻略すべく北上し、十月二日には高見原（埼玉県比企郡小川町）に陣を張り、山内方と対陣する。同五日、両軍は荒川を越えて進軍しようとしたが、その際、扇谷上杉定正が渡河中の落馬により没したため、両軍は後退することとなった。その後、扇谷上杉氏の家督を養子の朝良が相続したが、定正の死は政治状況を大きく変化させることとなる。

ところで、時高滅亡に関する「事件」が発生したと伝えられている九月二十三日は、こうした山内方と扇谷方との高見原合戦に至る一連の抗争のまっただ中の時期にあたる。この頃、三浦氏は扇谷方を離れ、山内方となっていたわけであった。『鎌倉大日記』や『応仁記』が、このときに新井城を攻撃したのが伊勢宗瑞であったとしていることについては先にふれたが、こうした両勢力による抗争のさなか、扇谷方の宗瑞が山内方の三浦氏を攻撃するという事態が発生したとしても、それは不自然な状況ではなかろう。さらに、先の『鎌倉九代後記』の記事には、新井城を攻撃するにあたり、大森氏も協力したことがみえるが、大森氏も当時、扇谷方の立場にあった。また、同じ九月には玉縄要害が扇谷方に攻略されており、この時期扇谷方は、相模の山内方の拠点に攻勢をかけていたこともわかる。なお、この「事件」があったとされる二年後の明応五年には、三浦氏は道寸を当主として、明確に扇谷方の立場を取っていることが確認され（伊佐早謙採集文書　十二）、いずれかの段階で山内方を離れて、再び扇谷方に従うようになっているのである。

こうした一連の状況から考えれば、明応三年に発生したとされる三浦氏をめぐる「事件」とは、次のようなものであったのではなかろうか。この年、前年の伊勢宗瑞による伊豆討ち入りを契機に、関東では山内方と扇谷方との抗争が再び活発化した。扇谷方は、山内方との決戦を迎える過程で、自身の分国である相模国内の山内方拠点に対して攻勢を強め、当時、山内方の立場にあった三浦氏も、扇谷方の勢力（おそらくは宗瑞であろう）によって本拠新井城を攻撃される事態となり、これに屈することとなった。その結果、三浦氏は山内方を離れ、再び扇谷方に従うこととなった、というものである。

三浦氏が扇谷方に復帰するにあたり、その勢力に屈したこともあったろうが、山内方に転じるきっかけとなった、太田道灌謀殺を引き起こした扇谷家当主定正が没したという事実も大きかったのではなかろうか。なお、宗瑞は高見原合戦に加わるため、九月二十八日に武蔵久目川《くめがわ》（東京都東村山市）で扇谷上杉氏の軍勢と合流している（『石川忠総留書』）が、これは新井城攻撃の五日後のことであり、ここを攻略した後に武蔵に向かったと考えれば、日数的にも不自然さは感じられない。

以上は、あくまでも推測の域を出るものではないが、当時の政治状況を踏まえたうえで軍記類の記述を理解しようとすれば、現在のところ、こうした見方が最も整合的な解釈ではなかろうか。

## 道寸の家督相続とその家族

前節でふれたように、長享の乱の勃発にともなって扇谷方から山内方に転じた三浦氏は、明応五年（一四九六）までには再び扇谷方の立場を取るようになっており、さらにこのときには、道含の嫡子道寸が三浦氏の家督を相続していた。

おそらく、明応三年に扇谷方勢力からの攻撃にさらされ、これに屈して扇谷方に従うこととなった際、扇谷上杉氏の一門でありながら、これと手を切った経歴を持つ道含は隠居し、道寸を当主とすることにより、三浦氏は扇谷上杉氏と新たな関係を構築しようとしたのではなかろうか。

第一章で述べたように、道寸の生年は宝徳三年（一四五一）ないしは享徳二年（一四五三）と考えられ、明応三年段階の年齢は四十二歳、または四十四歳となる。家督相続としてはむしろ遅いほどの年齢であったといえよう。なお、父道含は、明応八年段階での生存が確認される（「玉穏和尚語録」）が、没年は未詳で、『上杉系図』に法名は「知隔院雪叟宗呉」とある。

道寸に関する初見史料は、前章で掲げた長享二年（一四八八）九月頃の『梅花無尽蔵』の記事であり、この段階ではすでに出家して、「道寸」の法号を名乗っていた。また、「瑞雲庵《ずいうんあん》」の庵号を称していたことも確認できる（津久井光明寺文書）。

実名《じつみょう》については、系図類・軍記類では「義同」としているものの、従来は同時代史料によってそれを確認することができなかった。しかし近年、第Ⅲ部で詳述するように、道寸の自筆で書写された『古今和歌集《こきんわかしゅう》』写本の存在が確認され、その奥書《おくがき》に「中大夫平朝臣義同（花押）」と署名されており、そこに見える花押形は、他の道寸のそれと同形であることから、実名は確かに「義同」であったことが判明した（真鍋二〇一〇）。

「中大夫」とは、四位の唐名《とうみょう》であるが、署名の仕方から考えると、この写本を書写した際の道寸は、無官の四位であったと思われる。道寸の官途《かんと》については、永正三年（一五〇六）段階で「三浦陸奥入道道寸」と呼ばれている（静嘉堂本集古文書）ことからすれば、これ以前に陸奥守となっていたことは確実であろう。

ここで、父道含以外の道寸の家族について述べておこう。まず、その母は、先にふれたように駿河御厨地域（静岡県御殿場市周辺）を本拠として相模西部にも勢力を有した大森氏頼の娘である。道寸は、伊勢宗瑞の攻撃により三崎城（新井城。神奈川県三浦市）に籠城中であった永正十二年六月十八日に、母の百箇日供養のため法華経を書写しており（『新編相模国風土記稿』巻九十）、ここから逆算すれば、道寸の母はこの年の三月八日に没したことになる（この年の三月は大の月で三十日まで、四月は小の月で二十九日まで、同じく五月は大の月という、永正十二年の京暦の計算にしたがった）。法名は「法昌寺殿松岩妙秀大姉」である（同前）。

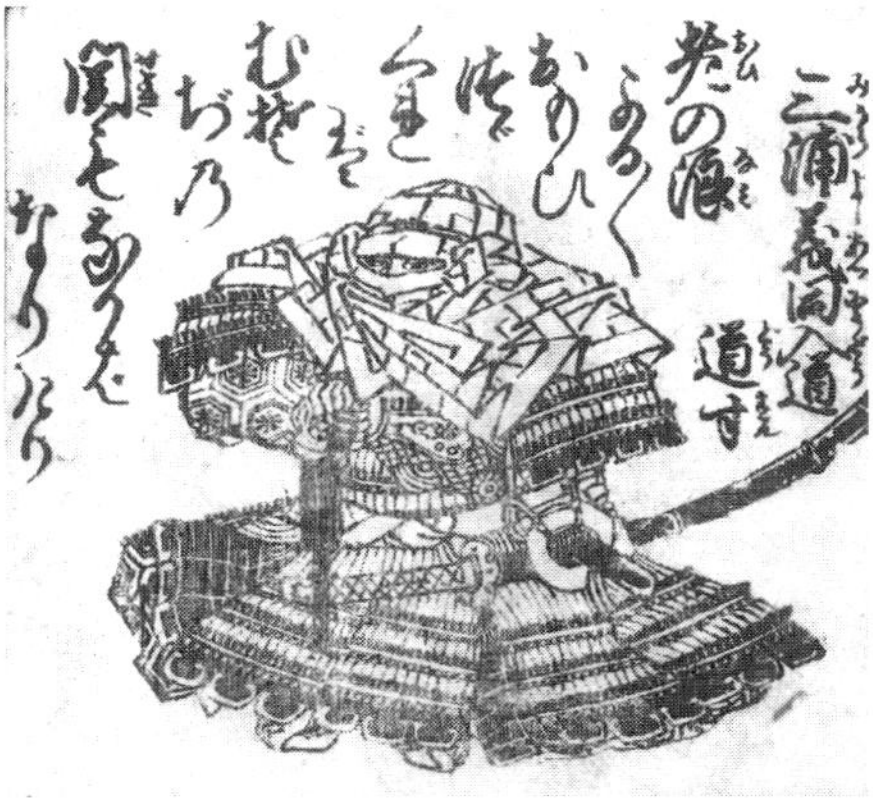
三浦道寸画像　「英雄百首」　当社蔵

道寸の兄弟については、前節でふれた「時高晩年に誕生した実子」という「伝説」を別にすれば、『新編相模国風土記稿』三浦郡逗子《ずし》村延命寺の項に「道香《どうこう》ハ入道道寸ノ弟ナリ」とあり、延命寺にその墓と伝えられる石塔が存在する道香が確認できる。一方、「諸家系図纂」には、道寸の弟（道含の子）として「高処」の名があげられているが、これが「道香」にあたろうか。

相模国絵図　三浦郡周辺

また、道寸の妻として、三浦一族横須賀氏の娘の存在を確認できる（『三浦系図伝』）。横須賀氏は、三浦介家と同じ三浦一族とはいいながらも、三浦介家が鎌倉中期の三浦盛時の系統であるのに対し、横須賀氏はその弟時連の子孫であり、道寸の時代から二百五十年以上も前に分流した家で、相模国三浦郡横須賀郷（神奈川県横須賀市）を本領としていた。

具体的には、横須賀氏のうち誰の娘であったのかは判然としないが、連秀《つらひで》の娘であった可能性が高い。連秀の弟小二郎は、康正元年（一四五五）の伊豆三島合戦で討ち死にしたとされており（「諸家系図纂」）、ここから考えれば、横須賀連秀・小二郎兄弟は、道寸の父道含とほぼ同世代の人物であったと考えられるからである。また、連秀の娘の一人は安房の里見《さとみ》成義《しげよし》（義実《よしざね》の子で、安房里見氏の第二代とされるが、近年では何らかの必要性により、里見氏の歴代に加えられた架空の人物とする見方も強い）に嫁いだとされており（「諸家系図纂」『系図纂要』）、これが正しいとすれば、道寸は里見氏と相婿であったことになる。

この横須賀氏の娘は、道寸の嫡子義意の母となったが、義意は三崎城落城の際、二十一歳で討ち死にしたとされる（『系図纂要』。ただし、義意の没年を例のごとく永正十三年ではなく同十五年としている）。

永正十三年に二十一歳であれば、生年は明応五年となり、ちょうど道寸が三浦氏の家督を相続してまもない時期の誕生になる。この時期の道寸の年齢が四十代半ばであったことからすれば、むしろ遅い嫡子の誕生といってもよかろう。こうした点から考えれば、当初、道寸は別の女性を娶って妻としていたものの、何らかの事情によって新たに横須賀氏の娘を後妻として迎えた可能性も想定されよう。

さらに、『新編相模国風土記稿』三浦郡小網代《こあじろ》村（神奈川県三浦市）の項には、「三浦道寸妾自害セシ所ト云」とされる土橋があげられており、これによれば、側室がいたことがわかる。

このほか、二人の娘の存在を確認できる。一人は、太田資康の妻となった女性（『三浦系図伝』）であり、資康・三浦氏がともに山内方となった長享の乱が勃発した長享元年（一四八七）から、三浦氏が扇谷方勢力に屈して再びその下に従うようになったと思われる明応三年までの間に、その婚姻が成立したと考えられることについてはすでにふれた。

もう一人は、次に掲げる「浅羽本上杉系図」の重兼《しげかね》（憲房の子で憲顕の弟）項の注記に見える記事がその根拠となる。すなわち、「楊江院《上杉憲能》の代に、宅間《たくま》の家を江戸の道灌《太田》取立。楊江院の息左衛門《上杉憲清》子息《上杉定兼》早世。其子寧蔵主《ねいぞうす》と云人還俗《げんぞく》して六郎《上杉定朝》殿と号し、宅間を継。六郎子無し。しかるに六郎弟に喝食あり。是を束髪して新五郎《上杉頼重》と号し、三浦の聟になる。家を継ぎ、六郎新五郎、宗雲《早》入国の時牢人して江戸にて死」というものである。

少々複雑な話であるが、他の「上杉系図」も参考に実名をあてはめて整理すれば、楊江院《ようこういん》（上杉憲能《のりよし》）の子左衛門（憲清《のりきよ》）のそのまた子（定兼《さだかね》）は早世したため、その子の寧蔵主が還俗して六郎殿

（定朝《さだとも》）と号して宅間上杉氏を相続した。しかし、六郎には子がなかったため、その弟の喝食（本来は禅寺で斎食を行う僧に食事の順序等を唱える有髪の少年の意であったが、この頃には稚児《ちご》の称となっていた）が俗世に戻って新五郎と号して三浦の婿になり、宅間上杉氏を相続したが、伊勢宗瑞が関東に入国した後は牢人となり、江戸で没した、といったところであろう。

上杉憲清の子憲直《のりなお》（定兼の兄）は、嫡子憲家《のりいえ》とともに永享の乱で公方足利持氏の近臣として自害しており、その弟の定兼は、永享の乱よりも後の時代の人物と考えられる。その子の定朝は還俗して家督を相続したというからには享徳の乱頃の時期、さらにその弟の新五郎頼重《よりしげ》は長享の乱頃の人物と考えるのが妥当だろう。こうして考えていくと、「三浦の聟になる」とある宅間上杉新五郎が娶ったのは、世代的に道寸の娘と考えて差し支えないものと思われる（こうした点については、『新横須賀市史』資料編古代・中世補遺の黒田基樹氏執筆の三〇七九号史料〈「上杉系図（浅羽本）」〉の解説に詳しい。あわせて参照されたい）。

なお、「諸家系図纂」には、道含の娘（道寸の妹）が上杉能憲の子能香（憲清の弟）の妻となったとあるが、先のように、憲清の子の世代が永享の乱前後に活動していたことから考えれば、能香の妻が道含の娘であったというのは、世代としては少々早すぎる感が否めない。あるいは、時高の娘であった可能性もあろう。

# 第四章　三浦氏の領国形成

## 長享の乱の終結

前章でふれたように、道寸が三浦氏の家督を相続したのは、明応三年（一四九四）頃のことと考えられるが、当主としての行動を明確に見て取ることができるのは、二年後の明応五年のことである。

この年の七月、山内方の軍勢が相模西郡（かつての足柄上郡・足柄下郡をあわせた領域）へ侵攻した際、扇谷方の大森定頼（実頼の子で、道寸の従兄弟）に対する援軍として、扇谷方の同地域の最大の拠点であった小田原城（神奈川県小田原市）に在城していた（伊佐早謙採集文書　十二）ことがそれにあたる。

このときには、道寸の他にも扇谷上杉朝昌をはじめ、同家の家宰太田六郎右衛門尉や宿老の上田氏一族、さらには伊勢宗瑞の弟弥次郎といった大規模な援軍が派遣されている。これだけの軍勢が小田原城に集結していたからには、この時期、相模西部において極度の

小田原城八幡山の古郭　神奈川県小田原市

緊張関係が生じていたと考えられるとともに、扇谷方がいかに西郡最大の拠点であった小田原城の存在を重く見ていたのかがよく読み取れる。

しかし、この争いは、伊勢弥次郎等が討ち取られて扇谷方が敗北し、そのため小田原城が「自落《じらく》」（城兵等が戦うことなく城を逃げ出したり、降参すること）したことにより「西郡一変」という、それまで扇谷方が掌握していた西郡が、一転して山内方の勢力によって掌握される事態となった。山内方はこの勢いをかって、中郡（相模川よりも西の、西郡と津久井郡を除いた地域）に侵攻して実田要害《さなだ》（神奈川県平塚市。ただし、「伊佐早謙採集文書　十二」では、実田要害は東郡〈三浦郡を除く相模川よりも東の地域〉に存在したと読み取れる）を攻撃し、これに対して扇谷方は、当主朝良がこれを迎え撃つという事態が発生している。

なお、小田原城が「自落」した後の道寸の行動は確認できないが、本拠の三浦郡に帰還したか、もしくは中郡における扇谷方の軍事行動に従ったものと推測される。

その後の明応七年、伊勢宗瑞によって伊豆を追放されていた堀越公方足利茶々丸は、甲斐国で捕らえられて自害した（『勝山記』同年条）。これにより、宗瑞はほぼこの年には伊豆一国を平定し、領国とすることに成功した。さらに、文亀元年（一五〇一）までには、当時、山内方に転じていた大森氏を没落させ、小田原城を安定的にその手中に収め、相模西部へも進出を果たしていった。こうした宗瑞の勢力拡大に危機感を抱いた山内方は永正元年（一五〇四）四月、宗瑞やその背後にある今川氏を攻撃するため、駿河御厨地域（静岡県御殿場市周辺）に侵入している。

この頃、長享の乱の状況は、扇谷上杉定正の死や古河公方足利政氏が山内上杉氏と同盟を結んだことにより、山内方が攻勢を強めるようになっていた。こうしたなかの同年八月、山内上杉顕定は扇谷家の拠点武蔵河越城（埼玉県川越市）に対する攻撃を開始し、さらに実弟の越後守護上杉房能に援軍を要請した。これに対して扇谷上杉朝良は、同城の守備を固めるとともに、今川氏親・伊勢宗瑞に援軍派遣の要請を行っている。九月になり、氏親・宗瑞の軍勢は武蔵に入ったが、これを受けて顕定も軍勢を南に転じ、河越城を守っていた朝良も、氏親・宗瑞と合流した。そして九月二十七日、両勢力は武蔵国立河原（東京都立川市）で激突し、扇谷方がこれに勝利した。

近世の川越（河越）城本丸御殿　埼玉県川越市

　これにより、氏親・宗瑞は関東から兵を引き、両者は鎌倉に立ち寄った後、伊豆熱海《あたみ》（静岡県熱海市）で湯治を行い、さらに韮《にら》山《やま》（静岡県伊豆の国市）で休息するとともに、このときには伊豆三嶋社の神前で連歌会《れんがえ》を催している（『宗長手記《そうちょうしゅき》』）。これに対して、合戦に敗れた山内上杉顕定は本拠の鉢形城（埼玉県大里郡寄居町）に後退した。

　一方、顕定が実弟上杉房能に要請していた援軍は、越後守護代長尾能景《ながおよしかげ》に率いられて同年十一月頃、関東に入った。能景は顕定に対して、扇谷方が兵を休めている時期を狙っての攻撃を説き、この十一月に越後軍を主力とする扇谷方の軍勢は突如、河越城を攻撃し、その後、武蔵椚田《くぬぎだ》城（東京都八王子市）や相模実田城を次々と攻略した。こうした拠点が陥落したことにより、扇谷上杉氏の勢力は、今川氏・伊勢氏の領国と遮断されることになってしまったわけである。まさに見事な逆転劇であったが、山内方の攻勢に対して扇谷方は、相模大庭《おおば》城（神奈川県藤沢市）を上杉朝昌が守り、ここを防衛のための拠点としたようである。

なお、このときには三浦道寸も扇谷方支援のために出陣したことが、金沢称名寺（神奈川県横浜市金沢区）に残された、永正二年のものと推定される「称名寺造方同陣勘定状」という史料から推測することができる。この勘定状のうちの下行銭《げぎょうせん》（支払い分）の項目の中には、いくつか興味深い記事を見出せる。「五十文　大庭御陣へ路銭」「五百文　越後衆刷」というあたりはそれぞれ、「称名寺の使者が大庭陣へ赴いた際の足代五十文」、「越後衆に対するもてなしの費用五百文」といったほどの意味であろうが、これらの文言から考えれば、越後軍が関東に入ってきた永正元年十一月頃以降で、扇谷方が大庭城にあった頃の称名寺の支出項目が記されていることがわかる。さらに、この下行銭として、以下のような三浦氏と関わる項目も列挙されている。

一貫伍百文　制札礼以下　三浦より御動
百三十文　三浦殿へ茶
二十文　茶箱茶曳
二十文　三浦へ使。三郎次郎。

三十文　　　惟へ制札の用

（後略）

ここには五つの支出項目が記されている。一番目は「制札礼以下　三浦より御動」とあるからには、三浦氏が三浦郡から称名寺周辺に軍勢を進め、この地を占拠したため、称名寺は安全保障のため、三浦氏が自らの軍勢の乱暴狼藉を禁じる制札の発給を求め、その対価として一貫五百文の銭を支払ったという意味であろう。先にふれたように、下行銭の項目の中には「越後衆」に対する支出もみられることから考えれば、越後軍が武蔵・相模に侵入してきたため、それへの対処として、扇谷方の三浦氏が称名寺周辺に軍勢を派遣したと理解することができるだろう。

二番目から四番目は、称名寺が道寸に対して贈った茶代百三十文、その茶箱代と茶曳代として二十文、さらにその茶を三浦に届けるために、使者三郎次郎の足代として二十文がそれぞれ支出されたものと考えられる。称名寺が道寸に茶を進物として贈っている理由はよくわからないが、後述するように、この時期、三浦氏は三浦郡の領域支配を固めつつあった。それと隣接する武蔵国久良岐《くらき》郡に位置する称名寺としては、その軍勢が付近に進出してきたこともあり、こうした近隣領主に対する配慮が必要であったのかもしれない。

なお、五番目については明確でないが、「これへ制札の用」と読めば、その直前に掲げられている内容、すなわち、三浦氏の制札発給に関わる諸経費として、三十文が支出されたという意味に解釈することができよう。

越後軍を含めた山内方の軍勢は、永正二年三月には再び河越城を包囲し、これに抗することができなかった扇谷上杉朝良は、古河公方への帰参という形式を取り、事実上の降伏を表明した。朝良は、甥の朝興《ともおき》（朝良の実兄朝寧《ともやす》の子）を養子に迎えて家督を譲り、江戸城で隠居することが決定し、ここに長享の乱は、山内方の勝利という形で終結をみたのであった。

## 永正の乱の勃発と房総への渡海

しかし、これでもまだ関東の戦乱が完全に終結したわけではなかった。朝良は扇谷上杉家の家督を養子の朝興に譲り、隠居することにしたものの、扇谷家の重臣らがこの処置に対して強く反発したため、山内上杉顕定もそれ以上の強要はできず、扇谷家に対する方針を修正せざるをえなくなり、朝良は解放されて河越城に戻り、以後も扇谷家当主として存在することとなった（なお近年では、この段階で朝興が当主となったとすることは、朝良の死後、その子を差し置いて当主となった朝興が、家督相続を正当化するために創作した話であると提起する説もある）。さらに、永正四年（一五〇七）には、顕定の養子憲房《のりふさ》（顕定の又従兄弟）と朝良の妹との婚姻が成立し、両上杉家の関係は修復された。

一方、越後では、長享の乱を山内方の勝利に導いた立役者であった守護代長尾能景が永正三年九月に越中で戦死し、その子為景《ためかげ》が長尾氏の家督を相続した。そして、両上杉家の婚姻が成立した直後の永正四年九月、為景は上条《じょうじょう》上杉氏の出身で守護上杉房能の婿となっていた上杉定実《さだざね》を擁立し、房能を急襲して自害させた。

自らの片腕といってもよい実弟が討たれたことに激怒した山内上杉顕定は、永正六年に為景討伐の大軍を越後に派遣し、これにより劣勢となった為景は佐渡に逃亡した。しかし、翌永正七年には再び越後に戻って反攻を開始し、長森原《ながもりはら》（新潟県南魚沼市）の戦いで顕定を戦死させるに及んだ。顕定の養子憲房は、顕定とともに為景討伐のため上野白井《しろい》城（群馬県渋川市）に駐屯していたが、養父の戦死を聞いて撤退した。

結局、山内家の家督と関東管領職は、同じく顕定の養子であった顕実《あきざね》（古河公方足利成氏の子で政氏の弟）が相続するものの、これを不服とする憲房は顕実と争うこととなり、山内家では深刻な内紛が生じることとなったのである。

白井城跡　群馬県渋川市

また、古河公方家では、これ以前から政氏と嫡子高基《たかもと》との間で公方の地位をめぐる対立が生じていた。さらに、山内家で家督相続争いが生じると、公方政氏は実弟の顕実を支援する一方、高基は憲房の求めに応じてこれを支援することとなり、ここでも深刻な内部対立が生じ、激しい抗争へと発展する事態になってしまったのであった。

こうして、関東では古河公方家を巻き込み、三度関東の武家勢力を二分する争いとなったが、こうした一連の戦いを「永正の乱」と呼ぶ。結局のところ、この「永正の乱」が三浦氏滅亡へと繋がることになるのだが、その詳細については第Ⅲ部に譲ることとしたい。

ここで、永正の乱初期の段階の三浦氏の動きを確認しておきたい。永正三年頃からみられる古河公方家の対立において、山内・扇谷の両上杉氏はともに政氏方となっているから、この時期、扇谷方に従っていた三浦氏も、政氏方の立場にあったものと考えてよかろう。この公方家の争いは、山内上杉顕定の調停により、和睦と対立を繰り返すこととなるが、前線では争いが生じており、三浦道寸もこれに関与していたことが、次の史料（静嘉堂本集古文書）によってわかる。

去月廿七日の簡札昨日到着、具《つぶさ》に披閲《ひえつ》、そもそも両公方様御間の事連続、既に御取合に及ばるべき趣に候。都鄙批判歎余りある計りに候。定めて御用意たるべく候。御無為の一儀御言上せしめ候といえども、何も御信用無く候。今のごとくんば、計らざる時宜出来《しゅったい》疑いあるべからず候。併せて関東破滅の基に候。供奉《ぐぶ》の面々進め奉る由の聞こえに候。息八郎《（簗田高助）》方ならびに下野守《（簗田孝助）》方に断りて申し越され候。しかるべく候。よって三浦陸奥入道道寸渡海し地利を構え候の間、万対陣し候か。しかれば帰郡致し候様、行《てだて》を廻《めぐ》らすべき旨仰せ出され候の間、その意を得奉り候の段御請を捧げ候。已後一篇のため彼の伯父刑部少輔入道光迪《（上杉朝昌）》方へ申し送るべく候。かたがたもって道寸《「道寸」》退散延ぶべからず候。遠路ゆえ節々一筆を馳せず候。疎略にあい似候や。恐々謹言。

六月七日　　藤原顕定

謹上　簗田右京亮《（政助）》殿

【現代語訳】先月二十七日のお手紙が昨日到着し、詳しく拝見しました。足利政氏様と高基様との不和の件は続いており、すでに合戦が起こっているとのことでございました。こうした事態は、万民の批判があり、嘆きは余りあるほどのことです。この件については、あなたの調整が必要です。私もお二方の間に何事もないよう申し上げましたが、まったくお取り上げになられません。いまのようなありさまであれば、不測の事態が発生することは疑いありません。これは関東が破滅する基です。（中略）三浦陸奥入道道寸が房総に渡海して要害を構えたため、（高基方の軍勢が）これと対陣したようです。そのため、道寸が帰郡するための方策を巡らすよう高基様が私に仰せになられましたので、承知した旨の請文《うけぶみ》（あることを実行したこと、ないしは実行を約束する文書）を差し上げました。そのため、道寸の叔父の扇谷上杉朝昌に道寸を説得するよう申し送る所存でおります。とにかく、道寸の房総からの帰郡が遅れることがあってはなりません。遠路のため、なかなかお手紙を差し上げることができずにおり、疎かにしてしまっていたようですが、お許しください。（後略）

永正三年四月、古河公方家では内紛が生じており、高基は古河城（茨城県古河市）から下野の宇都宮成綱《しげつな》のもとに赴いて父政氏に反旗を翻し、北関東諸氏等に対して自らを支援するよう要請したが、この段階では、高基に対する支持はあまり広まらなかった。

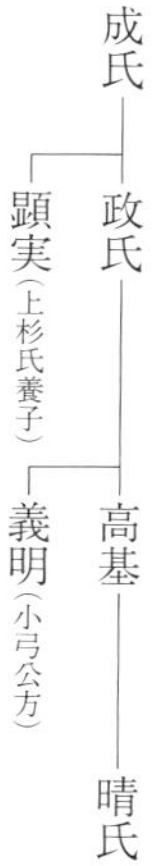

系図９　古河公方足利氏略系図

ここで掲げた史料は、山内上杉顕定が古河公方足利政氏の側近簗田《やなだ》政助《まさすけ》に送った六月七日付けの書状の写である。永正三年のものと推定され、まさにこの争いの時期に発給されたものであり、内容も、政氏・高基父子の確執についてふれたものである。「既に御取合に及ばるべき趣に候」といったあたりからは、前線では両勢力の間で戦闘が開始されていたことがわかる。

さらにここからは、その具体的な動きとして、この頃、三浦道寸が三浦から房総に渡海して要害を構え、敵方と対陣していたという事実が判明する。ここで道寸が対陣に及んだ房総の敵が誰であったのか、また、「地利」を構えた場所がどこであったのかは判然としないが、この段階の房総では、安房里見氏や上総真里谷《まりやつ》武田氏は政氏方にあり、下総千葉氏は高基方の立場にあった。また、この書状が発給される直前の五月には、上総赤興《あこぎ》（赤荻。千葉県山武郡大網白里町）や下総千葉荘井花《いのはな》（千葉市）で合戦が発生している（『本土寺過去帳』）が、これは、古河公方家の内紛と無関係ではないものと思われ、永正三年五月から六月頃にかけての時期、房総ではこうした両勢力の抗争が展開していたものと考えられる。

そして、先に掲げた史料から考えれば、道寸もおそらくは政氏方の立場として三浦から渡海し、こうした房総の抗争に介入して、そこに要害を築いて高基方と対陣に及ぶ事態となったのだろう。一方、六月頃には山内上杉顕定の仲介により両勢力の間で和睦が図られ、そのなかで道寸の動きが問題となり、高基は道寸の「帰郡」を求めたため、顕定はそれを承知して、その叔父（父道含の弟）の上杉朝昌に道寸を説得するよう申し送ることとするとしているわけである。その後の経過がどのようになったのかは、史料が伝わっておらずよくわからないが、おそらく道寸は、朝昌の説得に応じて「帰郡」したことはまちがいなかろう。

この時期の古河公方家の抗争は、永正四年八月以降に高基が古河城に帰還したことにより、一応の終息をみることとなったが、多くの火種がいまだ残されており、それは三浦氏のゆくえをも左右するものであったのである。

## 三浦氏の国衆化と領国形成

前項では、永正三年（一五〇六）に道寸が三浦から房総に渡海して、かの地で「地利」を構築して敵方と対陣に及んだことについてふれたが、実は、これは非常に重要な事実である。ここで道寸は、永正の乱の抗争にあたって、自らの勢力圏とは異なる他地域へ軍勢を進めているわけであるが、これは道寸が本拠の三浦郡について、自らの勢力圏・支配権を確立していたからこそ可能な行動であったと考えられるからである。先に掲げた史料で、道寸が房総から撤兵して、本拠に戻る行為を「帰郡」と表現していることも、そうした事実のあらわれとみることができよう。

室町期のある段階までは、武士の所領支配の形態は、原則として「散在型《さんざいがた》」であった。後世の戦国大名や近世大名のように、一定の広さをともなった領域を一元的に支配するのではなく、一郷・一村を基本に所領を保持し、複数の所領を領知する場合には、領域的に連続するものではなく、他所に別々に保持する場合がほとんどで、逆に大御家人になればなるほど、多くの所領が散在する状況にあった。

一例を挙げれば、鎌倉時代の三浦本宗家の場合、本拠の三浦郡に所領を持ちながら、北は東北、南は九州にまで所領を獲得していた。このように散在した所領は、当然、一人の人物によって一元的に現地支配することができるはずもなく、遠隔地の所領には代官が派遣されて支配されることが一般的であった。こうした状況であったから、領主は自らの所領内においては検断《けんだん》権等も含めたさまざまな権利を行使することができたものの、一歩、他領主の支配する隣郷・隣村へ入れば、そうした権利を行使することは不可能であった。

しかし、戦国期になるとこうした所領形態は変化し、領主がある一定の領域＝「領国」を一元的・排他的に支配する、独立した領域権力が出現する。これを歴史学上、「国衆《くにしゅう》」と呼ぶのである。こうした領域権力は、関東では享徳の乱以降の打ち続く戦乱の中で構築されてきたものであり、その中で国衆は、自らの政治的勢力圏に強力な支配権を確立していったのであった。

そして三浦郡の場合、戦乱の中で三浦氏が郡域にそうした権力を確立することに成功し、この時期には道寸が、三浦郡に関する権限を一元的・専権的に行使し、他の政治権力は一切これに関与することができない状況が生まれていたものと思われる。こうした状況は、この時期、三浦郡の支配に関わる文書を道寸のみが発給しており、他者はこれに関わっていないという点に端的にあらわれていよう。こうした状況を、史料によって具体的に確認してみたい。

①郡内久野谷郷の内中之村龍崎分の事。

此方成敗の間、御知行相違有るべからず候。恐々敬白《けいびゃく》。

十月廿六日　　　　道寸（花押）

文諦首座

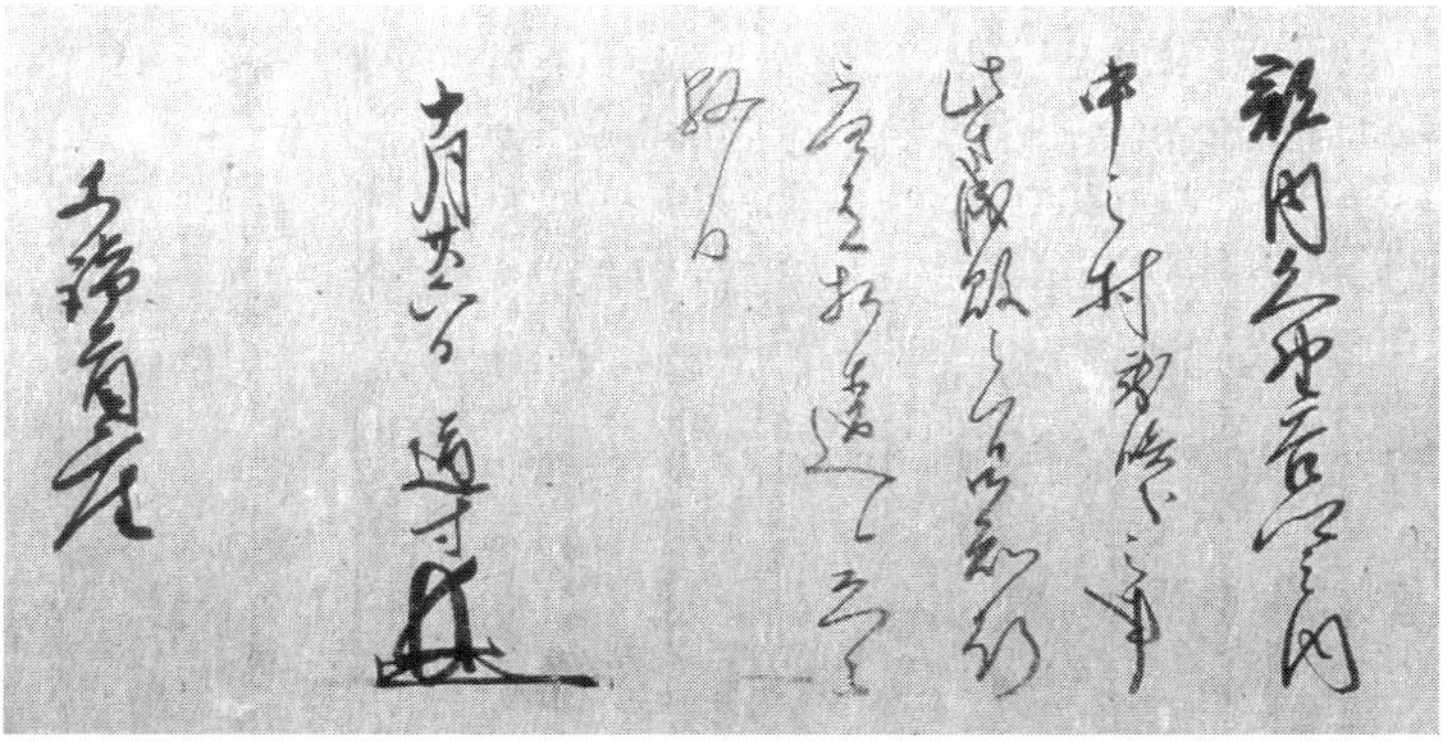

（年未詳）10月26日付け三浦道寸書状　神奈川県相模原市・光明寺蔵　写真提供：相模原市立博物館

②霊山寺の事、以前のごとく意見を申すべき由、評議をもって承り候か。しからば道寸の枢機を得候ところ、もっともの由申され候。しからば土貢《どこう》等の事、庵納致すべき由、申し付くべく候。この由衆中へ御心得仰ぐところに候。恐々敬白。

三月廿四日　文龍（花押）

拝答西来庵侍真禅師

まず①は、津久井光明寺文書に含まれる三浦道寸書状である。年代は不明なものの、道寸が家督を相続したと思われる明応三年（一四九四）以降のものであることはまちがいなかろう。内容は、桐谷宝積寺（神奈川県相模原市緑区の光明寺の前身寺院のひとつ）の役僧と思われる文諦（第二章でふれた文龍の法流に属する僧侶であろう）に対し、宝積領の三浦郡久野谷郷（神奈川県逗子市）内の中之村龍崎分の地を安堵したものである。

どのような経緯で、宝積寺がこの地を寺領とするに至ったのかはよくわからないが、これ以前からこの地は宝積寺領であったのだろう。そして、この際に改めてその権利を道寸から安堵されたわけであるが、注目すべきは「此方成敗の間」という文言である。これは、発給者道寸が、「（この地は）自分が支配しているので」としているものと解釈される。したがって、この史料は道寸が三浦郡久野谷郷は自らの支配下にあるという事実に基づき、この地を安堵したものと理解することができよう。

ここで道寸は、三浦郡内に存在する知行の安堵を行う主体となっているわけであるが、そうした行為を行う根拠が、現実に郡内を支配下に置いていたという点にあったことは明白だろう。実は、これ以前の時期では、こうしたかたちの安堵が行われることはなかった。寺社領については、三浦氏自体が寄進者でない限り、たとえその寺社領が三浦郡内に存在していたとしても、その地を三浦氏が安堵することなどありえず、そうした行為の主体は相模守護であり、具体的には扇谷上杉氏の任務であった。

しかし、①で確認することができるように、道寸の時期になると、扇谷上杉氏によるこうした安堵は確認されることなく、道寸が三浦郡内に所在する寺社領の安堵者になっているのである。まさに、現実的にその地域を支配している道寸のみが、こうした権限を行使することができた点を如実に示している。さらにいえば、こうした状況は、その地域を支配する権力のみが唯一、当該地域における所領安堵の主体となりえるという、戦国時代の地域権力のあり方を明確に示す実例といえよう。

こうした状況は、②からも明確に読み取ることができる。この史料は、①と同じく桐谷宝積寺の役僧と思われる文寵が、鎌倉建長寺の塔頭西来庵の侍真禅師に宛てた書状であるが、これも①と同様、残念ながら年代は明確でない。

内容は、三浦郡に所在する霊山寺（霊山寺に関する他の史料からも、三浦郡に所在した寺院であったことが判明する）について、従来どおり、西来庵が支配することが建長寺衆中の評議によって決定したため、これについて道寸の意向を諮ったところ、その了承を得たため、年貢等を西来庵に納めるよう指示するとともに、この件について建長寺衆中へ報告するよう依頼したものである。

西来庵が霊山寺を支配するという状況は、「以前のごとく」とあることからすれば、これ以前からのものであったことは明白である。しかし、その支配について道寸の意向を諮り、了承を求めているという点からは、この段階においては、いかに正当な支配権を所有していたとしても、現実的に三浦郡を支配している道寸の了承なくしては、その支配を実現することは不可能であったという様相を読み取ることができよう。また、そうした事実を西来庵側も承知していたからこそ、道寸の了承が求められたわけである。

ここに掲げた二点の史料からうかがえる道寸の姿は、まさに三浦郡という一定の領域を一元的・排他的に支配する独立した領域権力、すなわち「国衆」といって差し支えなかろう。

さらに、道寸の領域支配を考えるうえで興味深いのが、次に掲げる史料である（津久井光明寺文書）。

杉田郷の内平山寺領中里村観音堂免の事、由緒あり。御抱え有るべきの由、承り候。その意を得候。この上においては江戸へ仰せ届けられ然るべく候。江城の取り置きこれ有るべく候。恐々敬白。

七月廿六日　　道寸（花押）

貯香軒

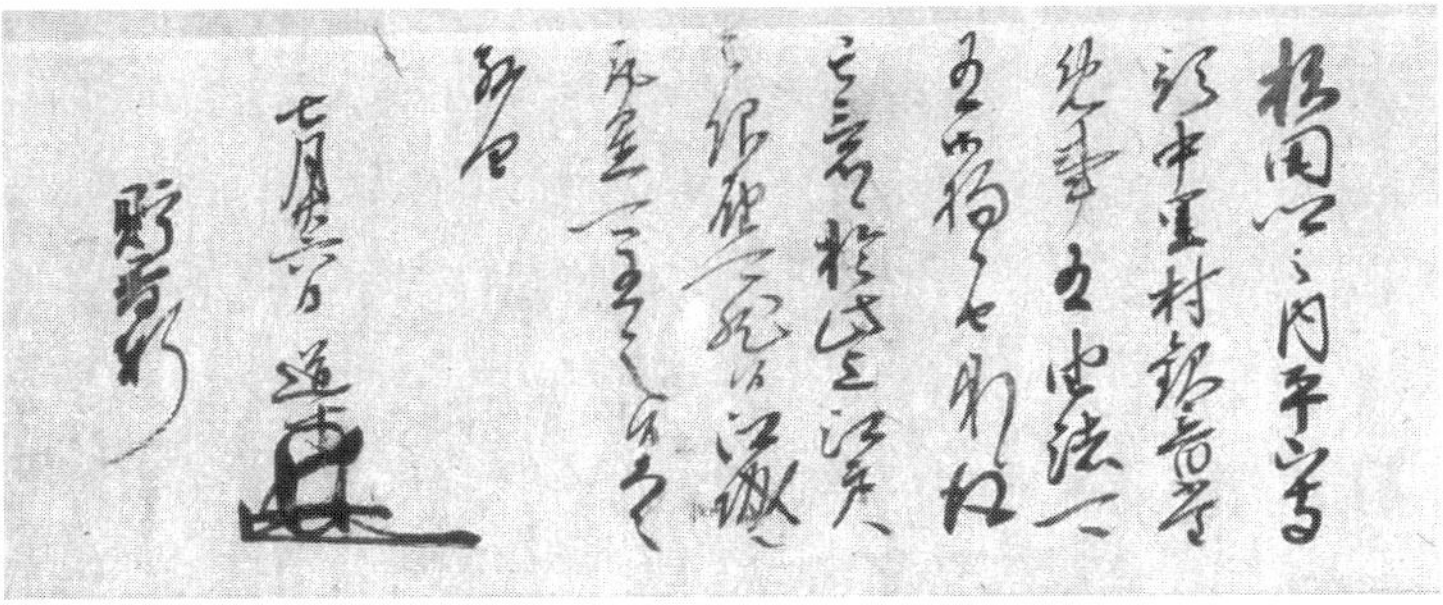

（年未詳）7月26日付け三浦道寸書状　神奈川県相模原市・光明寺蔵　写真提供：相模原市立博物館

この史料もまた年未詳であるが、桐谷宝積寺の塔頭貯香軒が、以前からの由緒にもとづき、武蔵国杉田郷（神奈川県横浜市磯子区）内の平山寺領中里村観音堂免の知行について、道寸の了承を求めてきたことに対する返答である。

ここで道寸は、貯香軒による申請の内容を理解したものの、その件については「江戸」、すなわち扇谷上杉氏に申し出て、その了解を求めるよう勧めており、さらに、これについては扇谷上杉氏により処置されるべきである点を伝えている。

ここで問題となっている杉田郷は、三浦郡域の地ではなく、武蔵国久良岐郡に所在していた。国境をまたぐとはいえ、久良岐郡は三浦郡と隣接する地域であったため、貯香軒は付近に存在する強力な国衆であった道寸に、平山寺領中里村観音堂免の知行安堵を求めたものと思われる。しかし、三浦郡域ではないこの地は、当然、道寸の支配下にはなかったため、彼がここで知行安堵を行うことはできなかったわけである。そして当時、この地を含む久良岐郡は、江戸城（東京都千代田区）に本拠を構えていた扇谷上杉氏の領国に属していたことから、道寸は貯香軒に対して同氏へ了承を求めるよう勧め、そこで処置されるべきとしたのである。

ここからは、①・②から読み取ることができたものと逆の状況をみて取ることができよう。すなわち、いかに強力な国衆として一定の領域を一元的・排他的に支配していたとしても、その地域から一歩外へ出てしまえば、そうした権限を及ぼすことはできなかったという状況である。逆に、久良岐郡において、この地域を一元的・排他的に支配していたのは扇谷上杉氏であり、そこでの知行安堵の主体となりえた唯一の存在は同氏であったからこそ、道寸は貯香軒に対してこうした対応を取ることとなったのである。

本節で掲げた三点の史料は、十五世紀末から十六世紀初頭という、戦国時代のかなり早い段階で三浦氏が国衆として領国支配にあたっていたことを如実に示す史料といってよい。まさに、道寸の段階における三浦氏は、三浦郡という領国を確立して、この地域を一元的・排他的に支配し、政治的には扇谷上杉氏に属する国衆に発展していたのであった。

## 三浦氏の家臣団形成

国衆という領域権力の誕生においては、領国の形成と合わせて家中《かちゅう》、家臣団の形成という状況がみられるのが一般的である。

家中とは、一元的な主従関係や知行関係をもととして形成された家臣組織といってよい。わかりやすくいえば、領国内の知行は唯一国衆によってのみ保障されるわけであるから、国衆からそうした所領の保障を得た領主は、すべて国衆の家臣となるということで、これが家臣団として組織化されたものが家中である。逆にいえば、国衆の領国内においては、その保障を得ていない領主や所領の存在は認められず、領国内に存在する領主は、すべて国衆の家臣となるというのがその姿であった。こうした領主は、これ以前の時代にはそれぞれ自立的に存在しており、鎌倉府や守護と主従関係を結んでいたが、戦国期には国衆と主従関係を結び、その家臣となっていったのである。

道寸の時期に国衆となった三浦氏の場合も、こうした家臣団の組織化が図られたであろうことはまちがいなかろうが、史料の残存状況から、残念ながらその実態を詳らかにすることはできない。国衆の家中としてのひとつの典型的な例としては、庶流家の家臣化という点があげられるが、道寸の段階においては、それも確認することができない。

ただし、先述したように、道寸は横須賀氏から妻を迎えており、その女性が嫡子義意の母となっている点、さらに第Ⅲ部で述べるように、横須賀氏は三浦氏滅亡後の天文年間（一五三二～五五）には、本領の横須賀郷を離れて上総を在所としている点などを考慮すれば、あくまでも可能性の域を出るものではないが、横須賀氏が道寸の家臣化していた可能性は想定することができるかもしれない。

一方、諸流家以外の三浦氏家臣として、同時代の史料で確認できるのは武氏のみである。さらに、江戸時代に成立した軍記類から確認することができる存在として、北村氏・朝比奈氏・大森氏・佐保田氏・三須氏、また、亀崎・鈴木・下里・三富・出口氏などの「三浦組」が挙げられる。

このうち武氏は、三浦郡武（神奈川県横須賀市）を苗字の地とする三浦氏の庶家と思われる。武氏は、鎌倉時代の三浦本宗家の時代にも被官として確認できる武氏が、その末裔であるかは定かでない。しかし、かなり早い段階から三浦氏の被官化していたことは確かであろう。

　道寸の段階では、和泉守・左京亮父子の存在を確認できるが、このうち和泉守は、永正七年（一五一〇）十二月の相模西郡鴨沢《かもさわ》要害（神奈川県足柄上郡中井町）の合戦で討ち死にしている。そして、その功を賞して道寸・扇谷上杉朝良がそれぞれ嫡子源五郎に対して感状を与えており、さらに古河公方足利政氏は、道寸の嫡子義意に対して和泉守の討ち死にを賞している（いずれも相州文書）。その後、源五郎は家督を相続し、二年後の永正九年までには左京亮の官途名を称している（相州文書）。

　なお、足利政氏が和泉守の討ち死にを賞して感状を与えたのが、道寸ではなく義意であった点から考えれば、この段階で和泉守は道寸の家臣ではなく、義意に仕える存在であったと思われ、その後、左京亮が永正九年に岡崎城（神奈川県平塚市・伊勢原市）での戦功を称された際、義意から感状を与え

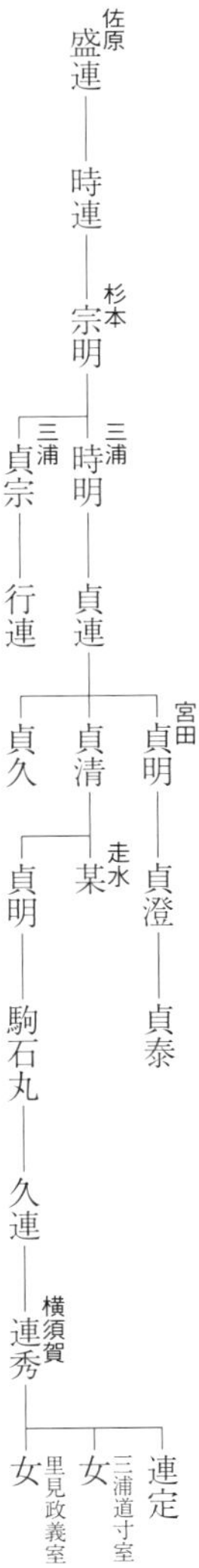

系図10　横須賀氏略系図

られている（相州文書）ことも、その裏付けとなろう。

また、大森氏は『北条記』等によって越後守の存在を確認できるが、これは小田原城主大森氏の一族とされている。詳細はよくわからないが、駿河御厨地域から相模西部に勢力を有した大森氏は、文亀元年（一五〇一）頃までには伊勢宗瑞によって小田原城を奪われて没落し、その後、当主の定頼は甲斐武田氏を頼ることとなったが、一族のなかには、姻戚関係にあった三浦氏に仕える者もあったのかもしれない。

佐保田氏も、『北条記』等で存在が確認され、道寸の段階では河内守・彦四郎の名がみえる。出自は不明であるものの、第一章でふれたように、永享の乱の際にはすでに三浦氏の被官として重要な地位を占めていることから、古くからの被官として、道寸の段階においても宿老的な地位にあったものと思われる。

一方、亀崎・鈴木・下里・三冨・出口氏などの「三浦組」は、「北条盛衰記」等にみられる存在である。永正十三年の三浦氏滅亡後には、「三崎ニ有シ亀崎・鈴木・下里・三冨・出口五郎左衛門ヲ初メトシ、道寸カ残党三浦組ノ者共三崎ノ城ケ嶋へ渡リ、舩ヲ悉ク城ケ嶋ニ着置、三浦近辺ノ浦々へ働キ、狼籍《(藉)》数度ニ及フ」（「北条盛衰記」巻一下　付タリ道寸カ残党降参之事）として、伊勢宗瑞に抵抗を示し、その後は宗瑞に降り、「三浦組十騎」として三崎（神奈川県三浦市）に配置されたという。

三浦氏滅亡後、伊勢氏（北条氏）に吸収されている点からすれば、彼らは三崎湊を拠点にする在地の有力者の集団であったと思われる。平常は湊の管理・運営や海運・漁業に携わるとともに、戦時に

現在の城ヶ島　神奈川県三浦市

は水軍の働きを担ったものと思われるが、彼らはこうした平常の生業に関わる権益をめぐり、競合者との間で激しいつばぜり合いを余儀なくされる機会が多かったことから、その権益の保障を受けるため、国衆である道寸の被官となったのであろう。

彼らの生業をめぐる紛争が発生した場合、国衆である道寸は被官の権益を保護するため、競合勢力との抗争を展開して彼らを守る反面、国衆としては、こうした在地の有力者を自らの支配下におさめることにより領域内の安定がはかられ、さらに彼らが国衆に対してさまざまな御用をつとめることにより、国衆側にも大きなメリットが存在したのだろう。ただ、逆にいえば、彼らは自らの権益保障のために国衆の被官となっていたわけだから、その権益が守られる以上、その保障者は別の勢力であっても構わないという側面があったことは否めない。この「三浦組」が、三浦氏の滅亡後には伊勢氏によって吸収され、そのまま三崎城に配備されたという事実は、その点を如実に示していよう。

朝比奈氏・三須氏についても、これと同様の状況を想定することができる。朝比奈氏は『八丈実記《はちじょうじっき》』（江戸時代後期の北方探検家として知られる近藤重蔵守重の子富蔵守真が、伊豆国八丈島の諸事情について各種文献や見聞に基づき記した地誌）により、三須氏は『北条記』

等によって三浦氏の被官となっていたことが確認できる。

両氏は、三浦郡に多くみられる姓というよりも、伊豆・駿河地域に広く分布する姓であり、さらにその多くは海運に関わる存在として確認できる。第Ⅲ部で後述するように、道寸の時期の三浦氏は、八丈島をはじめとする伊豆諸島の支配にも関わっており、こうした過程のなかで、彼らは自らの権益保障のために三浦氏の被官となり、その権益を守ろうとしたのではなかろうか。

特に朝比奈氏は、『八丈実記』によれば、弥三郎という人物が三浦氏から八丈島中之郷の代官に任命されていたことがわかり、この地域の支配をめぐって伊豆下田（静岡県下田市）の勢力と対抗関係にあった事実を読み取ることができる。また、三須（御簾）氏も下田周辺を地盤とする勢力であった。

三浦氏は永正六年以降、相模で伊勢氏と激しい抗争を展開することとなるが、この時期、伊豆諸島においても、伊勢氏によって権益を保障された勢力と三浦氏の勢力との間で抗争が生じている。こうした点から考えれば、彼らはこの地域における自らの権益を守るため、三浦氏の被官となった可能性が高いといえよう。

なお、永正七年には道寸の代官北村秀助《きたむらひですけ》が八丈島に入り、同地で合戦に及ぶものの敗北していることが確認され（『八丈実記』）、これにより、三浦氏の家臣として北村氏が存在したことがわかる。また、永正十一年の八丈島での合戦の際には、三浦方として星名七郎・岩波五郎三郎という人物が討ち死にしていることが確認できる（『八丈実記』）が、彼らは八丈島近辺に拠点を置く勢力であったと思われる。

# 第Ⅲ部　道寸一族の滅亡

三浦義意画像　松浦家蔵

# 第一章　伊勢宗瑞の相模侵出と三浦氏

## 伊勢宗瑞の相模侵攻

古河公方足利政氏と嫡子高基による争いは、抗争と和睦を繰り返しながら展開していたが、この「永正の乱」を大きく転換させたのが、越後での動きであった。

永正四年（一五〇七）九月、越後守護代長尾為景は守護上杉房能を急襲してこれを自害させ、新たな守護に上杉定実を擁立した。実弟が討たれたことに激怒した山内上杉顕定（法名可諄《かじゅん》）は、すぐにも為景討伐の軍勢を越後に派遣したかったであろうが、古河公方家の抗争への対応に追われ、政氏・高基の一応の和睦を整えた直後の永正六年七月になって為景討伐の大軍を発し、これにより為景は佐渡に逃亡した。しかし翌永正七年、越後に戻った能景は長森原（新潟県南魚沼市）の戦いで顕定軍を破り、これを戦死させるに及んだ。

一方、顕定が越後に軍勢を発した直後の永正六年八月、それまで扇谷家と同盟関係にあった伊勢宗瑞が長尾為景の誘いに応じ、両上杉家から離反して、その領国への侵攻を開始した（秋田藩家蔵文書十）。このとき、なぜ宗瑞が為景の誘いに応じて両上杉家との関係を断ったのかは明確でない。

しかし、室町幕府は永正五年十一月に上杉定実を正式に越後守護に補任《ぶにん》し、さらに為景にその補佐を命じて事実上の守護代に任じて（「御内書案」応永以来永正　大館記三）、越後支配の正当性を承認していたため、顕定の越後出兵を認めていなかった。宗瑞が幕府政所執事伊勢氏の一族の出身であり、明応二年（一四九三）のいわゆる「伊豆討ち入り」が、京都の明応の政変に連関して起こされている点などから考えれば、宗瑞が幕府と親密な関係にあったことは明らかで、永正六年の宗瑞の行動も、幕府の意向が背景に存在していた可能性は十分に考えられよう。

いずれにせよ、永正五年までの宗瑞の軍事行動は、ほぼ今川氏による軍事行動の一環であったと評価できようが、永正六年八月から開始した扇谷上杉氏領国への侵攻を端緒として、以後、宗瑞は独自の軍事行動を展開するようになり、直接的には、相模経略を推し進めていくこととなってゆく。

このときの宗瑞の具体的な行動を追うと、まず中郡に侵出して高麗寺《こうらいじ》要害（神奈川県中郡大磯町）と住吉要害（神奈川県平塚市）を取り立て、また、扇谷家の宿老であった武蔵権現山《ごんげんやま》城（神奈川県横浜市神奈川区）主の上田蔵人入道を誘って同城で蜂起させ、扇谷家の本拠江戸城（東京都千代田区）近辺にまで侵出している（「温故雑帖」）。このとき扇谷上杉朝良は、顕定の越後進軍の後に上野国で為景に与同する勢力の追討にあたっており、領国を留守にしている状態であったから、宗瑞の蜂起とその後の侵攻は、両上杉氏の当主がともに南関

北条早雲（伊勢宗瑞）画像　「日本歴代人傑大鑑」　当社蔵

東に不在であった間隙を突いての行動であったことはまちがいなかろう。朝良は、同年十月には江戸城に帰還しており（「東路のつと」）、ここから考えれば、宗瑞は朝良の帰還を前に、ひとまず撤兵したものと思われる。

## 永正の乱の激化

永正七年（一五一〇）に越後で顕定が戦死したことは先述したが、その後、山内家の家督と関東管領職は顕定の養子顕実が相続したものの、これを不服とする同じく養子の憲房が顕実と争う事態となり、山内家では深刻な内紛が生じた。こうした動きに対し、古河公方家では政氏は実弟の顕実を支援する一方、高基は憲房を支援したことから、両者は再び抗争を展開し始めた。さらに、高基の弟の「雪下殿《ゆきのしたどの》」（鎌倉鶴岡八幡宮別当）空然《こうねん》（後に足利義明《よしあき》と名乗る）が自立を図り、武蔵国太田荘（埼玉県北葛飾郡栗橋町・同羽生市・同加須市一帯）で蜂起したことにより、古河公方家では三つ巴の抗争が展開されることとなり、その権力は大きく分裂してしまった。

一方、伊勢宗瑞は、同年五月頃には武蔵に侵入して、山内上杉氏方の椚田城（東京都八王子市）を攻略するなど、山内領国への侵攻を図っている。またこの際、長享の乱の終結にともなって山内家に帰参していた長尾景春（伊玄《いげん》）も、宗瑞や長尾為景の行動に呼応して、再び山内家から離反して相模津久井山（神奈川県相模原市緑区）に蜂起した。

顕定の戦死後、山内軍は関東への退却を余儀なくされたことは当然であったが、顕定の養子憲房は、

図10　伊勢宗瑞の軍事行動関係図

上野国白井城（群馬県渋川市）を拠点に長尾為景方の鎮圧を進めるものの、これに対して長尾伊玄は白井城攻略のため、長躯相模から上野まで進軍し、しばらく両者の抗争が展開される。

こうして関東は、永正四年に発生した越後の政変と、その後の山内上杉顕定による越後進軍およびそこでの戦死という事件をきっかけに、古河公方家の大分裂、山内上杉氏の内紛、さらには伊勢宗瑞の相模侵攻という事態が発生し、大規模な戦乱状態に陥ってしまった。こうした個々の現象は、相互に密接に連関してはいるものの、長享の乱・永正の乱の激化とそれにともなう伝統的権力の低下が、本来は関東に地盤を持たなかった伊勢宗瑞をして、相模経略をなさしめる事態と

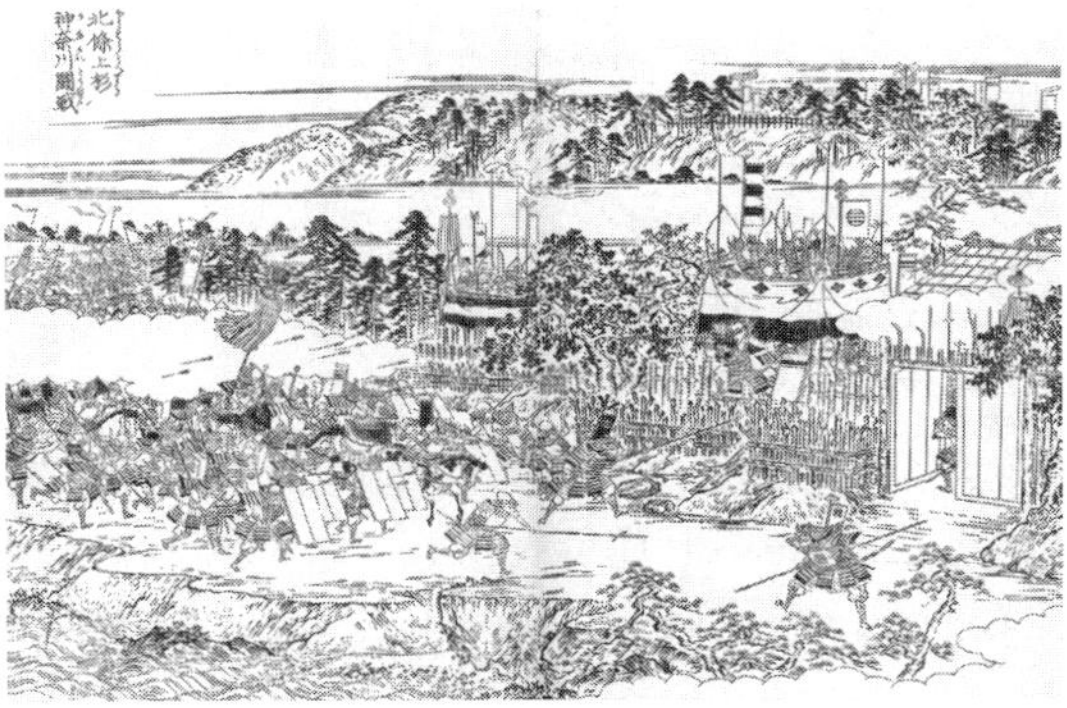

権現山砦合戦の図　「江戸名所図会」より

なったことはまちがいなかろう。この後、基本的には関東の動乱に付け入ることにより、宗瑞による相模経略が着々と進行していくこととなってゆく。

### 中郡の領国化と鴨沢合戦

関東全体で大規模な争乱が巻き起こるなか、扇谷上杉氏にとっても、伊勢宗瑞の攻撃から自らの領国相模を独力で守ることは不可能な事態となっていた。

そのため、扇谷上杉朝良は山内上杉憲房に援軍を求め、憲房はこれに応じて武蔵の軍勢を派遣した。山内方の援軍を得た朝良は、宗瑞に対して反攻を開始し、永正七年（一五一〇）七月には武蔵権現山城（神奈川県横浜市神奈川区）を攻略し、そのまま相模に進軍した。この時期の三浦氏の動向を明らかにすることはできないが、おそらくは扇谷方として宗瑞方の勢力と対峙したか、ないしは永正三年の際と同様に、渡海して房総で敵対勢力にあたっていたものと思われる。

ただ、朝良による相模進軍の際には、三浦道寸も従っていたことが判明し、中郡に進んで高麗寺要害・住吉要害を相次いで攻略する働きを示している（『三浦系図伝』）。これにより道寸は、本拠の三浦郡のみならず、中郡をも領国に加えて相模中央部にも勢力を拡大し、より一層、扇谷方勢力として存在感を増したことはまちがいなかろう。この後、道寸は朝良の軍勢と合流し、中郡から進んで長尾伊玄方が拠っていた津久井山を攻撃している（『三浦系図伝』）。

　このとき戦況を有利に進めていた扇谷方は、間髪を入れずに宗瑞方に対する攻撃を行い、同年十月には西郡に進んで、宗瑞方の拠点小田原城（神奈川県小田原市）を攻撃している。この件については、道寸自身が竹隠軒に送った書状で詳しく述べているため、その史料を引用してみよう（秋田藩家蔵文書　十）。

　それ以後は久しく申し承らず候間、啓せしめんと欲し候ところ、簡札に預かり候。快然に候。よって伊勢入道《（宗瑞）》当国乱入ゆえ、上杉建芳《（朝良）》出馬せられ、小田原城涯《（ぎわ）》迄悉く打ち散らし、人馬長陣しあい労い候間、先ず打ち帰られ、来春重ねて調儀有るべく候。かねてまた、用林和尚永々御在寺候。折節乱中の間、窮屈痛ましく候。当国の様体定めて御伝語有るべく候。はたまた馬黒毛無文給い候。時分柄なお祝着をもって候。随いて鉾鎌隆広これを進《（まい）》らせ候。余は重ねて申すべく候。恐々敬白。

　　十月十九日　　　　　　　　　道寸（花押）

　拝呈　竹隠軒

「拝呈《（懸紙ウワ書カ）》　竹隠軒　道寸」

【現代語訳】以前にお手紙を頂戴して以降、長らくお手紙をいただくこともございませんでしたので、こちらから差し上げようと思っていたところ、あなたのほうから頂戴いたしました。嬉しく思っております。伊勢宗瑞が当国相模に乱入してきたため、上杉朝良様が御出馬なされ、小田原城の城際まで攻め寄せて、敵方をことごとく打ち散らしましたが、長い戦のため人馬ともに疲労してしまったため、ひとまずは兵を引き、来春改めてこれを攻撃する所存でおります。また、用林和尚が長々と（そちらに）御在寺なさっておられるとのことですが、戦乱のさなかであることから、御不便のこと痛ましく存じております。相模の様子については、ぜひともあなたからお伝えくださるようお願いいたします。さらに今回、無紋の黒毛の馬をお贈りくださったことは、時節柄大変嬉しく存じます。こちらからは隆広の鉾鎌を贈らせていただきます。これ以外の事につきましては、また改めてお知らせさせていただきます。（後略）

この史料は、道寸が常陸の佐竹義舜《よしきよ》の家臣で同氏の外交を担当していた岡本妙誉《おかもとみょうよ》（竹隠軒）に送った十月十九日付の書状であり、年代は永正七年のものと推定される。内容は、この時期の相模での扇谷方と伊勢方との抗争についてふれたものであるが、注目されるのは、「伊勢入道当国乱入ゆえ、上杉建芳出馬せられ、小田原城涯迄悉く打ち散らし、人馬長陣しあい労い候間、先ず打ち帰られ、来春重ねて調儀有るべく候」とある点だろう。

ここからは、津久井山を攻撃した扇谷方は、そのまま西郡に兵を進め、伊勢方のこの地域の拠点であった小田原城を攻撃して城際まで攻め込んだものの、攻略するまでにはいたらず、長期間にわたる出陣のため人馬ともに疲労していたことから、この書状が発給された十月十九日までには、いったん兵を引いていたことがわかる。

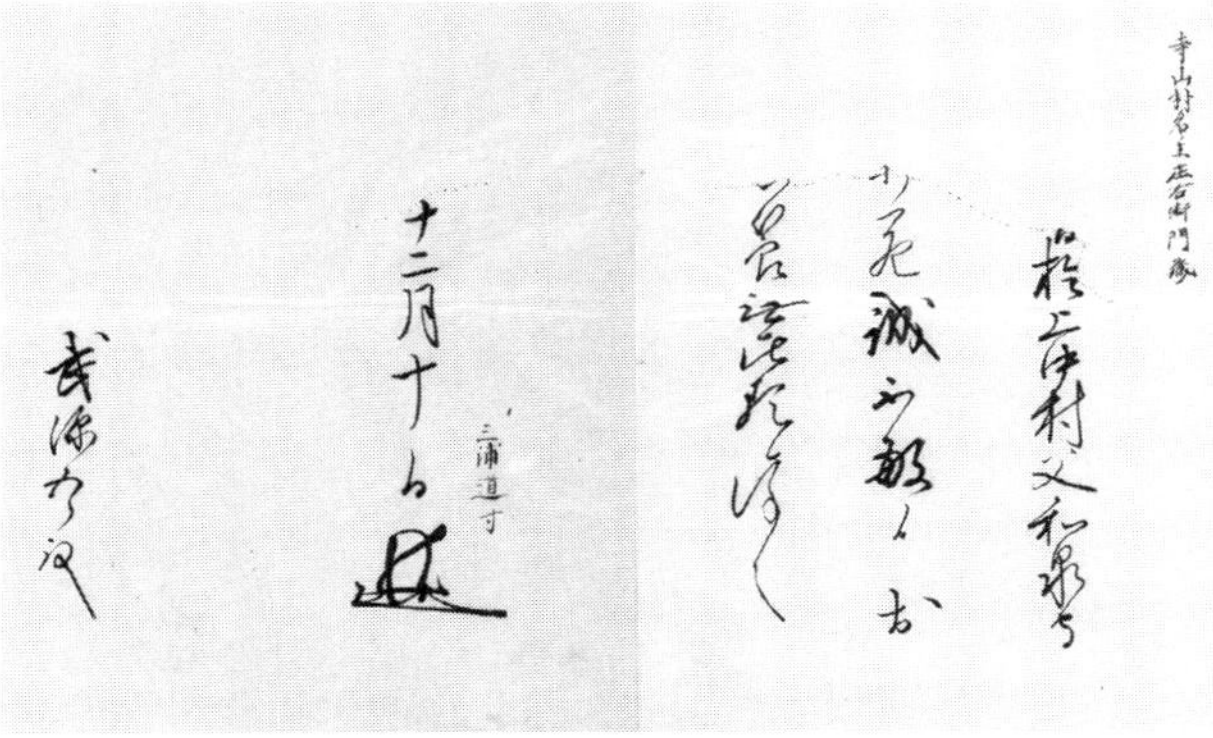


（永正７年）12 月 10 日付け三浦道寸感状写（相州文書）　国立公文書館蔵

ここで道寸は、「来春重ねて調儀有るべく候」として、翌年の春に再び伊勢方を攻撃するとの所存を述べているが、その時期を待つことなく、朝良・道寸は同年十二月には再度西郡に進軍し、伊勢方の最前線の拠点となっていた鴨沢要害（神奈川県足柄上郡中井町）を攻撃している。これに関わるのが、次に掲げる三点の史料である（いずれも相州文書）。

①□《昨カ》日上中村において、父和泉守討死、誠に不敏に候。忠節において比類無く候。謹言。

　十二月十日　（花押《三浦道寸》）

　　武源五郎殿

②昨日九鴨□《沢》要害際において、父和泉守討死、□候。心底推察に及び候。定めて奥州《道寸》より御感有るべく候。此方の事一入疎儀あるべからず候。恐々謹言。

　十二月十日　建芳（花押）

　　武源五郎殿

③上杉治部少輔《朝良》入道去る九日中村要害に向かいあい、動《はたら》き候のところ、凶徒出合候間、城涯において一戦を遂げ、勝利を得、宗の者数輩討ち捕り候や。目出候。殊

に父陸奥入道同心候か。感心し候。家人武和泉守と号す輩討死、誠に不敏に思し召し候。巨細《こさい》政助（簗田）申し遣わすべく候。謹言。

十二月廿三日　　政氏（花押）

三浦（義意）弾正少弼殿

まず①は、「上中村」での合戦で三浦氏家臣武和泉守が討ち死にしたため、その功を賞して嫡子源五郎に与えられた十二月十日付けの感状である。署名がなく、花押が据えられているのみであるが、花押形から発給者は三浦道寸であることがわかる。②は①と同日付けで、「鴨沢要害」で討ち死にした父和泉守の戦功を賞して武源五郎に与えた、扇谷上杉朝良の感状である。さらに③は、古河公方足利政氏が道寸の嫡子義意に対して、「中村要害」の合戦で家人の武和泉守が討ち死にしたことを賞して与えた十二月二十三日付けの感状である。ここで、政氏が道寸ではなく義意に対して感状を与えているのは、和泉守が道寸の直臣ではなく、「家人」とあるように、義意の家臣であったことによるものと思われる。なお、この三点の史料では、和泉守が討ち死にした場所を「上中村」「鴨沢要害」「中村要害」と、それぞれ別の表記をしているが、いずれも同一の地を指していることはいうまでもなかろう。

つまり、ここからは扇谷方の軍勢が鴨沢要害を攻撃し、十二月九日には城際で合戦が行われ、そこで武和泉守が討ち死にしたという状況がわかる。問題は、三浦氏家臣武和泉守の討ち死にに対して、三浦道寸・扇谷上杉朝良・足利政氏の三者から感状が発給されている点であろうが、これは次のような事情によるものと推測される。

すなわち、鴨沢要害攻撃にあたり三浦軍もこれに加わったが、武和泉守が討ち死にしたため、三浦軍の大将であった道寸が嫡子源五郎に感状を発給し、同時にこの軍事行動全体の総大将であった扇谷上杉朝良も、同様に源五郎に感状を与えた。さらに、この情報を聞いた足利政氏は、半月ほど経過した後に、和泉守の主人である義意に感状を与えてその戦功を賞した、というものである。足利政氏が義意に感状を発給している点から考えれば、このときの扇谷方による伊勢氏攻撃は、名目的には政氏による軍事行動として扱われていたのだろう。

鴨沢合戦がどのような形で決着したのか明らかではないが、③で「城涯において一戦を遂げ、勝利を得、宗の者数輩討ち捕り候や。目出候」としているものの、要害を攻略したとの文言がないことなどからすれば、伊勢方がこれを守り切ったものと思われる。しかし、こうした扇谷方の大規模な攻勢をみた宗瑞は、さしあたっての状況の不利を感じたのか、扇谷方との和睦を結ぶにいたり、ここでひとまず宗瑞の相模経略は止まることとなった。

### 伊豆諸島をめぐる攻防

前節でふれたとおり、永正七年（一五一〇）には南武蔵から相模で、三浦氏をも巻き込み、扇谷方と伊勢方による大規模な抗争が展開されていたが、この年には、伊豆諸島の八丈島でも両勢力の抗争が生じていた。次に掲げる、『八丈実記』巻九の「八丈橘譜秘要」という書から引いたという記事は、この年の抗争も含め、当該期の八丈島の支配状況をよく示している興味深い史料である。

内譜に云く。

忠督《三代目》　八郎次郎、後式部。

明応七戊午年去冬父忠利ノ家督シ、神奈川ノ代官承。八丈嶋エ渡海シ、年貢神奈川エ納ルノ処、新嶋ニテ八月十三日ノ夜大風吹、船破損シ、荷物流失。水主ハ無恙右神名《(奈)》川エ注進ニ及ヒ、代官替ル。永正五戊辰年小船ニテ神倉嶋へ渡リ、三年逗留。同七庚午年八丈嶋五ケ村ノ中、四箇村ト小嶋二箇村ハ忠督代官シ、中之郷ハカリハ三浦道寸ノ代官弥三郎支配ス。

同五月道寸ノ代官北村秀助入嶋。忠督ト戦テ、不克シテ帰帆ス。

ここにみえる奥山忠督という人物は、武蔵神奈川湊（神奈川県横浜市神奈川区）を拠点に、港湾の管理・運営などに携わった有徳人《うとくにん》奥山宗麟《そうりん》の一族ないしは被官であり、奥山本家の命により八丈島の代官をつとめていた。奥山氏が伊豆諸島の支配に関わるようになったのは、享徳の乱頃からと考えられるが、当時、神奈川周辺は山内上杉氏の家宰惣社《そうじゃ》長尾氏の支配下にあり、奥山氏はその被官となっていたものと思われる。さらに当時、八丈島をはじめとする伊豆諸島は山内家の支配下にあったため、奥山氏は惣社長尾氏との関係から、八丈島の支配に携わるようになったのであろう。

史料中にみえるように、奥山忠督は明応七年（一四九八）に代官として八丈島に渡海し、神奈川に年貢を納めるようになった。この時期の神奈川は、扇谷上杉氏の支配下にあったことから考えれば、この段階では神奈川奥山氏も、八丈島代官をつとめた奥山氏のいずれも扇谷家に従うようになっていたと思われる。

しかし同じ年、伊勢宗瑞は甲斐に逃亡していた堀越公方足利茶々丸を捕らえてこれを殺害し、伊豆一国を平定しており、これにより宗瑞は下田（静岡県下田市）の有力者で長津呂（静岡県賀茂郡南伊豆町）を拠点としていた御簾七郎左衛門尉を八丈島代官に任命し、同島に派遣していた（『八丈実記』巻九）。その結果、八丈島では奥山忠督との間で抗争が発生したものと思われ、これに敗れたと考えられる奥山氏は、永正四年に下田に赴き、御簾氏のもとに出仕してこれに従う姿勢を示している（『八丈実記』巻九）。またこの際、後に三浦氏の八丈島代官となる朝比奈弥三郎も奥山忠督とともに御簾氏のもと

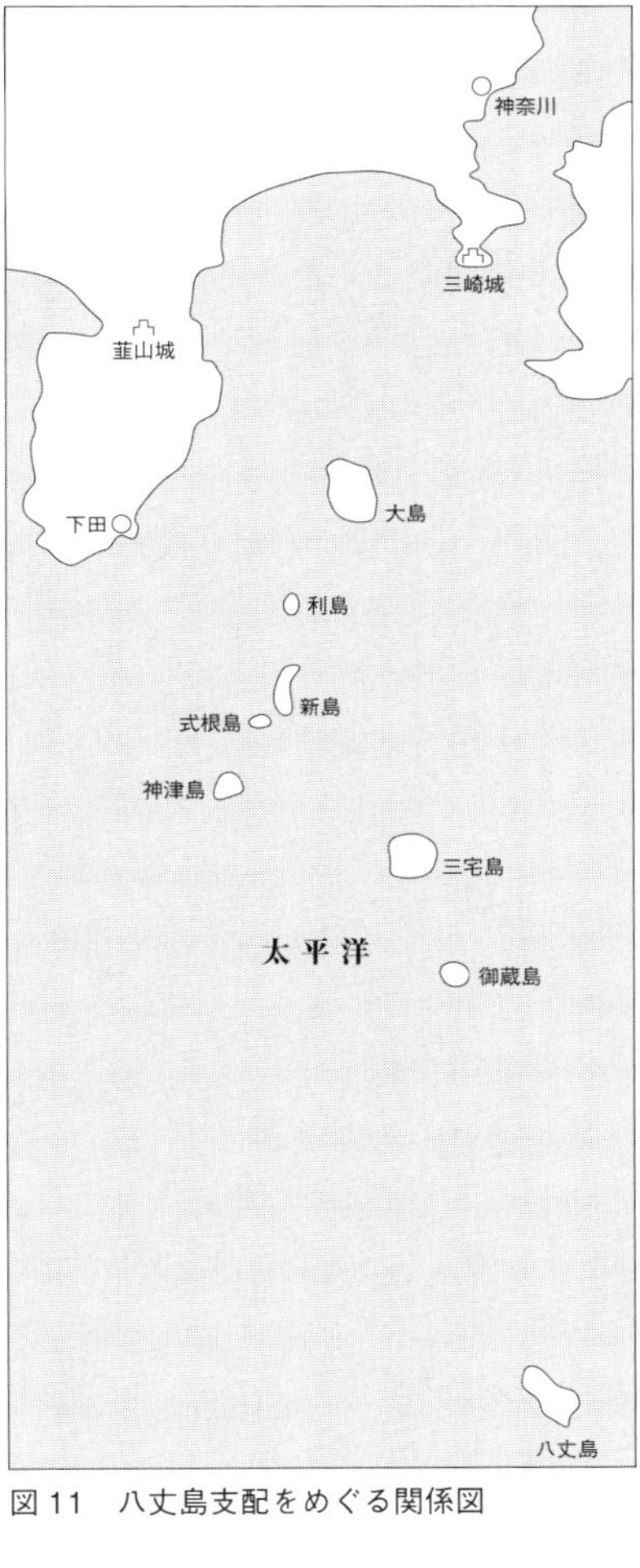


図11　八丈島支配をめぐる関係図

に赴いており、永正四年段階においては、奥山氏・朝比奈氏は連携する立場にあったと推察される。
しかし、奥山忠督は下田からそのまま八丈島に帰ることは許されなかったようで、代官職を更迭されたうえで、「永正五戊辰年小船ニテ神倉嶋へ渡リ、三年逗留」とあるように、翌永正五年には御蔵島（神倉嶋）に渡ってここに足掛け三年間逗留した後、永正七年になってようやく八丈島に帰島を果たしたことが、引用史料から判明する。

詳しい事情は判然としないが、下田に赴いた後にこうした経過を辿ったことから考えれば、八丈島は全体としては伊勢方の支配下に入ったうえで、伊勢方は奥山忠督による八丈島支配を認めなかったため、その影響力も考慮して、帰島も許さなかったものと推察される。しかし、帰島した忠督は八丈島五か村のうち四か村の代官に復帰し、残る一か村の中之郷については、朝比奈弥三郎が代官職をつとめた。

この時期の神奈川郷は、伊勢宗瑞の呼びかけに応じた権現山城（神奈川県横浜市神奈川区）主の上田氏の支配下にあったため、神奈川の奥山氏も、結果として伊勢方となっていたものと思われる。その結果、伊勢氏の意向を受けた神奈川の奥山氏は、永正七年に奥山忠督と朝比奈弥三郎を改めて代官職に任じたのであろうが、問題は先の引用史料に、「中之郷ハカリハ三浦道寸ノ代官弥三郎支配ス」とある点であろう。ここで朝比奈弥三郎は、「三浦道寸ノ代官」とされており、この段階では、八丈島南部の中之郷のみは三浦氏の支配下に入っていたことがわかる。

『八丈実記』から読み取ることができるこの時期の八丈島は、全体的には伊勢氏の支配のもとにあったものと考えられる。しかし、その一部に当時、扇谷方の立場にあり伊勢方と対立していた三浦氏によって代官が設置されていたわけであるが、この状況をどのように解釈すべきだろうか。

まず、第一の可能性は、永正七年の早い段階では、道寸と伊勢氏とは明確な敵対関係にあったわけではなく、中之郷のみは三浦氏の支配下にあったことから、こうした状況が生じたというものであろう。しかし、史料に「同五月道寸ノ代官北村秀助入嶋。忠督ト戦テ、不克シテ帰帆ス」とあるように、この年の五月には、道寸の家臣北村秀助が八丈島に渡り、伊勢方の奥山忠督と合戦に及んだものの敗れ、三浦に帰っており、ここで道寸は、明確に宗瑞と敵対する立場を取るようになったことはまちがいない。

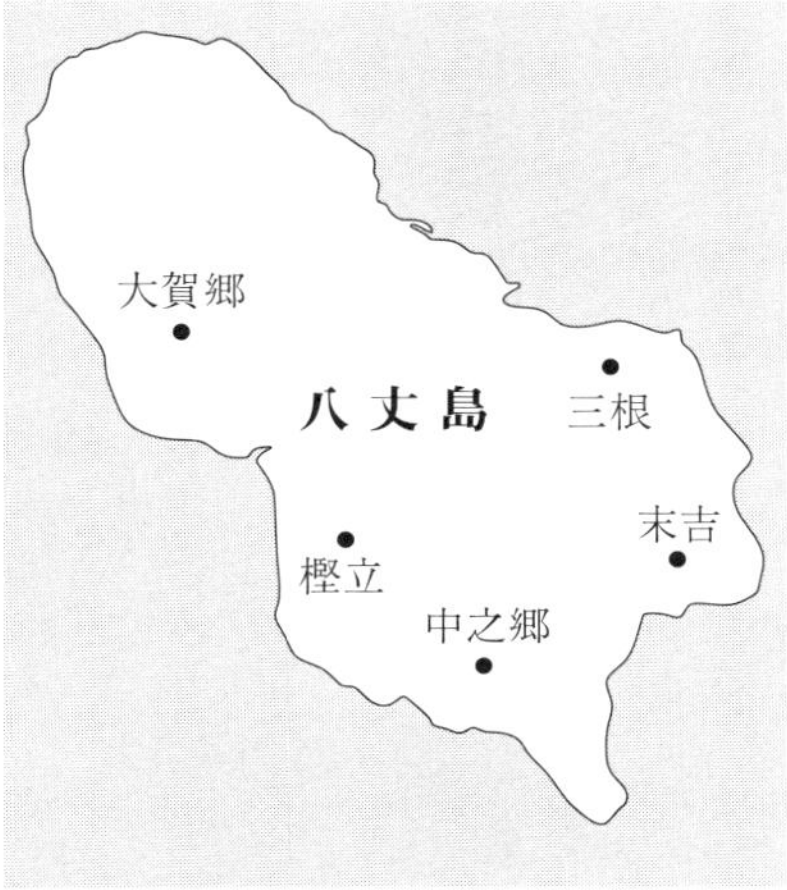


図 12　八丈島島内図

第二の可能性は、八丈島の支配をめぐり、奥山忠督と朝比奈弥三郎との間に何らかの軋轢が生じたということであろう。その結果、弥三郎は三浦氏に属して自らの権益を守ろうとし、三浦氏も奥山忠督を排除して、八丈島の支配を確立しようという目的で北村秀助を派遣したものの、結局それを果たすことができなかったというものである。

しかし、いずれにせよ、永正七年の扇谷方による南武蔵・相模進軍により、上田氏の権現山城は攻略され、神奈川は再び扇谷方の支配下に入っており、さらに扇谷方の攻勢を受けた宗瑞がこれと和睦するにいたったことは、先述したとおりである。こうした状況により、永正八年の初めには、こうした八丈島の支配をめぐる混乱もひとまずは落ち着いたと思われる。

このように、この時期には武蔵・相模・伊豆の政治的混乱に連動するかたちで、八丈島をはじめとする伊豆諸島地域でも紛争が発生しており、三浦氏もそれに深く関わっていたことがよくわかる。こうした状況はその立地から考えて当然のことといえようが、当時の伊豆諸島が取りも直さず、これらの地域と海運を通じて密接な関係を有していたことを示すものといえよう。

これ以前の伊豆諸島は、山内・扇谷の両上杉氏がこれを領国とし、神奈川の奥山氏が支配して代官を派遣し、統治を行わせるというかたちで安定を保っていた。しかし、永正期に入って武蔵・相模・伊豆で政治的混乱が生じ、大規模な抗争が巻き起こると、この地域もそうした影響を強く受けることとなり、従来の秩序が崩壊していった。

そうしたなかで関係者たちは、自らの権益をいかに守っていくかを懸命に模索し、それぞれが擁護者を選択していった結果、伊豆諸島地域ではこうした不安定な状況が生み出されたのであった。結局、扇谷方と伊勢方との和睦により、この地域にも一時的な安定が訪れたが、両勢力の抗争が根本的には解決していない以上、八丈島でも両勢力を背景とした抗争が再燃するのは時間の問題であったのである。

## 課題であった江戸湾交通の安定性

前節では、三浦氏・伊勢氏の両勢力を背景とした八丈島の抗争についてふれた。この地に三浦氏の代官が置かれて支配がなされていることや、永正七年（一五一〇）には道寸の家臣北村秀助が八丈島に派遣されていることに象徴されるように、この時期、三浦氏は江戸湾を含めた太平洋海運を用いて、八丈島をはじめとする伊豆諸島との結び付きを図っていたことは明らかであり、こうした際には、先述の「三浦組」のような、海と船をその生業としていた勢力が用いられたのかもしれない。伊豆諸島に支配を及ぼそうとする際、三浦氏にとっては領国三浦郡を取り巻く海、とりわけ当時の大動脈でもあった、江戸湾交通を安定的に保つことは重要な課題であった。

木造三浦義意坐像　神奈川県三浦市・真光院蔵

道寸の嫡子義意は、「荒次郎義意ヲ上総守護真里谷三河守カ聟ニシテ」「荒次郎殿ノ舅真里谷殿」（いずれも『北条記』巻二）、「総州摩《（真）》呂《（里）》谷上総介殿は荒次郎殿のしうと《（舅）》」（寛永版『北条五代記』第一期ノ五）とみえるように、江戸湾を挟んだ対岸の上総真里谷武田信嗣《のぶつぐ》の娘をその妻としている。

真里谷武田氏は、享徳の乱が発生した際、房総半島を自らの勢力圏に取り込もうとした足利成氏によって、武田信長《のぶなが》が上総に送り込まれて以来、真里谷城（千葉県木更津市）を本拠に、

古河公方館跡　茨城県古河市

西上総から中央部一帯を領国とした存在であった。長尾景春の乱が勃発した際には、下総の千葉氏に味方し、そのため太田道灌の攻撃を受けて攻略されたが、それ以降は道灌に従うことになり、文明十一年（一四七九）からはしばらく、武蔵六浦《むつら》（神奈川県横浜市金沢区）に居留していた（「鏡心日記」「太田道灌状」）。

真里谷武田氏は、その発祥が古河公方によって送り込まれた存在であったから、基本的には公方方の立場を取るのは当然であった。これに対して三浦氏は、享徳の乱では上杉方、長享の乱では当初は山内方であったものの、明応三年（一四九四）に扇谷方の攻勢を受けてこれに降ったことは、すでにふれたとおりである。この乱において、古河公方は三浦氏とは逆に、当初は扇谷方を支援していたものの、その後、山内方に転じている。ここからすれば、三浦氏と真里谷武田氏とは、一貫して敵方の立場にあったことがうかがえる。

しかし、その後の永正の乱においては、三浦氏も足利政氏方の立場にあったため、真里谷武田氏とは味方同士となり、義意と信嗣の娘との婚姻は、こうした両者の関係のなかから生じたものと思われる。また、婚姻の時期について明確にふれた史料は管見に入らないが、義意は永正十三年に二十一歳で没したとされており（寛永版『北条五代記』第一期ノ五）、逆算すれば明応五年の生まれとなる。義意の史料上の初出は、現在のところ永正七年であり（相州文書）、この年の年齢は十五歳で、すでに「弾正少弼」の官途を得ていた。こうした点を考慮すれば、義意と真里谷武田信嗣の娘との婚姻は、永正七年頃の時期と考えるのが妥当であろう。

なお、「義意」という実名の訓みについては、慣例的に「よしおき」ないしは「よしもと」とされており、いずれが正しいか判然としない。「意」の文字を実名に使用した場合の訓みも、たとえば甲斐武田氏の一族今井信元《いまいのぶもと》が、「信本」「信意」とも表記されているように、「意」を「もと」と発音したことが確認される反面、江戸時代後期の幕府老中であった田沼意次が「おきつぐ」と訓まれていることは著名であろう。そのため、「義意」についてもその訓みを断定することはできない。

しかし、近世初頭に編纂されてその後書き継ぎがなされた『異本塔寺長帳《とうでらながちょう》』（年ごとの陸奥会津地域の出来事や周辺領主の動向などについて記した『塔寺八幡宮長帳』の異本）の永正十七年条には、「三浦荒次郎義基首ヲ於小田原威神明神ト祭ル」という記事があり、義意を「義基」と表記している。ここからすれば、少なくとも近世初頭の会津地域でこの記事を記した人物は、義意の実名を「よしおき」ではなく、「よしもと」と認識していたことはまちがいなかろう。

さて、話が横道に逸れてしまったが、三浦氏と真里谷武田氏との婚姻の成立が永正七年頃と考えられる点は重要であろう。この年は、三浦氏が伊勢宗瑞と明確に敵対するようになり、抗争が本格化した時期である。永正七年の鴨沢合戦の後、古河公方足利政氏が三浦義意に家人の討ち死にを賞する感状を発給しており、一連の扇谷方による伊勢方との抗争が、名目的には古河公方の命によるものとさ

図13　16世紀初頭の江戸湾をめぐる関係図

れていたと考えられることは、本章ですでに述べたが、江戸湾を挟んだ両氏の婚姻とその提携は、まさに宗瑞の攻勢に対する布石であったと考えられよう。

　さらに真里谷武田氏は、三浦氏にとっては江戸湾を挟んだ対岸の領主であったばかりでなく、古河公方の宿老簗田氏や安房里見氏と代々にわたって婚姻関係を結んでいた、房総半島の公方方の中心的存在であった。

　また、真里谷武田氏は

太田道灌に従って金沢六浦に居留していたのみならず、明応八年には江戸地域の浅草寺《せんそうじ》（東京都台東区）の修造を行っていることが確認でき（武州文書）、六浦・江戸浅草という江戸湾交通の要衝と密接な関係を有していた事実を見出せる。おそらく真里谷武田氏は、西上総を領国として江戸湾の東側を掌握していたのみならず、六浦・浅草という江戸湾の西側にも権益を有し、この内海全体に大きな権益を保持した存在であったと考えられるのである。

三浦氏や扇谷上杉氏にとってみれば、領国の東側に存在する江戸湾の交通が安定的に保たれていることは、重要な要素であっただろう。さらに、前節でみたような伊豆諸島地域の支配という点からすれば、江戸湾における安全の確保は必須のものであったことは疑いない。一方の真里谷武田氏にとっても、江戸湾西側にも権益を保持していたなかで、敵対する伊勢宗瑞の勢力が野火のように相模・武蔵に広がり、自らの権益を損なっていく事態は脅威と感じたはずである。こうした宗瑞の勢力拡大を阻止する点が求められるなかで、三浦氏・真里谷武田氏双方の思惑が一致した結果、義意と信嗣の娘との婚姻が成立し、両者は手を携えて宗瑞に対する構えをみせることとなったのであろう。

# 第二章　道寸と宗瑞の抗争

## 再燃する永正の乱

永正七年（一五一〇）の伊勢宗瑞による相模・武蔵への侵攻は、三浦氏をも含む扇谷方の大規模な攻勢によって挫かれ、翌年には両勢力の間に和睦が結ばれ、この地域には一時的に安定が保たれていた。しかし、この間にも関東の政治状況は刻々と変化していた。

同じ永正七年に、越後で山内上杉顕定が戦死したことにより、山内家では顕定の遺言により養子顕実（古河公方足利成氏の子で政氏の弟）が家督と関東管領職を相続したものの、もう一人の養子憲房（顕定の又従兄弟）はこれを不服として、両者は家督の座をめぐって抗争を展開しはじめた。顕実は家宰の長尾顕方《あきかた》（惣社長尾氏）や成田顕泰《なりたあきやす》（長尾忠景の子で顕方の弟）の支援を受けて鉢形城（埼玉県大里郡寄居町）に拠ったが、一方の憲房も、長尾景長《かげなが》（足利長尾氏）や横瀬景繁《よこぜかげしげ》（上野岩松《いわまつ》氏の重臣）の支持により、上野平井城（群馬県藤岡市）を本拠とした。

最終的にこの争いに勝利したのは憲房で、永正九年には山内家の家督を相続し、永正十二年には顕実が没したことによって関東管領職をも継承することとなるが、問題は、この山内家の家督相続争いが古河公方家にも飛び火したことであった。同家では、公方の地位をめぐって政氏・高基父子の争いが展開しており、抗争と和睦を繰り返す状況であった。そこでは山内家の争いに対して、政氏が実弟の顕実を支援する一方、高基は憲房を支援したため、両者は再び激しく対立し、扇谷上杉朝良が基本的には政氏方の立場を取りながら、両者の調停の斡旋を行うものの、争いは鎮静化することなく、戦乱は大規模化なものとなっていった。

この公方家の抗争においては、政氏に常陸佐竹氏・下野小山氏・陸奥岩城《いわき》氏などが加担する一方、高基には下野宇都宮氏・下総結城氏などが加わり、北関東を中心に各地で戦闘が発生している。さらに、この抗争のさなかに、政氏の子（高基の弟）の空然が還俗して名を義明と改め、さらに真里谷武田氏の支援のもと、下総国小弓《おゆみ》城（千葉市中央区）を占拠し、「小弓公方」と自称して独立するに及び、公方家の争いは三つ巴の様相を呈するようになった。

この抗争は、最終的に高基が勝利して公方となるとともに、永正十五年に政氏が武蔵久喜《くき》館（埼玉県久喜市）に隠居することで決着がはかられたが、こうして大規模・長期化した戦乱は、古河公方の権力を大きく分裂させることとなり、その権力は著しく低下することとなった。

こうして、抗争と和睦を繰り返す永正の乱がまたぞろ再燃したことにより、永正八年の扇谷方・伊勢方の和睦によって一応の安定を保っていた相模も、大きくその影響を蒙ることになった。伊勢宗瑞はこうした状況の変化を見逃さず、この後、本格的に相模経略に乗り出していくが、その前に大きく立ちはだかることになったのが、当時、相模最大の勢力を誇った三浦氏だったのである。

## 岡崎城の攻防

山内家の家督相続争いが古河公方家に飛び火して、永正の乱が再び大規模な抗争に発展すると、伊勢宗瑞はその隙に乗じ、扇谷方との和睦を破棄し、永正九年（一五一二）になると再度、相模侵攻の動きをみせた。

永正七年の扇谷方による大規模な反攻以降、道寸は本拠の三浦郡のみならず、相模中郡をも領国に加えていたため、西郡をすでに領国としていた宗瑞とは境を接することとなっていた。そして、宗瑞が相模中部・東部の経略に乗り出すのに対して、扇谷方がそれを阻止する構えをみせるという事態は、すなわち直接的には、三浦氏が抗争の最前線に立たされることを意味していた。

こうした三浦氏と伊勢氏との抗争の具体的な動きは、まず八丈島からあらわれた。この年の五月、宗瑞は八丈島代官に任命していた左衛門次郎（御簾氏か）を伊豆下田（静岡県下田市）から追放し、新たに藤兵衛を代官に任命して、同月二十八日に八丈島に派遣した。そのうえで藤兵衛は、「国ノ左右ヲ聞テ、嶋中用心のため鑓《ヤリ》ヲ討、牛ノ革ニテ具足ヲ拵、舟ヲモ二艘作ル」（『八丈実記』巻九）として、伊勢方として軍備を整えていることが確認できる。

この段階で、なぜ宗瑞が左衛門次郎の代官職を解任して追放したのかは定かでないが、替わった藤兵衛が「国ノ左右ヲ聞テ」と、伊豆の情勢を聞いて軍備を整えている点からすれば、左衛門次郎は宗瑞に敵対するような動き、すなわち三浦氏に接近するような行為を取っていたと認識されたのかもしれない。いずれにせよ、新任の藤兵衛が伊豆の情勢を聞いて軍備を整えているという点からは、すでにこの時期には、伊勢氏が相模に侵攻して三浦氏との抗争が発生する事態が予測されていたことがうかがえよう。さらにこれを契機として、八丈島の支配も再び不安定な様相を呈するようになっていったのである。

宗瑞の相模経略の具体的な動きは、八月に入ってあらわれた。その直前の六月には、山内家の家督相続争いで憲房方が顕実の本拠鉢形城を攻略し、顕実は古河城（茨城県古河市）に退去しており、これによって、公方家でも高基方が優勢となって、七月には古河城を攻撃して政氏を下野小山城（栃木県小山市）に退去させている。こうした関東の情勢をうけ、宗瑞は本格的な相模経略に乗り出したものと思われる。

これに対して道寸は、「相州岡崎ノ城主三浦介義同、（中略）其子荒次郎義意ヲ三浦新井城ニ籠テ、吾身ハ相州岡崎ニ居住シテ、管領ノ命ニ随ヒ、相州中郡ヲ知行シテ、威勢近辺ニ無双」（『北条記』巻二）とみえるように、中郡の拠点として岡崎城（神奈川県平塚市・同伊勢原市）を取り立て、義意に新井城を任せて自身がここに在城し、中郡の支配にあたっていた。その結果、岡崎城が宗瑞の攻撃を迎え撃つ最前線となった。

岡崎城の攻防について伝える史料は多くはないが、『北条記』（巻二）には「此岡崎ノ城ト申ハ、昔頼朝《源》ノ御時、三浦大介義明ノ弟岡崎悪四郎義実カ住シ城トソ聞ヘシ、三浦介ノ一門数年居住シ、要害稠《きびし》ク支度セリ。（中略）小田原早雲《伊勢宗瑞》如何ニモシテ三浦ヲ責落シ、相州平均ニ治メハヤト思ワレケレハ、永正九年八月十三日伊豆・相模ノ勢ヲ催シ、岡崎へ押寄タリ。三浦介・佐保田豊後守以下切テ出合戦ス」とみえ、永正九年八月十三日に宗瑞が岡崎城を攻撃したとしている。しかし、次に掲げる宗瑞の岡崎城攻撃に関する同時代史料（相州文書）からは、それとは少し異なった状況を確認することができる。

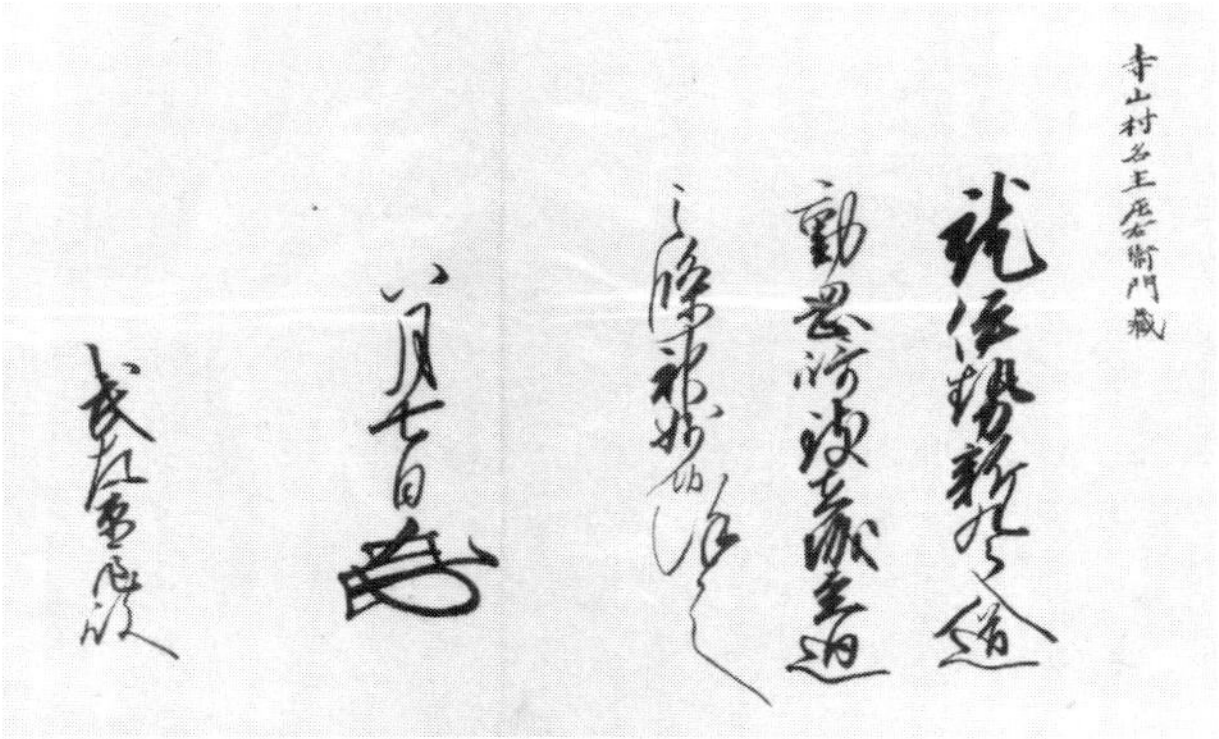

（永正９年）８月７日付け三浦義意感状写（相州文書）　国立公文書館蔵

伊勢新九郎入道動《はたら》きにつき、岡崎に在城致し、走り廻るの条、神妙に候。謹言。

八月七日　（花押）

武左京亮殿

ここに掲げた史料は、八月七日付けで武左京亮に宛てて発給された感状であるが、「伊勢新九郎入道」の岡崎攻撃に関わるものであり、年次は永正九年と考えてまちがいあるまい。また、発給者は花押のみが記されており、その花押は他に類例がみられないため、誰によるものであるかは判然としない。しかし、武左京亮は三浦氏の家臣である点、花押形は道寸のものと異なっている点、さらに先に掲げた永正七年の鴨沢合戦の際の感状により、武氏は義意の家臣であったと推定される点から考えれば、この感状に据えられた花押は義意のものと推測される。

したがって本史料は、三浦義意が家臣武左京亮の岡崎在城とその働きについて賞したものということになるが、その発給日からすれば、八月七日にはすでに宗瑞は岡崎城を攻撃し、それに対して三浦方は籠城の構えをみせたものと考えられる。一方、この岡崎城攻撃に関して、伊勢方によって発給されたものが次に掲げる史料である（伊東文書）。

八月十二日卯刻岡崎台において合戦の忠節、比類無し。後日において褒美せしむべきものなり。よって件のごとし。

八月十二日　（伊勢宗瑞）（花押）
（伊勢氏綱）（花押）

伊東とのへ

この史料は、八月十二日付けで伊勢宗瑞・氏綱《うじつな》父子が連署で、家臣の伊東氏に対して岡崎台での合戦の戦功を賞し、後日の褒賞を約した感状である。これによれば、この十二日に岡崎で合戦が行われたことがわかる。したがって、二点の史料を中心にして考えれば、八月七日頃から伊勢方の軍勢は岡崎城攻撃に取り掛かり、それに対して三浦方は、当初籠城して防戦していたが、十二日になり城外に討って出て合戦になったものの、三浦方は敗れて岡崎城を失う事態となったというところであろう。

岡崎城の攻防に道寸が敗れたことの意義には大きなものがある。岡崎城は、新たに三浦氏が領国としていた中郡の拠点であり、ここを失ったことはすなわち、中郡の支配権そのものを喪失したことを意味していたのである。これにより、中郡は伊勢氏の領国となってその版図を拡大する一方、三浦氏は相模東部への後退を余儀なくされ、以後、苦しい戦いを強いられることとなる。

## 宗瑞に東郡を制圧される

中郡の拠点岡崎城の攻防に敗れ、この地の支配権を失った道寸はそのまま東へ後退し、東郡と三浦郡との境に位置していた住吉城（神奈川県逗子市）まで退いた。『北条記』巻第六の「小田原北条五代之年代」には、「相州岡崎城道寸没落。八月十三日住吉ノ城ニ移ル。十月ニ相州甘縄（玉）城築」とあり、岡崎で宗瑞に敗れた翌日の八月十三日には住吉城に入ったようである。

一方の宗瑞も、道寸を追ってそのまま東へ兵を進め、東郡を制圧し、道寸が住吉城に入ったのと同じ十三日には鎌倉に入り、鶴岡八幡宮に参詣し、この地を支配下に収めた。この際、宗瑞は「枯れる樹に　また花の木を植え添えて　本の都に成りてこそ見しめ」という和歌を詠み、自らの手による鎌倉の再興を誓ったという（『快元僧都記』天文三年十一月二十日条）。

岡崎城から鎌倉までの間には、扇谷方の東郡の拠点であった大庭城（神奈川県藤沢市）が存在していた。扇谷上杉朝良の実兄朝寧が在城していたと思われるが、岡崎での合戦の翌日には、早くも宗瑞が鎌倉に入っている点から考えれば、扇谷方は東郡でさしたる抵抗もみせずに敗退してしまったのだろう。

ただし、鎌倉・大慶寺《たいけいじ》の所蔵する「木造釈迦如来坐像体内納入銘札」には、「永正九年壬申の年、伊勢宗瑞早雲菴と号す。当国に乱入す。万民離散、当寺僧衆また然り。大鐘・山門鐘、賊徒木仏を焼き鎔け破る。村の裏にただ仏殿・総門存するのみ」とあり、鎌倉の入り口にあたる須崎《すざき》（神奈川県鎌倉市寺分）にあった大慶寺は、このとき宗瑞の軍勢によって焼かれたことがわかり、この辺りでは伊勢方に対する抗戦があった可能性も考えられる。

中郡を失った道寸は、鎌倉の南の入り口にあたる住吉城を新たな防衛拠点として、三浦郡を死守する構えをみせた。これに対して宗瑞は、先に掲げた史料に「十月ニ相州甘（玉）縄城築」とあるように、鎌倉北方の玉縄城（鎌倉市）を取り立て、ここを拠点に住吉城に対する対抗のため、さらには三浦氏に対する本格的な攻撃の姿勢をみせた。

玉縄城主郭跡（中央の丘陵）　神奈川県鎌倉市

なお、『寛永諸家系図伝《かんえいしょかけいずでん》』等には、このとき宗瑞が新たに玉縄城を築いたとあるが、第Ⅱ部でもふれたように、長享の乱の最中の明応三年（一四九四）九月には、山内上杉氏が扇谷上杉方の「玉縄要害」を攻略している。こうした点から考えれば、宗瑞はこの「玉縄要害」をもとにこれを再興して取り立て、三浦氏攻撃のための拠点としたものと思われる。

宗瑞による岡崎城攻撃とその後の進軍の結果、中郡・東郡はもちろんのこと、津久井地域や武蔵国久良岐郡南部も伊勢氏の支配下に入ることとなった。これにより、三浦郡を除く相模全域が伊勢氏の領国となったわけであったが、久良岐郡が宗瑞の支配下に入ったことの意義は大きかった。すなわちこれにより、江戸を本拠とする扇谷上杉氏と三浦氏との勢力が完全に分断されることとなり、三浦氏に対する扇谷方の援軍派遣が困難になったのである。宗瑞が玉縄に三浦氏攻撃のための拠点を据えたのも、この地が扇谷方勢力の分断を図るためには最適と考えられたからであろう。こうして、三浦氏と伊勢氏との戦いは、ついに三浦郡を攻防の舞台とすることとなったのである。

## 三崎城への籠城

道寸が住吉城に拠る一方、宗瑞は玉縄城を拠点に、本格的な三浦氏攻撃に取りかかろうとするなか、三浦氏も反撃を試みたようで、『遊行歴代譜《ゆぎょうれきだいふ》』（二十二代　意楽）には、「藤沢本焼は永正十癸酉正月廿九日。伊勢早雲（宗瑞）乱蓮（ママ）の廻（過）去帳に御自記有り。この時早雲と導（道）寸との取合あり」とみえ、永正十年（一五一三）正月には伊勢方の軍勢と合戦になり、同月二十九日に東郡の清浄光寺《しょうじょうこうじ》（遊行寺。神奈川県藤沢市）が焼失していることがわかる。藤沢で合戦が行われている点から考えれば、三浦軍は玉縄城を攻撃して状況を打開しようと試みたものと思われる。

しかし、この攻撃は成功せず、道寸は住吉城の防衛を弟の道香に任せ、自身は本拠の三崎城に移った（『北条記』巻二・『新編相模国風土記稿』巻百九）。一方、伊勢氏方の軍勢も、道寸を追って三崎城に迫ったことが、次の史料からうかがえる（岩本院文書）。

敵指し詰めの時、三崎要害において戦功を励まし、疵をこうむるの条神妙なり。いよいよ粉骨を抽《ぬき》んずべきの状件のごとし。

永正十年四月十七日　（花押《足利政氏》）

智宗僧

この史料は、永正十年四月十七日付けで足利政氏が智宗という僧に対し、「三崎要害」で戦闘に参加し、その際に傷を蒙ったことを賞する感状である。この感状が宛てられた智宗という僧については、それがいかなる人物であるのか判然としないが、この史料が中世には江の島（神奈川県藤沢市）の岩屋本宮等の別当寺であった岩本院に伝来した点から考えれば、その関係の人物であった可能性が想定できるかもしれない。

三崎城跡（新井城跡）　神奈川県三浦市

ここからは、この感状が発給された永正十年四月十七日までには、伊勢方の軍勢は三崎城まで「指し詰めて」きており、そこで三浦氏との合戦が繰り広げられていたことがわかろう。智宗はこの合戦に三浦方として参加し、傷を蒙るという戦功を立て、さらにこの合戦が三浦氏・扇谷上杉氏のみならず、名目的には足利政氏の命のもとに行われたことから、政氏から感状が与えられたものと思われる。

なお、この史料では、伊勢氏の軍勢が押し寄せて、三浦氏との間で合戦が行われた場所を「三崎要害」としている。これが、一般的

上：新井城主郭跡　神奈川県三浦市
下：新井城主郭・二の丸間の空堀
（ともに、東京大学大学院理学系研究科附属臨海実験所内にて撮影。関係者以外立ち入り禁止となっており、見学には事前の許可が必要）

には「新井城」と呼ばれ、現在、三浦市小網代に所在する、三浦氏の本拠と同一の地を指すことはまちがいなかろう。「新井城」の名は、江戸時代に成立した軍記類にも多く見え、現在、地元でもこの呼称が用いられることが通例である。

しかし、ここに掲げた史料にみえるように、当時、三浦氏の本拠は「三崎要害」、すなわち三崎城と呼ばれていたことは確実である。これは、三浦氏の時代にこの地は三崎のうちに含まれていたことによるものであろう。「三崎要害」が落城して三浦氏が滅亡した後、現在、三浦市役所などが立ち並ぶ台地上（三浦市三崎）に小田原北条氏が新たに「三崎城」を取り立てた際、これと区別するために、三浦氏の本拠については別の呼称が用いられるようになったものと思われる。小田原北条氏時代に、三浦氏時代の「三崎要害」の場所がすでに「新井城」と呼ばれるようになっていたのか、それとも別の呼称が用いられていたのかは、あまりよくわからない。北条氏時代の最末期の天正十八年（一五九〇）に、豊臣秀吉が北条氏を攻撃するいわゆる「小田原合戦」の直前の同年二月、北条氏政《うじまさ》は弟の三崎城主氏規《うじのり》に書状を送っているが、その中に「また三浦油つほニも掛けなさるべく候」（大竹文書）とあり、「三浦油つほ」、すなわち油壺《あぶらつぼ》にも豊臣方に備えて水軍を配置するよう指示している。いわゆる新井城は、油壺湾に面しており、「三浦油つほ」への水軍の配置を指示している点からすれば、この城は当時、「油壺」と呼ばれていた可能性も考えられる。しかし、水軍の配置を指示していることから考えても、これは城郭を指すものではなく、湊としての「油壺湾」を指しているとも考えられる。

新井城から見た油壺湾

一方、同じ小田原合戦の際、豊臣方の毛利氏の手により、北条方の城が書き立てられた「関八州諸城覚書」（毛利家文書）には、北条氏規の守備する城として、「相州　油壺」の名が挙げられている。また、同時期にやはり毛利氏によって作成された「北条家人数覚書」（毛利家文書）では、氏規の守備する城として「相州三浦城」「伊豆にら山」、つまり三崎城と韮山城（静岡県伊豆の国市）の二か所が挙げられている。ここでそれぞれ挙げられている、「相州　油壺」と「相州三浦城」とが同一の城、すなわち北条氏時代の三崎城を指すかど

伝三浦道香主従の墓　神奈川県逗子市・延命寺

うかは判然としない。小田原合戦の際に、三浦郡を統轄する城として、三崎城がこの地域の守備を担ったことはまちがいないが、一方、先の氏政書状にもあるように、油壺にも軍勢が配置されていたものと思われる。

「油壺」とは、三浦氏時代の「三崎要害」、すなわち新井城の存在する場所であるから、おそらくはこの地を指すものであったと思われる。こうした点から考えれば、三浦氏時代の「三崎要害」の地は、北条氏時代には「油壺」と呼ばれていた可能性が考えられよう。『新編相模国風土記稿』三浦郡巻之五小網代村の「新井古城」の項には、「小名荒井ニアリ」とあり、「新井城」の名は、この地の小字《こあざ》名から付けられたことがわかる。以上の点を総合的に考えれば、この地は北条氏時代には「油壺」と呼ばれていたものの、北条氏滅亡後に、「新井城」の呼称が一般的になったものと考えられるのではなかろうか。

なお、三浦氏の時代からすでに「新井城」と「三崎要害」とが併存しており、最終的に籠城したとされる「新井城」が詰めの城として機能したとする考え方も成立するかもしれない。しかしここでは、同時代の表記にもとづき、三浦氏の本拠が当時「三崎城」と呼ばれていたと考えておきたい。

こうして、宗瑞の軍勢が三浦氏の本拠三崎城を攻撃する反面、住吉城については嫡子氏綱が中心となって攻撃を加えたようである。『新編相模国風土記稿』三浦郡巻之三逗子村（神奈川県逗子市）の延命寺の「三浦道香墓」の項には、「寺伝ニ、道香ハ入道道寸ノ弟ナリ。道寸北条氏綱ト矛盾ノ時、永正十年七月七日道香氏綱ト此地ニ戦ヒ、軍破レ此寺ニ入テ自害セリト云フ」とある。これにしたがえば、道寸から住吉城の守備を任された弟の道香は、永正十年七月七日に氏綱と戦い、敗れて延命寺で自害したということになる。このときに住吉城も落城したのであろう。これにより三浦氏は、本拠であった三崎城に籠城して、伊勢方の攻撃に備えるよりほかに手段がなくなってしまったのであった。

## 周辺地域をめぐる攻防

三浦氏が中郡を失い、住吉城も落城し、本拠三崎城へ籠城して伊勢方との対峙を迫られる状況のなか、三浦郡の周辺地域でも、三浦氏を含む扇谷方と伊勢方との抗争が展開していた。

永正十年（一五一三）、八丈島では代官の奥山忠督が「国地騒シキ事聞テ、八丈嶋ニテ槍ヲ打、牛革ヲ以テ歩具足ヲ造リ、船モ二艘作。猶軍ノ用意モツハラ（専）也」（『八丈実記』巻九）として、相模の様相を聞き、槍や具足を用意し、船を建造するなどして軍備を整えている様子がうかがえる。永正七年に扇谷方が反攻を開始して、武蔵権現山城（神奈川県横浜市神奈川区）を攻略した後、神奈川の奥山氏は扇谷上杉氏に従ったと思われ、それにともない、八丈島代官の奥山氏も扇谷方となったと考えられるから、このとき奥山忠督は、扇谷方＝三浦方として軍備を整えたのだろう。いずれにせよ、この年の相模における大きな政治的状況の変化により、八丈島でも軍事的緊張が高まったことがうかがえる。

永正十年九月二十九日には、三浦郡で三浦方と伊勢方との合戦が行われた。次に掲げる史料（『太田家記』）にみえるように、三浦氏救援のために駆けつけた道寸の娘婿太田資康が討ち死にしたとする話が広く伝えられている。

　　太田六郎右衛門資康公　源六郎法恩斎　日恵

（中略）

一、永正十年九月廿九日相州三浦において御戦死。また一説に、武州立川原において御戦死とこれ有り。

　この両度合戦の内、資康公御討死の儀、諸書をあい考うるに立川原合戦にては年数相違これ有り候。然らば三浦にて御討死にてこれ有るべく候。

（中略）

一、立川原合戦も三浦合戦も、山内殿（上杉顕定）と扇谷殿（上杉朝良）両の上杉の合戦なり。資康公の御討死は、三浦合戦の節に紛れ無く候。

一、三浦大明寺へ御葬送。是は三浦党御縁者に依て、御死尊骸を江戸迄は送らずして、其所において葬したるものなり。

これによれば、太田資康は永正十年九月二十九日に三浦で戦死し、その遺骸は江戸には送られず、当時、三浦郡内の有力な日蓮宗寺院であった大明寺《だいみょうじ》（中世では「大妙寺」と記された。神奈川県横須賀市）に葬られたということになる。現在でも、大明寺には資康の墓と伝える塚が残されている。

伝太田資康墓　神奈川県横須賀市・大明寺

ただし、この史料にも、資康は永正元年の立河原（東京都立川市）合戦で討ち死にしたとする所伝もあわせて記されており、立河原合戦の日付は九月二十七日であって、近似していることから、子孫の間でも、その没年に混乱が生じていたことは否めない。ただ実際には、資康はすでに明応七年（一四九八）に扇谷上杉朝良によって自害させられた（『赤城神社年代記録』）と考えられるから、永正十年九月二十九日に三浦で討ち死にし、大明寺に葬られたとする伝えは誤りであり、この日、三浦で三浦方と伊勢方との合戦が行われたとする所伝も信憑性が薄いとせざるをえないだろう。

一方、太田氏は江戸時代になっても大明寺の有力な檀那となっており、大永四年（一五二四）に資康の子資高《すけたか》が父の十三回忌追悼のために法恩寺《ほうおんじ》（東京都墨田区）を建立した際、開山を大明寺から招いたという（「本化別頭仏祖統紀」巻二十四・『太田家記』）。これらの点を考慮すれば、三浦での戦死は誤伝であるにしても、資康と大明寺との間には、何らかの関係が存在した可能性が想定できよう。

永正十一年に入ると、扇谷上杉氏と宗瑞との間でも抗争が展開するようになった。この時期、扇谷家は山内家に支援を求めたようで、この年三月に、山内上杉憲房は扇谷領国であった武蔵国荏原《えばら》郡に進軍し、五月になると、扇谷上杉朝良も山内家の家宰長尾景長《かげなが》をともなって荏原郡に在陣している。さらに、同時期には扇谷家の家宰太田永厳《えいげん》が相模西郡に侵攻したことを確認できる（「里見家永正元亀中書札留抜書」）。特に太田永厳の西郡侵攻は、宗瑞の相模における拠点であった小田原城（神奈川県小田原市）を攻撃することを目的としていたものと思われる。

また、『異本小田原記』等の軍記類には、三浦氏の三崎籠城中に扇谷上杉朝興の軍勢が相模中郡に侵攻したものの、宗瑞の迎撃により敗れて、江戸に敗走したとする記事を確認できる。宗瑞が相模東郡・武蔵久良岐郡を確保して玉縄城を拠点とし、扇谷上杉氏と三浦氏との勢力の分断が図られた状況を何とか打開して三浦氏を支援しようと、扇谷家でも積極的に行動を展開していた様子がうかがえよう。

## 八丈島支配の確保を目指す

さらに、永正十一年（一五一四）には八丈島をめぐる状況にも大きな変化があった。次に掲げる三点の史料は、いずれも『八丈実記』（巻九）の記事であるが、このときの八丈島をめぐる状況や、三浦方・伊勢方双方の対応などを詳しく知ることができるため、長文をいとわず引用してみたい。

①永正十一甲戌年、神奈川宗麟（奥山）ト北条早雲（伊勢宗瑞）ト合戦ノ由ヲ聞テ、出国ノ用意ノ処、三浦道寸方ヨリ渡海シ、一戦ニ及ヒ、忠督敗北シテ、手勢ヲ引具シ、新崎ノ浜ヨリ出帆ス。此時沖合ニテ北条ノ軍船十三艘ニ追ハレテ、大島エ遁ル、処ニ、早雲ノ代官駿河円明ト云者大将ニテ、二百計ノ兵ニテ夜討ス。又大鳥（島）を落テ三浦エハシリ、翌十二乙亥四月十八日、船二艘ニテ八丈エ帰島ス。（後略）

②一永正十一年甲戌、二艘の舟国へ出る処に、敵方より十三艘にて追い掛け、しかれども追い着かず、二艘共に三浦に着き、道寸へ年貢を上ぐる。当嶋の代官大嶋に至る処に、宗《（早）》雲の代官駿河円明という者大将にて、二百計の勢にて夜討に寄るに、取りあえず大嶋を落ちて、また三浦へ行く。

（後略）

③永正十一年甲戌、駿河円明と云者大将にて、二百計の勢にて夜討に寄るにより、取りあへず大嶋を落て、また三浦へ行。八郎次郎《（奥山忠督）》弟の八郎五郎《（奥山忠弘）》、小嶋の三郎次郎両人、大嶋に乗おくれてこれ有る処をこれを生捕り、宗雲の方へ見参に入る。八郎五郎嶋の代官請取、十月十日嶋へ入り元のごとし。

三点の史料の内容には重複もあり、なかなか複雑な点も多いが、それぞれから知ることができる情報を総合して整理してみれば、この年の八丈島では、次のような出来事があったことがわかる。

この年、宗瑞は武蔵神奈川の奥山宗麟と合戦になっていた。おそらくは宗瑞が、扇谷家に従っていた神奈川奥山氏の本拠神奈川郷を攻撃したのであろう。その時期は不明であるものの、扇谷方による相模西郡侵攻に対する報復行動であったのかもしれない。この状況に対し、八丈島代官の奥山忠督は宗麟支援のために出陣しようとしたものの、三浦道寸の軍勢が渡海して八丈島に赴き、忠督はこれに敗れた。

扇谷方の立場にあった奥山宗麟から八丈島代官に任じられていた忠督を、道寸が攻撃したという事実は不思議な点も感じられるが、神奈川の宗麟が宗瑞に敗れて伊勢方となった場合、八丈島の奥山氏もそれに従う事態が予想されたことから、三浦氏としては、八丈島支配を確保する目的で、こうした行動を取ることとなった可能性が考えられる。宗麟と宗瑞との抗争の結末は判然としないが、おそらくこの段階で、神奈川の奥山氏が宗瑞に降ることにはならなかったものと思われる（以上は史料①から）。

敗北した忠督は、三浦氏に従うことになったのだろう。その後、三浦氏に年貢を納めるために船二艘で三浦へ向かうが、その途中、伊勢方の軍船十三艘に追いかけられたものの、忠督は何とか逃げ切って三浦に到着し、年貢を差し出した。伊勢方も何とか八丈島の支配を確保しようとしていた様子をうかがうことができる（以上は史料②から）。

しかし、三浦からの帰路、忠督たちが伊豆大島まで至ったところ、宗瑞の代官朝比奈恵妙（駿河円明）が率いる軍勢に夜討ちをかけられ、忠督は敗北して三浦へ引き返し、道寸を頼ることとなった（以上は史料②・③から）。このとき、忠督の弟忠弘は逃げ遅れて生け捕られ、その後、宗瑞に従って代官に任じられ、十月十日に八丈島に帰島した（以上は史料③から）。

こうした永正十一年の八丈島をめぐる切迫した状況からは、三浦氏・伊勢氏の双方が、何とか八丈島の支配を確保しようとする姿を鮮明に見て取ることができよう。こうした八丈島の動きは、相模をめぐる政治的状況に触発されたものであったことは当然であるが、この地域の支配を確保することはすなわち、海上交通・海運の支配権を確立することに繋がったからこそ、三浦氏・伊勢氏がそれぞれ躍起になって八丈島の支配を図ったのであり、こうした問題は、いずれにとってもきわめて重要な課題であったという点を浮き彫りにしているといえよう。
いずれにせよ、三浦氏と伊勢氏との抗争は、三浦氏が三崎城に籠城することを余儀なくされる事態に立ち至っても、決して三崎城周辺のみで展開されていたわけではなかったのである。

## 八丈島を伊勢氏に奪われる

永正十二年（一五一五）になると、八丈島をめぐる抗争は、さらに激しさを増していった。前項の史料①に、「翌十二乙亥四月十八日、船二艘ニテ八丈エ帰島ス」とみえるように、この年の四月十八日には、三浦方の奥山忠督が三浦から八丈島に帰島したが、その後の状況を、再び『八丈実記』（巻九）で確認してみたい。

忠督（中略）翌十二（永正）乙亥年四月十八日、船二艘ニテ八丈エ帰島ス。ツ、ヒテ三浦方ヨリ弥三郎ノ船一艘着。翌十九日北条ノ代官奥山忠弘、駿河円明方ヨリ太郎次郎ヲ加勢トス。金（神）奈川・三浦ノ代官ト一戦ニ及ヒ、北条方ニハ太郎次郎・弥六・六郎三郎・彦次郎討レ、（三浦方ニハ星名七郎・岩波五郎三郎等、味方ニモ西村与次郎・神木隼人討レ、敵味方三千人余討ル、）同年五月朔日ヨリ互ニ城ヲ構へ、用心堅固ニス。六月十日加勢トシテ駿河円明十二艘ニテ来ル。此中一艘ハ沖ヨリ国本エ戻ル由、円明・忠弘両勢八丈嶋新崎ニ陳（陣）屋ヲ張テ、同十二日一戦ニ及ビ、（中村久蔵）弥三郎始メ二十四人生捕。三浦方ヨリ（鴻崎隼人）和談ヲ入、円明又忠弘ヲ諭シテ、兄忠督ヲ北条ノ味方ニセント、忠督ノ家子畑記内ニハカリ、双方無事ニナリ、六月十五日円明年貢ヲ請取、三浦ノ

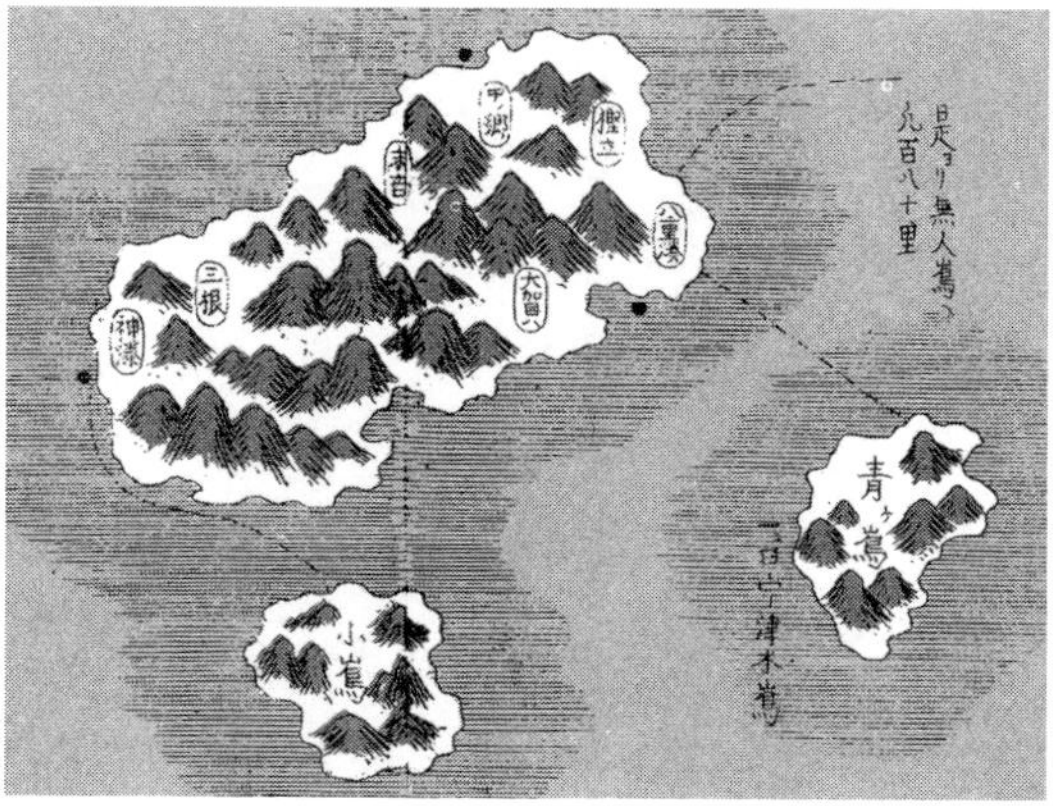

八丈島絵図

代官弥三郎并船頭ヲ生捕テ帰国シ、首ヲ討テ早雲（伊勢宗瑞）ニ上ル。忠督ハ残而嶋ヲ支配ス。（後略）

四月十八日に奥山忠督が船二艘で八丈島に帰島した直後、道寸に従っていた朝比奈弥三郎等もあわせて八丈島に赴いているが、翌日の十九日には、早くも伊勢方との合戦となっていることからすれば、彼らの帰島は伊勢方から八丈島の支配権を奪い返すことが目的であり、弥三郎は三浦氏から援軍として派遣されたものと考えられる。

この合戦での忠督等の直接的な敵方は、前年に伊勢氏から八丈島代官に任じられていた忠督の弟奥山忠弘《ただひろ》であった。忠弘は、朝比奈恵妙からの援軍を得て合戦に及び、「敵味方三千人余討ル」という表現には大きな誇張があろうが、三浦方・伊勢方ともに戦死者を出したわけである。ここで、三浦方として戦死した星名七郎・岩波五郎三郎といった武士は、おそらく八丈島周辺にあって三浦氏に従っていた存在であろうと思われる。

五月一日からは、双方ともに城郭を構えて対峙していたところ、六月十日になり、朝比奈恵妙自身が十二艘の軍船を率いて八丈島に着陣し、六月十二日には奥山忠督・朝比奈弥三郎の三浦方と奥山忠弘・朝比奈恵妙の伊勢方による合戦となった。結局、三浦方はこの合戦に敗れ、朝比奈弥三郎をはじめとする二十四人が生け捕りにされた結果、三浦方から和議を申し入れるに及んだ。さらに朝比奈恵妙は、兄忠督を伊勢方に従わせるよう説得することを奥山忠弘に命じ、忠弘は忠督の家臣畑記内を通じて説得した結果、和議が成立して、これ以後忠督は伊勢氏に従うようになったとしている。

当初は、神奈川奥山氏から八丈島の代官に任じられていた奥山忠督が、その後、同じ扇谷方とはいえ三浦氏に従い、さらに三浦氏が八丈島の争いに敗れると伊勢氏に従うという、向背常ならぬ動向には驚きを禁じえないが、自らの権益を確保するため、さらにはその権益さえ確保することができれば、保障者には必ずしもこだわることはないといったしたたかさを見て取ることができよう。

こうした結果、六月十五日に朝比奈恵妙は、伊勢方として初めて八丈島からの年貢を収納し、さらに捕縛した三浦方の朝比奈弥三郎等を連行して伊豆に帰還し、弥三郎等を斬首して（『八丈実記』の別の箇所の記事から、斬首が実行されたのは六月十九日であったことがわかる）、その首を伊勢宗瑞のもとに差し出した。以上のような点が、永正十二年の八丈島をめぐる状況として判明する事実である。

まさに三浦氏は、伊勢氏との八丈島をめぐる争いに敗北し、これによってその支配権を完全に失ってしまったのであった。これにより、三浦氏のみならず、扇谷上杉氏やそれに従う神奈川奥山氏もこの地域との関わりを失い、これ以降、八丈島をはじめとする伊豆諸島地域は、伊勢氏（北条氏）によって支配されることとなった。

このことは、単に三浦氏が伊豆諸島の支配権を喪失したことのみを意味するものではなかった。伊勢氏が伊豆諸島の支配権を確立したという事実は、すなわち、同氏が伊豆半島から伊豆諸島を経て、三浦半島や江戸湾に至る海上交通のルートを完全に掌握したことを意味するものであった。これにより、三崎城の周辺海域を含む江戸湾や相模湾の制海権は、完全に伊勢氏の手に帰することとなったわけである。

相模東郡や武蔵久良岐郡を伊勢氏に制圧され、さらに玉縄城に拠点を築かれて扇谷上杉氏勢力との分断を図られ、三崎城に籠城して宗瑞の攻撃をかろうじて支えることを余儀なくされていた三浦氏は、陸上ばかりでなく、海上をも敵方に制圧され、さらに苦しい状況に追い込まれていったのである。

### 三浦道寸・義意の最期

こうして、きわめて苦しい状況に追い込まれた道寸・義意父子であったが、それでも三崎城への籠城を続け、伊勢宗瑞の攻撃に対して抵抗していた。

籠城中の永正十二年（一五一五）には、道寸の母大森氏が没したようで、『新編相模国風土記稿』鎌倉郡二階堂村　荏柄天神社の項には、「神宝（中略）法華経二部（中略）一は三浦道寸の筆也。巻尾毎に奥書あり。曰く、法昌寺殿松岩妙秀大姉百箇日のため書写す。永正十二年乙亥六月十八日」という記事を確認できる。つまり、江戸時代後期の段階で鎌倉荏柄天神社が所蔵していた神宝のなかに、道寸筆の法華経一部が所蔵されており、その巻尾ごとに道寸が、「法昌寺殿松岩妙秀大姉」という女性の百箇日供養のため、自筆でこれを書写した旨の奥書が記されていたというわけである。

「法昌寺殿松岩妙秀大姉」が道寸の母の法名であることは、「北条盛衰記」（巻一下）等から判明し、六月十八日が百箇日にあたる点から逆算すれば、この年の三月八日に没したことになる。まさにこのとき、道寸は宗瑞の攻撃を支えて三崎に籠城していた真っ只中であり、その最中に亡母の供養のために筆をとる道寸の姿勢には、なみなみならぬ篤信の心を見て取れよう。

さらにいえば、母の供養のために自筆で記されたこの法華経は、江戸時代後期の段階では荏柄天神社が所蔵していたものの、道寸が直接これを同社に施入したかどうかは定かでない。しかし、その目的から考えれば、荏柄天神社を含めたしかるべき寺社に奉納されたことはまちがいなかろう。したがって、伊勢氏による三崎城包囲という状況の中においても、施入の目的による伊勢方の「目こぼし」があったのか、「蟻の這い出る隙間もない」といったほどではなかったのかは定かでないが、少なくとも永正十二年六月段階では、この法華経を城外に持ち出して寺社に施入するほどの余地は存在していたものと思われる。

しかし、こうした余地も軍事的には皆無であり、永正十三年に入ると、状況はさらに厳しさを増していった。扇谷上杉氏も、こうした三浦氏の切迫した状況に対してただ手をこまねいていたわけではなく、先述したように、扇谷上杉朝良は養嗣子の朝興を相模中郡に進軍させている。これに対して宗瑞は、三崎城攻囲から転じて玉縄城付近に陣取ってこれを迎撃し、敗れた扇谷軍は江戸に引き返したため（『異本小田原記』等）、宗瑞は再び三崎城攻囲に取りかかった（寛永版『北条五代記』等）。

伊豆の宗瑞の代官朝比奈恵妙が八丈島に派遣した使船が、「三浦ノ左右ヲ聞テ、六月十八日国エ戻ル」

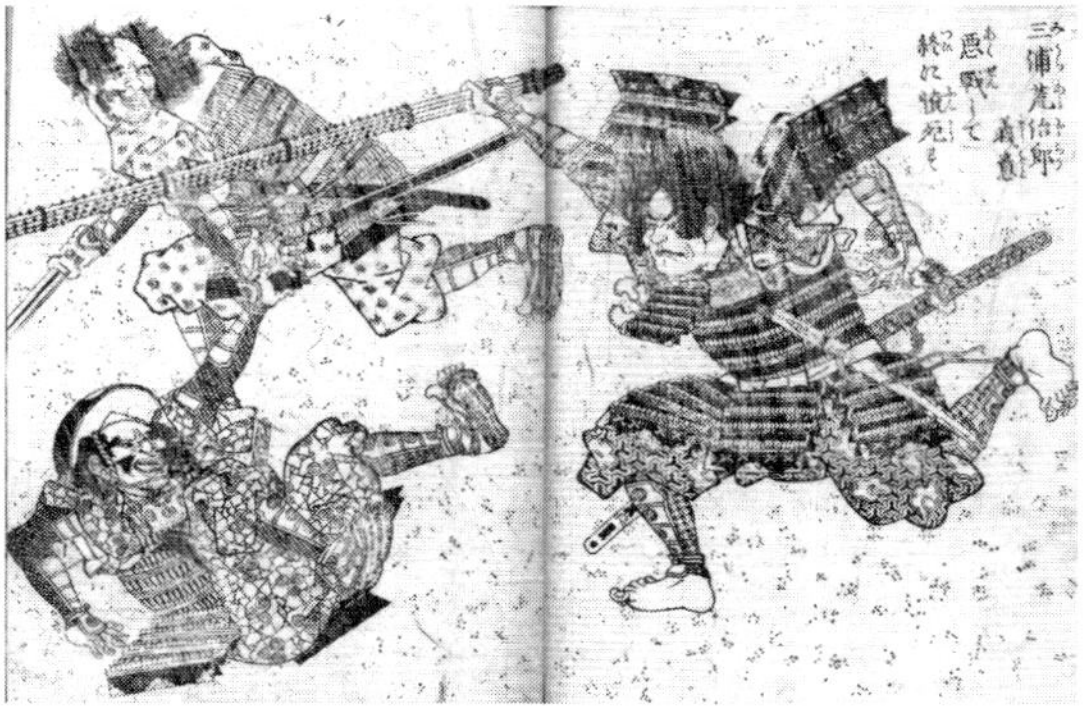

三浦義意、奮戦す　「北条五代記」　当社蔵

『八丈実記』巻廿五）として、三浦の情勢を聞いて永正十三年六月十八日に伊豆に引き返している点から考えれば、この日までに宗瑞が三崎城攻囲に復帰していた可能性は高く、扇谷上杉朝興の進軍は、この直前になされたものと思われる。

陸では、扇谷上杉氏の勢力と分断され、制海権も伊勢氏に握られ、ほぼ唯一の望みであった扇谷上杉氏の援軍による相模進軍も失敗に終わり、すべての頼みの綱を断たれた三浦氏は、それでも三崎城に籠城して、宗瑞に対する抵抗を続けていた。しかし、ついに七月十一日、道寸は嫡子義意らとともに戦死した。道寸は六十六歳ないしは六十四歳、義意は二十一歳であった。

なお、慶長八年（一六〇三）に日真《にっしん》によって作成された『浄蓮寺過去帳』（浄蓮寺は埼玉県秩父郡東秩父村）の十一日の項には、「道寸　三浦殿　七、　道限　同七、」とあり、七月十一日に没した人物として「道寸　三浦殿」と「道限　同（三浦殿）」の名が挙げられている。ここから、「道限《どうげん》」が義意の法名であったことが推測されよう。

道寸父子の最期の様子を具体的に伝えている史料は、江戸時代に成立した軍記類のみである。そのうち『北条記』（巻二）は、三崎城（新井城）から義意の舅である上総の真里谷武田信嗣のもとに脱出して、再起を図ることを勧めた大森越後守や佐保田河内守の進言を道寸は退け、この日の辰刻《たつのこく》（午前七時から九時頃）に意を決して城外に打って出て、伊勢方の先陣を二町ばかり蹴散らした後、道寸父子と家臣らが枕を並べて討ち死にしたとしている。

三浦道寸、最期の宴を催す　「北条五代記」　当社蔵

　また、寛永版『北条五代記』（第一期ノ五）は、同じく上総に脱出して再起を図るという進言を退けた道寸は、今生の名残に城内で最後の酒宴を催し、佐保田河内守が「君が代は千世にや（八）世」と唄ったのに対して、義意が「君が代は千世にや（八）千代もよしやたゝ　現のうちの夢のたはふれ」と返して舞った後に討って出て、小勢になるまで戦い、その後、道寸をはじめ主従七十五人がともに切腹したとしている。道寸はその際、「うつものも討るゝ者もかはらけよ　くたけて後はもとのつちくれ」という辞世の句を残したとし、さらに義意は、道寸主従の自刃後も獅子奮迅の働きをみせ、最後は自ら首を刎ねて自害したという。いずれも潤色が強く、どこまで実像を伝えているかはよくわからない。
　永正十四年三月三日付けと推定される用林顕材《ようりんけんざい》宛ての扇谷上杉建芳（朝良）書状写（秋田藩家蔵文書　十）は、三崎落城

義士塚　新井城攻防戦での三浦・北条両軍の戦死者を供養するための塚といわれる　神奈川県三浦市

を伝える唯一の同時代史料といってよい。そこに「去年七月三崎落居、道寸父子城中において討死、定めて痛ましく思し召すべく候」とある点からすれば、道寸父子は、三崎城中の戦闘で討ち死にしたことはまちがいなかろう。なお、道寸父子が討ち死にした十日後の七月二十一日、宗瑞は「今度度々の合戦に大利を得るにより」として、三浦氏との合戦に勝利した報謝のため、伊豆国三島社（静岡県三島市）に指刀《さしがたな》を奉納している（三嶋大社文書）。

なお、江戸時代成立の軍記類の多くは、道寸父子の討ち死にと三崎城（新井城）落居を、永正十三年ではなく、同十五年のこととして伝えているものが多い。その理由は、次に掲げる寛永版『北条五代記』（第一期ノ五）の記事がよく示していよう。

扨又不思議の事有。道寸父子の討死は、永正十五年戊寅の年七月十一日の寅の刻也。然る所に北条氏政の切腹も、天正十八庚寅の年七月十一日の寅の刻なり。七十三年に当て、年月日刻たがはず果給ひたる。因果のことはりこそおそろしかりけれ。父祖の善悪はかならず子孫にをよ（及）ぶといへる古人の言葉、おもひしられたり。（後略）

天正十八年（一五九〇）に豊臣秀吉が小田原北条氏を攻撃したいわゆる小田原合戦の際、北条氏が秀吉に降伏して北条氏直《うじなお》が赦免された後、主戦派であった隠居の北条氏政と弟の氏照《うじてる》が切腹したのは、道寸父子が討ち死にしたのと同じ、七月十一日のことであった。さらに、天正十八年は庚寅の年であったから、三浦氏を滅ぼした宗瑞の子孫北条氏も、三浦氏滅亡と同じ干支の年の同月日に滅亡することとなったという、「きれいな因縁話」にまとめあげようとする作者の意図は明らかであろう。

つまり、天正十八年の寅年という北条氏滅亡の年次をごまかすことができない以上、こうした因縁話を成立させるためには、道寸父子の討ち死にが、丙子にあたる永正十三年では都合が悪く、戊寅の永正十五年である必要があったために、意図的な改変がなされたことはまちがいなかろう。そして、こうした軍記類が江戸期に広く伝わったため、道寸父子の討ち死にと三浦氏の滅亡を永正十五年とする誤った意識が普及してしまったものと考えられる。

## 三崎落城後の動向

「北条盛衰記」巻一下には、三崎落城後の三浦氏残党の動向などについて、次のように記されている。

去程に、三崎に有し亀崎・鈴木・下里・三冨・出口五郎左衛門を初めとし、道寸が残党三浦組ノ者共三崎の城ケ嶋へ渡り、舩を悉く城ケ嶋に着け置く。三浦近辺の浦々へ働キ、狼籍《（藉）》数度に及ぶ。早雲《（伊勢宗瑞）》安からず思い、城ケ嶋を責むべきとて、松田左衛門を先として、荒木兵庫頭・山中才四郎・多目・荒川・在竹・大道寺太郎左衛門等を引卒《（率）》して、早雲三崎へ馳来り玉えども、折節舩なき故に、舩ども用意して、道寸が残党共一人も余さず討ち取るべしと有り。かかる所に建長寺・円覚寺の両和尚の取扱いにて、皆々早雲へ降参す。さて早雲は房州の敵を防がんと、三崎の城を再興

新井城落城の戦火を逃れた道寸の側室が自害したとされる「なも田坂」 神奈川県三浦市

> し、道寸が勢共を所々より召し出して、この城の在番せしめ、横井越前守を大将として、小林平六左衛門を始め究竟の与力三十騎、手勢八十騎、亀崎・鈴木・下里・三冨・出口五郎左衛門を先として三浦組十騎、その外雑兵二百余人この城に指置かる。（後略）

　これによれば、道寸父子が戦死して三崎城が落城した後、三崎の亀崎・鈴木・下里・三冨・出口五郎左衛門ら「三浦組」の者たちが城ケ島（神奈川県三浦市）へ渡り、そこを拠点に、新たに伊勢氏の領国となった三浦近辺の浦々に攻撃をしかけて、宗瑞に対する抵抗を続けていたという。第Ⅱ部第四章でもふれたように、亀崎氏・鈴木氏・出口五郎左衛門らの「三浦組」とは、三崎湊を拠点として、平時は海運を生業とするとともに、戦時には水軍としての性格をあらわし、自らの権益保障のため三浦氏に属していた存在であったと思われる。

　このような三浦氏残党の動きを捨てておくことができないため、宗瑞は軍船を整えて城ケ島に渡り、こうした勢力の掃討を図ろうとしていたところ、鎌倉建長・円覚両寺の住持の仲介によって両者は和睦し、「三浦組」の者たちはそのまま伊勢氏に従うこととなったという。

さらに伊勢氏は、三浦郡を統治するための拠点として、三崎湊に近い地に新たに三崎城を取り立て、横井越前守を城代とし、「三浦組」の者たちをはじめとする三浦氏旧臣を召し出して、この城に配置したとしている。横井越前守は、仮名《けみょう》を神助といい、後の天文七年（一五三八）のいわゆる「第一次国府台《こうのだい》合戦」では、小弓公方足利義明を討ち取る軍功をあげている。そこでは、「三浦城代横井神助」（『快元僧都記』天文七年十月二日条）とされており、横井越前守が三浦氏の滅亡後、新たに取り立てられた三崎城の城代となったことはまちがいなかろう。

三崎城主郭の土塁（小田原北条氏時代のものか）　神奈川県三浦市

そして、道寸父子の戦死後も、その旧臣らが伊勢氏に抵抗を続けたものの、その後彼らは降伏し、そのまま伊勢氏の家臣団組織に組み込まれ、伊勢氏による新たな三浦郡統治のための拠点となった三崎城に配置されたとする話は、おおむね事実とみて差し支えなかろう。なお、永禄二年（一五五九）に成立した『北条家所領役帳』（北条領国における家臣等に賦課した知行役を列挙し、収取のための基本台帳として作成された書）には、御家中衆のうちに「三崎十人衆」の存在が確認され、三崎の内で二十三貫五百文の知行役を賦課されていたものの、「海賊仰せ付けらるるについて諸役御免」として所領役を免除されている。この「三崎十人衆」は、「三浦組」が再編成された姿であったのだろう。

道寸父子が討ち死にしてから三年後の永正十六年八月十五日、伊勢宗瑞も伊豆韮山（静岡県伊豆の国市）で没するが、『異本塔寺長帳』は、宗瑞はその直前の七月二日に三浦三崎で舟遊びをし、それにより発病したとする。これが事実か否かは定かでないが、この頃、三崎の地はすでに伊勢氏の領国として安定した状態になっていたのであろう。

いずれにせよ、道寸父子の戦死とそれにともなう三崎落城によって、ここに三浦氏は滅亡した。平安末期以来、三浦郡を本拠として、武家社会に高い地位を保持し続け、また、鎌倉時代の宝治合戦によって本宗家が滅亡した後も、佐原系が三浦介の地位を引き継ぎ、連綿としてその命脈を保ってきた三浦氏であったが、ついに伊勢宗瑞に屈して、滅亡の憂き目をみることとなってしまったのである。

国衆三浦氏が滅亡したことにより、三浦郡の全域が伊勢氏の領国となり、以後、その支配下に組み込まれることとなった。さらに、三浦郡の領国化を成し遂げたことは、宗瑞による相模一国の経略が完成したことを意味するものであった。

これ以後、宗瑞とその嫡子氏綱の目は、江戸湾を挟んで三浦郡と対峙する房総半島や、自らに属する有力な国衆三浦氏を失って、さらに苦しい立場に追い込まれた扇谷上杉氏の領国へと向けられていくこととなる。

# 第三章　「文化人」としての三浦道寸

## 和歌を好み、文武兼備という評価

三浦道寸という人物が、後世の軍記類等でどのように評価されているかをみてみると、「相州岡崎ノ城主三浦介義同、後ニハ陸奥守入道道寸ト云文武二道ノ良将也」（『北条記』巻二）、「むかし相模の国三浦の郡新井といふ所に、三浦介受領陸奥守義同法名道寸と号し、文武の名将あり」（寛永版『北条五代記』（第九期ノ六））、「扨又道寸は常に和歌をこのましめ給ひしか、すき《数寄》の道とて、生害に至て、うつものも討る、者もかはらけよ　くたけて後はもとのつちくれとよみ、切腹し給ひぬ」（同前）などとあり、抽象的な表現ながらも、和歌を好み、文武兼備の名将であったとする評価が与えられている。

こうした軍記類において、名の知られた武将が和歌等にも優れ、文武兼備であったとする評価はよくあり、三浦氏を滅ぼした伊勢宗瑞の孫北条氏康《うじやす》も、万治版『北条五代記』や『関八州古戦録』等で同様の評価がなされている。つまり、軍記類の世界では、こうした評価は「ありがちな話」であり、この世界特有の文辞的修飾ということもできよう。

したがって、道寸に対する評価もただちにそのまま受け入れることは難しい。その反面、同時代史料も含め、道寸と和歌等の文化的な側面の関わりを示す史料を、いくつか確認することができるのもまた事実である。

ここまでは、三浦氏や道寸の政治的・軍事的側面を中心に追ってきたが、残された史料の少なさといった点から、道寸の人物像や人格的な部分にまで踏み込んでいくことはなかなか困難であったと思われる。こうした文化的側面といったものは、道寸という人物の内面を、これまで追求してきた点以上に深く描き出すことができる部分ではないだろうか。そこでここでは、こうした道寸と文化との関わりを追うことにより、彼の人物像により一層迫っていきたい。

木造三浦道寸坐像　神奈川県三浦市・真光院蔵

## 東常縁から古今伝授をうけたという伝承

前節で掲げた寛永版『北条五代記』に、「道寸は常に和歌をこのましめ給ひし」とあるように、道寸が和歌を好んだことについては、さまざまな史料で確認することができる。次に掲げるもの（『三浦系図伝』）は、そうした点を端的にまとめているものといえる。

義同　新介と号す。陸奥守。従四位下。法名道寸。（中略）義同元より和歌を好む。かつがつ国字に能書。古今集深秘東下野守平常縁《つねより》に受く。毎日歌書三葉を書き、木角三根を削る。それ文武兼勤の意の至り。義同書く所の古今集時として家に蔵す。

これは、江戸時代に三浦氏の子孫を自称した、紀州藩家老三浦家（房総正木氏の後裔）が編纂した系図『三浦系図伝』の道寸項の一節である。大略は「義同（道寸）は元来和歌を好み、また文字にも優れていた。東下野守常縁から『古今和歌集』の深秘を伝授され、毎日歌書三葉を書写し、また和歌三首を詠んでいた。誠にこれは文武兼備の至りである。義同が書写した『古今和歌集』の写本は、当三浦家に蔵されている」といったところであろう。

全体としては、前節で掲げた軍記類の記事とさほど変わるものではないが、注目されるのは、「古今集深秘東下野守平常縁に受く」という部分である。東常縁から「古今集深秘」、すなわち古今伝授《こきんでんじゅ》を受けたと解釈してよかろう。古今伝授とは、『古今和歌集』の解釈を中心に、歌学等に関する諸説を師から弟子へと秘説を相承するかたちで伝授する作法をいう。

また、同じく道寸が常縁から古今伝授を受けたとするものとしては、「東家二条家古今伝授之系図」（東家文書）という、紀貫之《きのつらゆき》に始まり、藤原定家を経ての古今伝授の相承の系譜を記したものがあげられる。そこでは、道寸が常縁から古今伝授を受けたとする一方、常縁はほかにも、宗祇《そうぎ》・近衛政家《このえまさいえ》・三条西公保《さんじょうにしきんやす》・足利義政に伝授したとしており、これにしたがえば、道寸はこうした人々と「相弟子」であったこととなり、当代一流の文化人に比肩する存在であったといっても過言ではなかろう。

東氏は下総千葉氏の一族であり、鎌倉時代以来、武家歌人の家柄である。常縁は美濃国篠脇城（岐阜県郡上市）主で、この時代の代表的な武家歌人であった。常縁は文明十六年（一四八四）頃に没したと考えられている（井上一九九四）が、この段階の道寸の年齢は、三十六歳ないしは三十四歳であっ

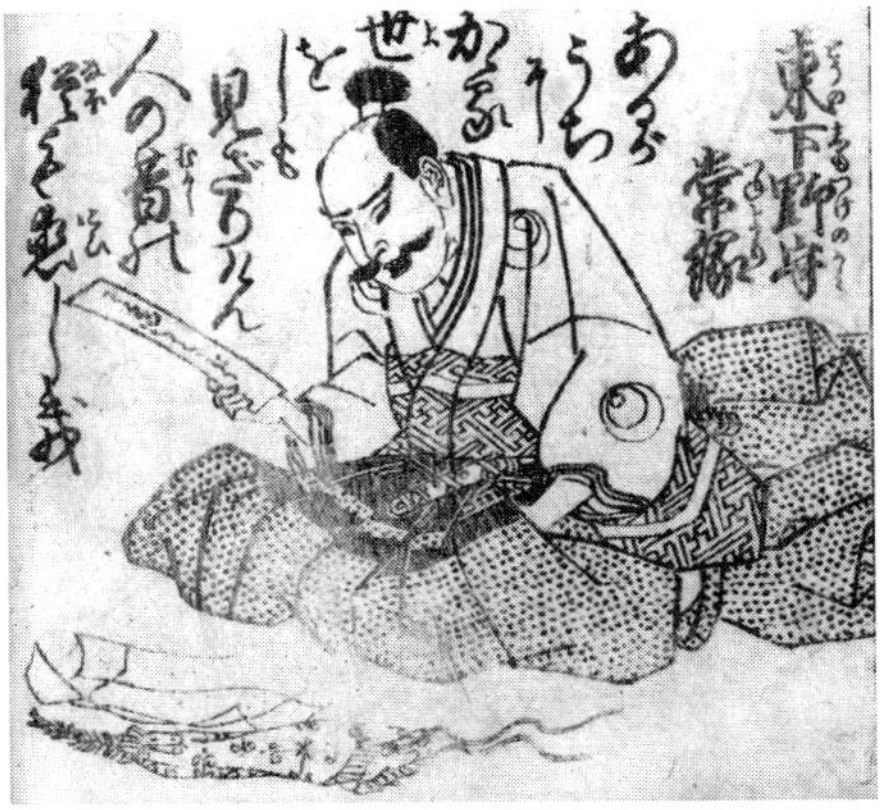

東常縁画像　「英雄百首」　当社蔵

た。道寸が常縁から古今伝授を受けたということが事実であるとすれば、当然ながら、道寸は文明十六年頃以前にそれを伝授されたことになる。

常縁の動向については不明な点も多いが、道寸誕生の時期以降では、文明三～四年頃には伊豆三島や関東に、同七年には江戸に滞在していたことが判明する（井上一九九四）。文明三～四年には、道寸は二十三～二十四歳ないしは二十一～二十二歳、文明七年には二十七歳ないしは二十五歳となる。古今伝授を受けるうえでは随分と若いとも考えられるが、伝授されたとすれば、この時期のことであった可能性が考えられよう。

実際に道寸が東常縁から古今伝授を受けたか否かを判断することは、なかなか難しいとせざるをえない。しかし、和歌の嗜みが当時の武将にとっては必須教養であったとはいえ、道寸がこの道を特別に好み、精進を重ねていたことは事実であったろう。また、こうした道寸の和歌に対する教養という面は、後世においても著名なものであったと思われ、『続古今和歌集』『新続古今和歌集』等に収録された和歌を書写した「道寸筆」と伝えられる古筆切《こひつぎれ》は、管見の限り十五点ほどが数えられる。その筆跡の真偽は別として、こうした「道寸筆」と伝えられる古筆切が数多く残されているという点からは、同時代のみならず、その死後に至っても、道寸が歌道に対する教養の面に優れた能力を発揮していたとする想いが、人々の間に強く存在したことを立証するものといえよう。

さらに、次に掲げる史料（国立公文書館所蔵「野史」巻百二十八　武臣列伝　三浦時高項）は、こうした道寸と歌道の問題を考えるうえで興味深いものである。

三浦時高、相模人なり。姓平氏、（中略）

義同、本名高行、武家譜。（中略）髪を削ぎ道寸と号す。（中略）道寸嘗て四位少将兼陸奥守を渇望し、これを足利成氏に請う。和歌を詠じてこれを贈りて曰く、越斐乃耶美《ヲヒノヤミ》、与流与流於毛北《ヨルヨルオモヒ》、都都久礼婆《ツツクレハ》、武曾志乃勢伎毛《ムソシノセキモ》、奈賀波那里計梨《ナカハナリケリ》、成氏京師に請いなして、従四位下に叙し、陸奥守に任ず。子義意を従五位下に叙し、弾正少弼に任ず。（後略）

大意は、道寸は久しく従四位下の位階と陸奥守の官途とを望んでいたため、その気持ちを和歌に託して古河公方足利成氏に贈ったところ、成氏はその気持ちを察し、京都に道寸の叙位任官を申請し、和歌の力により道寸の望みは達せられたといったところであろう。

道寸の陸奥守任官は、明応五年（一四九六）七月から永正三年（一五〇六）六月までになされたものと考えられるが、一方、足利成氏は長享三年（一四八九）頃にはすでに家督を子息政氏に譲っていたものと考えられ、明応六年九月晦日に没している。したがって、ここに掲げた史料の記事がそのまま史実であると考えることにはためらいが残る。しかし、このような逸話が形成されたという点こそ、道寸が和歌を好み、その面に秀でていたものと、後世の人々が強く認識していたことを示す事実と読み解くことができるだろう。

そうした意味からいえば、寛永版『北条五代記』にみえる「うつものも討る、者もかはらけよ　くだけて後はもとのつちくれ」という、道寸の辞世の句とされるものばかりがよく知られてしまったという状況は、いささか気の毒であろう。辞世の句とは、きわめて特殊な状況下で詠まれるものであり、これのみをもって、歌人としての評価を下すべきでないことはもちろんである。一族・郎党がことごとく戦死するなか、誰がどのような状況でこれを書き残したのかは定かでないが、こうしたものにとらわれず、可能な限り信頼のおける史料により、この道における道寸の評価がなされるべきことは当然であろう。

現在のところ、道寸自身の確実な詠歌が伝わっていないことは大変残念である。筆者はかつて、小松茂美『日本書蹟大鑑』八（講談社、一九八〇年）に収録されている「道寸書状」を三浦道寸によるものとし、以春という人物が「時有てひらく世やこの花の春」と詠んだのに対して、「道寸」が「春なれや天下皆様われらまて」と対句を詠んだことについてふれたことがある（真鍋二〇〇二）。さらに、『新横須賀市史』資料編古代・中世Ⅱにもこれを「三浦道寸書状」として掲載した。

しかし、小川剛生氏の指摘する（小川二〇一三）ように、これは江戸時代前期に活躍した「天王寺道寸」（奈良屋嘉右衛門。堺の人で、後に大坂天王寺夕陽丘に移住した〈永野一九八九年〉）によるものであり、「三浦道寸」のものではなく、この点は訂正されねばならない。さらなる史料収集の結果、「三浦道寸」自身による詠歌が確認されることを期待するものである。

## 盛んに歌書を書写する

道寸の「歌人」としての名が後世にまで伝わっていることが示すように、彼が歌道を好んだことは、生前から著名であったと思われる。それを裏付けるように、道寸がいくつかの和歌集を書写した事実を確認することもできる。次に掲げる「北条盛衰記」巻一下の内容は、それを如実に示すものといえよう。

> 道寸入道義同の実母は小田原の城主大森実頼の娘にて、箱根の別当とも親類なり。抑《そもそ》も先祖三浦大介が末子佐原十郎義連より荒次郎義意まで十五代、歳霜三百年来、数代の栄花一時に散じ、この時に至て一族悉く北条早雲が為に亡ぼされける。道寸和歌を好み給ひけるにや、数巻の歌書を自筆に記し残せり。また亡母妙秀大姉菩提の為とて、法花経一部八の巻の末に則ち回向の文を書き添え、鎌倉荏柄別当の許に有とかや。雪下の恵光院にも朗詠集一部、同小別当に古今和歌集一部・続草庵和歌集、また新勅選集二冊出口五郎左衛門所持すとかや。道寸は東野州経《常》縁より古今伝授と云云。

ここにみえる、道寸が母妙秀大姉の菩提を弔うため、法華経の末尾に回向のための文言を書き添えたものが鎌倉荏柄天神に残されているということは先にふれたが、この他にも道寸は数巻の歌書を自筆で書写したとしており、鶴岡八幡宮寺の恵光院には道寸の書写した『和漢朗詠集』一部が、同じく鶴岡小別当のもとには『古今和歌集』一部と『続草庵和歌集』が、さらに「三浦組」の一人であった出口五郎左衛門が、道寸書写の『新勅選和歌集』二冊を所持していたとしている。

ここからは、『古今和歌集』や『新勅選和歌集』といった勅撰和歌集のみならず、『続草庵和歌集』という南北朝時代に頓阿《とんあ》により編集された私家集や、『和漢朗詠集』という漢詩文集まで熱心に書写していたことがうかがえる。長享の乱の最中に、山内上杉方の須賀谷陣（埼玉県比企郡嵐山町）を訪れた万里集九に漢詩をもとめた件や、後述する、京都の高僧たちに漢詩文の作成を依頼したことも考え合わせれば、道寸は和歌ばかりでなく、漢詩にもなみなみならぬ関心を抱いていた様子をうかがい知ることができよう。

また、『弘文荘待賈古書目』第二十八号には、道寸書写とされる「拾遺和歌集残巻」が掲載されている。筆者は、この史料を実見していないが、同書によれば、道寸自身の奥書は無いものの、外箱に「道寸様御筆」と記されているとのことである。さらにこの写本には、文明二年（一四七〇）十一月十九日に東常縁が書写した旨の奥書が存在することから、道寸書写本とする点が事実とすれば、これは、東常縁が所持した写本を借用して道寸が書写したものということになろう。

さらに、これは歌書という点からははずれてしまうが、江戸時代後期には、鎌倉円覚寺の塔頭寿徳庵に、道寸が書写したと伝える「庭訓折本一本」がおさめられていたようである。『新編相模国風土記稿』の同庵の項には、「庭訓折本一本三浦道寸書、正徳四年三浦道寸の後裔、三浦郡長柄村民の納る所なり。奥書あり。曰く、三浦荒井道寸自筆なり。正徳四丁亥年九月日、三浦道寸□代目末代として、円覚寺中長香庵にこれを納むるものなり。三浦長柄村荒井高保之と記せり。」とみえるのがそれである。

寿徳庵は、道寸が「中興大檀那」となった塔頭である。そのため、寺宝として「三浦系図一巻」「三浦道寸太刀一振」なども納められていたことが知られる（『新編相模国風土記稿』巻八十）が、これによれば、正徳四年（一七一四）に道寸の後裔と称する三浦郡長柄村（神奈川県三浦郡葉山町）の荒井高保なる人物が、道寸書写と伝える『庭訓往来《ていきんおうらい》』の折本一本を、寿徳庵内にかつて存在した道寸ゆかりの聴好庵（長香庵）に寄進したことがわかる。『庭訓往来』は、初学者のための書簡文範例であり、書のテキストとしても使用されたことは著名である。

これが本当に道寸の書写にかかるものであったか否かは、現在この写本が伝来していない以上、もはや判断を下す術はない。しかし、本当に道寸が書写したものであった場合にはもちろんのこと、そうでない場合であっても、先に掲げた軍記類の一節に、道寸が「能書」でもあったとしている。こうしたイメージが存在したからこそ、このような「伝三浦道寸筆」の写本が「誕生」したのであろう。

また、次に掲げる二点の史料も、道寸の歌集書写という点から注目されるものである。

①この本ある方より尋ね出し書写せしむ。然りといえども事の外荒本なり。他本をもって校合を遂ぐものなり。

中太（大）夫平朝臣

②この本ある方より借用しあい写しおわんぬ。文字多く損するの間、諸集を引見し、少々直しおわんぬ。然りといえどもなおもって誤りこれ多し。

中大夫平朝臣

史料①は、平安後期の公卿藤原顕季《あきすえ》の私家集「六条修理大夫集」（ここでは国立公文書館所蔵本を用

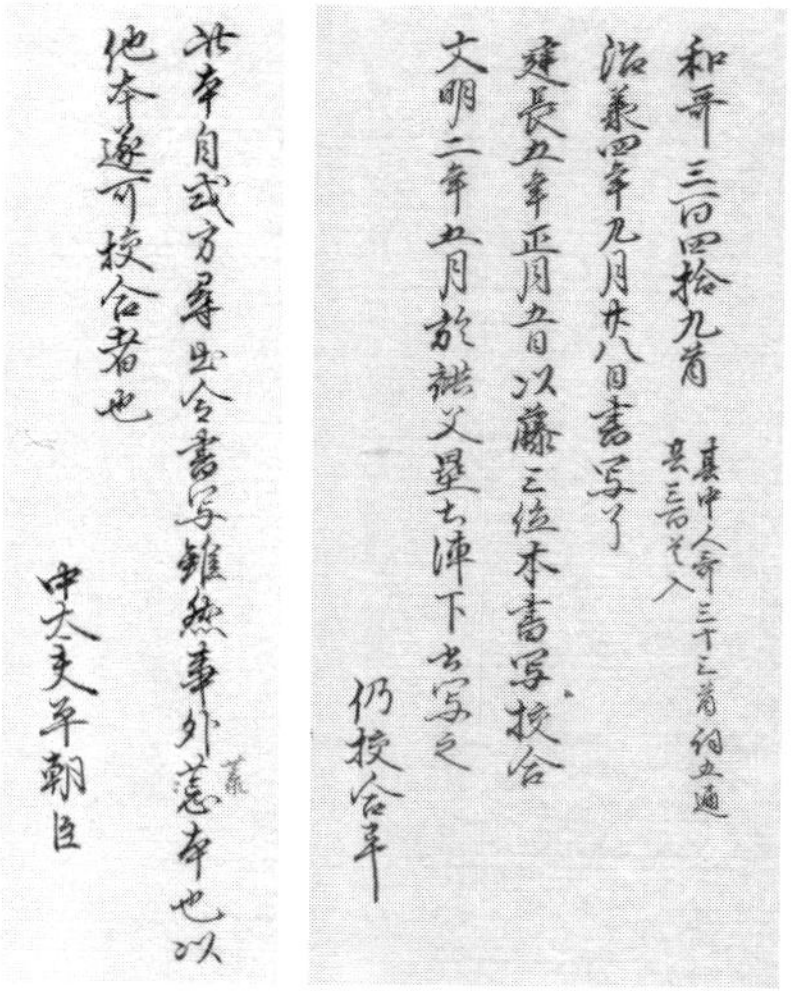

「六条修理大夫集」奥書　国立公文書館蔵

いた）の奥書の一部である。また史料②は、鎌倉時代の公家鷹司院帥《たかつかさいんのそち》の私撰集「温故抄」（ここでは長崎県島原市・島原図書館松平文庫所蔵本を用いた）の奥書の一部である。

問題は、これを書写した「中大夫平朝臣」という人物が誰であるのかという点である。「中大夫」とは、「従四位下の唐名《とうみょう》」の意である。しかし、「従四位下の位階にあった本姓が平氏の人物」という意味のこの記載のみからでは、あまりにも漠然としており、人物を特定することは容易でない。

しかし、次節で取り上げることになるが、神奈川県三浦市の圓照寺《えんしょうじ》には、「中大夫平朝臣義同」という署名が記された奥書を持つ『古今和歌集』写本が所蔵されており、さらにここに掲げた二点の史料を書写した人物が、歌書に親しんだ従四位下の位階を持つ本姓平氏の人物であったという点をあわせて考えれば、川上新一郎氏（川上一九八九）や小川剛生氏（小川二〇〇八）がすでに指摘しているように、これが三浦道寸である可能性が十分に考えられよう。

現在、伝来している「六条修理大夫集」の写本の多くには、史料①にみえる奥書がともなっている。この「中大夫平朝臣」が三浦道寸であるとする推定が正しいとすれば、道寸書写の写本が広く世に流布した結果、現在に至っているということになり、これは興味深いものがある。

なお、①の奥書の直前には、さらに「文明二年五月、秩父塁土陣の下においてこれを書写す」との奥書があり、「中大夫平朝臣」はそこで書写された写本を、「ある方より尋ね出し書写」したということがわかる。しかし、文明二年（一四七〇）に武蔵秩父で在陣しているような状況は、現在のところ確認されておらず、あるいは「文明十二年」の誤りとも考えられる。この年には、上杉方が長尾景春の拠点であった秩父日野城（埼玉県秩父市）の攻略にあたっており、その際に書写されたものと考えたほうがよかろう。そうなると、「中大夫平朝臣」がこの写本を借用したのも、この陣に加わっていた武将からである可能性が高いと思われる。確定的なことはいえないが、あるいはこれが、歌道に造詣が深く、文化人としても著名であった太田道灌の可能性も考えられよう。

このように、道寸が自ら和歌を詠じるとともに、歌書にも親しみ、また、書写をさかんに行っていたことはまちがいなかろう。しかし残念ながら、こうした写本の正本《しょうほん》が確認されることはあまりなく、一般的には、三浦氏滅亡により失われてしまったと考えられてきた。ところが近年、道寸の本拠であった現在の神奈川県三浦市内に、道寸の自筆によって書写された『古今和歌集』の写本が現存することが確認された。これについては、項を改めて詳しく紹介することとしたい。

## 道寸書写の『古今和歌集』写本

前項でみたように、道寸が歌書の書写を熱心に行っていたことは、江戸時代成立の軍記類でも確認されていたが、残念ながら、その写本の正本はあまり確認されることがなかった。

そうしたなか、昭和四十七年（一九七二）刊行の『弘文荘名家真蹟図録（弘文荘待賈古書目第四十三号）』には、三浦道寸筆とされる『古今和歌集』の写本が掲載されており、その後、これが三浦市の圓照寺（浄土真宗大谷派）の御住職稲垣英夫氏によって購入され、現在は同寺の所蔵となっていることが判明した。これは、道寸が書写した歌集の正本として残された、数少ない貴重なものであることはまちがいなく、そのため、これについて少し詳しくみていくこととしたい。

この『古今和歌集』写本は、全体で一五八丁の鳥の子紙の料紙を袋綴じとし、それとは別に、雲紙《うんし》に金銀泥の下絵を施した表紙および裏表紙が付されたものである。写本自体は桐箱に納められており、写本の末尾には、次のような奥書が記されている。


平常縁自筆本をもって、一字違わず書写しおわんぬ。

中大夫平朝臣義同（花押）

「中大夫平朝臣義同」とは三浦義同、すなわち道寸その人であることは疑いなく、そこに記されている花押の形態も、津久井光明寺文書にみえる道寸のそれと一致していることから、この写本がまちがいなく道寸によって書写されたものであることがわかる。

なお、この写本を納めた桐箱の蓋表には、「古今和歌集　三浦義同筆」と記されており、さらにその裏には、「義同古今書付百六十枚　但し中にこれ有る白紙を□と」と記された紙片が添付されている。また、この箱の中には、「皇朝名画拾彙」「重脩栄花物語系図」等の著作がある江戸時代後期の国学者で、書画の知識が深く、その鑑定にもすぐれていた檜山担斎《ひやまたんさい》（名は義慎。一七七四〜一八四二）が、この写本を三浦道寸筆であると証した鑑定書も収められている。さらに、この鑑定書と桐箱蓋表の貼紙に記された文字は同筆のものと思われ、貼紙も、当時の所有者が檜山担斎に鑑定を依頼した際に付されたのであろう。

本史料の来歴については、先に掲げた奥書には、三浦道寸がこれを書写した旨が記されてはいるものの、どこへ納められたのかは言及されていない。先にふれた「北条盛衰記」には、鶴岡小別当のもとに道寸筆の『古今和歌集』写本一部が存在したとあるが、これと同一のものであったのか否かはわからない。常識的に考えれば、道寸の本拠であった三崎城（新井城）で、道寸の手許に保管されていたかということになろうが、永正十三年（一五一六）の三崎落城という事実を考慮すれば、単純にそうとすることにも疑問がわき、この点については残念ながら、現段階では未詳とせざるをえない。

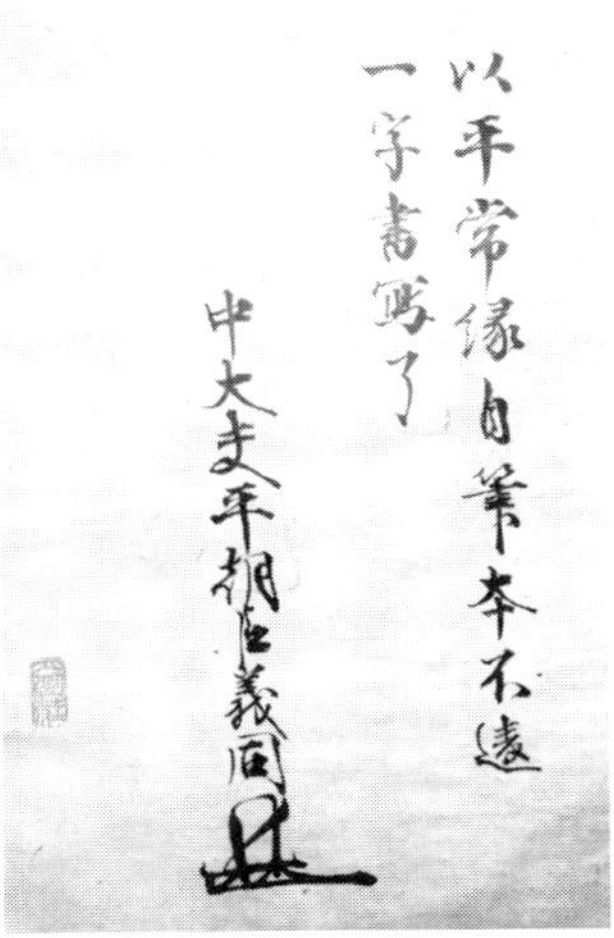
三浦道寸筆『古今和歌集』写本奥書
神奈川県三浦市・圓照寺蔵

なお、この写本の、いわゆる「古今和歌集仮名序」の冒頭箇所には、「賜架書屋蔵」の文字を記す朱の蔵書印が捺されている。これは、明治三十五年（一九〇二）に紀州徳川家の徳川頼倫《よりみち》が麻布飯倉（東京都港区）の自邸内に設立した、私設図書館南葵《なんき》文庫《ぶんこ》の司書をつとめた高木文の蔵書印であることが判明する。さらに、道寸による奥書部分の左側には、「月明荘」の文字を記す古書籍商反町弘文荘（昭和期に反町茂雄によって経営された古書肆）の朱の蔵書印が捺されている。

結局のところ、この写本の前近代における伝来経緯については、江戸時代後期に檜山担斎の鑑定を受けたこと以外は未詳であるものの、こうした二種の蔵書印により、近代以降は何らかの経緯によって高木文の手に渡り、さらにその後、反町弘文荘へと移り、昭和四十年代後半に圓照寺の稲垣英夫氏が購入されて、同寺に所蔵されることとなった経緯が判明するわけである。

なお、滝川恒昭氏は、本章でもふれたように、『三浦系図伝』にみえる十七世紀後半に紀州三浦家に所蔵されていたという道寸の手による『古今和歌集』が、大正七年（一九一八）頃に紀州三浦家の直系三浦男爵家所蔵の美術・工芸品類を市中に売り出した際の目録『三浦男爵家御蔵器入札』にみえる「古今集　常縁自筆」とあるものと同一であり、さらにこれが、弘文荘の手を経て圓照寺の所蔵となった『古今和歌集』写本と同一品である可能性を指摘している（滝川二〇一二）。もし、この指摘が正しいとすれば、紀州徳川家に関係のあった高木文は、三浦男爵家の所蔵品が売却された際に、この写本を手にした可能性も考えられよう。

さらに、奥書により、この写本が道寸の自筆で書写されたものであることが判明することの意義は大きい。単に、この写本が道寸の自筆であることを証するのみならず、道寸自身の手による文字を確定することができるのである。先にふれた、「道寸筆」と伝えられる古筆切の中には、この写本に記されているものと同筆と判断してよいものと思われるものも含まれており、こうした古筆切のうちには、単なる「伝え」ではなく、確かに道寸の手になるものも含まれている可能性が高くなったと考えられるのである。

## 写本の成立過程と書写の時期

この写本の内容についてもみておきたい。先の道寸による奥書の直前部分には、さらに二つの奥書が記されている。

ひとつ目は、貞応二年（一二二三）七月二十二日に、民部卿（戸部尚書）藤原定家が古今和歌集を書写し、その後、校合を行うとともに、その前年に誕生した嫡孫（定家の子為家《ためいえ》と宇都宮頼綱《よりつな》娘との間に生まれた後の藤原〈二条〉為氏《ためうじ》）に伝えるための写本として、これを書写した旨の奥書である。この奥書自体はきわめて著名なものであるが、ここからこの写本は、数ある『古今和歌集』の写本の系統のうち、鎌倉時代中期に藤原定家が書写した、いわゆる「貞応二年本」の系統を引く写本であることが判明する。さらに、それに引き続いて記されているふたつ目の奥書が、次に掲げるものである。

相伝の証本をもって書写せしめ、すなわち校合しおわんぬ。よって口伝のところ、清濁具《つぶ》さに注を付すものなり。深く箱底に納むべし。

平常縁判

これは、「相伝証本」たる「古今和歌集」写本を、「平常縁」すなわち東常縁が自筆で書写したことを示すものである。したがって、この『古今和歌集』写本には、合計三つの奥書が存在するわけである。これらをあわせて考えれば、この写本は藤原定家が書写したいわゆる「貞応二年本」系統の写本を、室町期にいたり武家歌人として名高かった東常縁が書写し、さらにそれを底本《ていほん》として三浦道寸が書写したものであるということがわかろう。

先にもふれたように、道寸は常縁から古今伝授を受けたとされており、また、常縁の次男常和《つねかず》は、文明十九年（一四八七）頃、当時道寸やその父道含の影響下にあったものと思われる三浦郡芦名（神奈川県横須賀市）に滞留していたことが知られている（『北国紀行《ほっこくきこう》』）。こうした点から考えれば、「古今伝授」の真偽はともかくとしても、道寸が常縁と何らかのかたちで結び付きを持っていたことはまちがいなく、そうした関係から、常縁が書写した『古今和歌集』の「貞応二年本」の写本を借用し、この写本を書写したのであろう。あるいは道寸は、芦名滞留中の常和から写本を借用した可能性も考えられよう。

次いで、この写本を道寸が書写した時期について考えてみたいが、道寸による奥書には残念ながら年記がないため、直接的に本史料の書写時期を特定することは不可能である。しかし、ここで注目されるのは、「中大夫平朝臣義同」と署名がある点であろう。

まず、「義同」とあることは注目に値する。道寸の実名が「義同」であったとすることは著名であるが、実は、この名は後世に編纂された系図類のみにあらわれるものであり、これまでに確認されている発給文書を含めた同時代史料には、彼の名はすべて「道寸」とみえていた。しかし、この署名で、彼自身の手により「中大夫平朝臣義同」と署名がなされていることからいえば、実名が確かに「義同」であったことが実証されるわけである。言い換えれば、この署名は道寸の実名が「義同」であったことを示す、現在のところ確認できる唯一の史料となり、この点からもきわめて史料的価値の高いものといえよう。

また、「中大夫」とは、「従四位下の唐名」の意であることから、この写本は道寸が従四位下の位階にあった時期に書写されたことが判明する。残念ながら、道寸が従四位下に叙された時期については明確にすることができない。あるいは、陸奥守任官にともなう措置であったとも考えられるが、明応五年（一四九六）七月段階では、単に「三浦道寸」とされている（伊佐早謙採集文書　十二）一方、永正三年（一五〇六）六月には「三浦陸奥入道道寸」とみえる（静嘉堂本集古文書）ことから、道寸の陸奥守任官は、この間のことであったものと思われる。

筆者は旧稿（真鍋二〇一〇）において、この写本が書写された時期につき、陸奥守任官の時期以降のもの、つまり明応五年以降で、永正十三年に道寸が三崎城で滅びるまでの間という推定をし、この写本が初めて世に出た『弘文荘名家真蹟図録（弘文荘待賈古書目第四十三号）』でも、永正年間の書写と推測していることにつき、「まずは妥当な推定」とした。ただし同時に、この時期に書写したのであれば、道寸は入道していたにもかかわらず、俗名をもって署名したこととなる反面、入道以前の書写とすると、従四位下叙位の時期と齟齬をきたし、奥書の署名と書写時期との問題については、歌集書写の際の署名様式そのものといった問題も含めて、さらに検討が加えられねばならないと述べた。

確かに、明応五年段階で無官であった道寸が従四位下に叙されたのは、陸奥守任官と同時期であったとする考え方にも一理があることはまちがいない。しかし、この写本の奥書の署名が「中大夫平朝臣義同」と俗名で記されている点に重点を置いて考えれば、至極当然のことながら、書写は入道以前になされたものと考えられる。

先述のように、現在のところ年代を明らかにすることができる道寸の初出史料は、長享二年（一四八八）のもの（『梅花無尽蔵』）であり、この年道寸は、三十八歳ないしは三十六歳であったが、すでに入道していたことが確認できる。したがって、「中大夫平朝臣義同」と署名したのは、それ以前の時期ということになろうが、道寸の従四位下叙位の時期を明確にすることができない以上、さしあたり現段階では、永正年間の書写ではなく、長享二年以前の時期、つまり道寸の壮年期に書写されたとともに、道寸はこれ以前に無官ながらも、すでに従四位下に叙されていたものと考えておきたい。

いずれにせよ、この『古今和歌集』写本は、東常縁から古今伝授を受けたと伝えられる道寸が、自筆で書写したものという点からきわめて貴重なものであり、「歌人」道寸の面目躍如たる遺品ということができよう。また、この史料が購入によるものとはいえ、道寸ゆかりの三浦市三崎に伝えられているという点も、史料的・歴史的価値といった観点から高く評価されるべきである。本史料については、道寸の歌道に対する教養を示す数少ない貴重な同時代史料であり、文学的な見地、歴史学的見地の双方から、さらなる詳細な検討が必要であることはまちがいなかろう。

## 文化的交流と政治的位置付け

ここまでたびたびふれてきたように、道寸は東常縁から古今伝授を受けたとされるものの、その真偽についてはよくわからない。しかし、道寸が常縁書写の『古今和歌集』写本を借用している事実のみならず、東氏側の史料にも、道寸との関係がふれられていることから考えれば、両者の間に歌道を通じた何らかの結び付きが存在したことはまちがいのないことと思われる。三浦氏と東氏との交流をさらにうかがうことができるのが、次に掲げる史料である。

かくて畳々たる巌を切り、山を穿ち、旧跡の雲に連なれる所を過て、三浦が崎の遠き渚を篇々（翩々）として行に、蒼海のほとりもなき上に、富士たゞ虚空にひとり浮べり。東路のいづくはあれど、今日こそ真実麓よりなり出けん姿も見え侍ると覚えて、

　春の色の碧に浮ぶ富士の嶺は高天の原も雪かとぞ見る

此浦の芦名といふ所の礒の上に平常和東下野守常縁二男、侍り。こゝに、重なれる岩を枕として多くの浪の声を聞明す。

　難波なる芦名は聞けど影も見ず三浦が崎の波の下草（後略）

これは、歌僧堯恵《ぎょうえ》による紀行文『北国紀行』の一節である。堯恵は東常縁の師堯孝《ぎょうこう》の高弟であり、堯恵は『北国紀行』の旅に赴く直前に、美濃国郡上《ぐじょう》（岐阜県郡上市）で常縁の長男頼数《よりかず》へ古今伝授をなしていることから、このときの旅の目的は、それに続いて次男の常和にも古今伝授をなすことにあったと考えられている（鶴崎一九八八）。

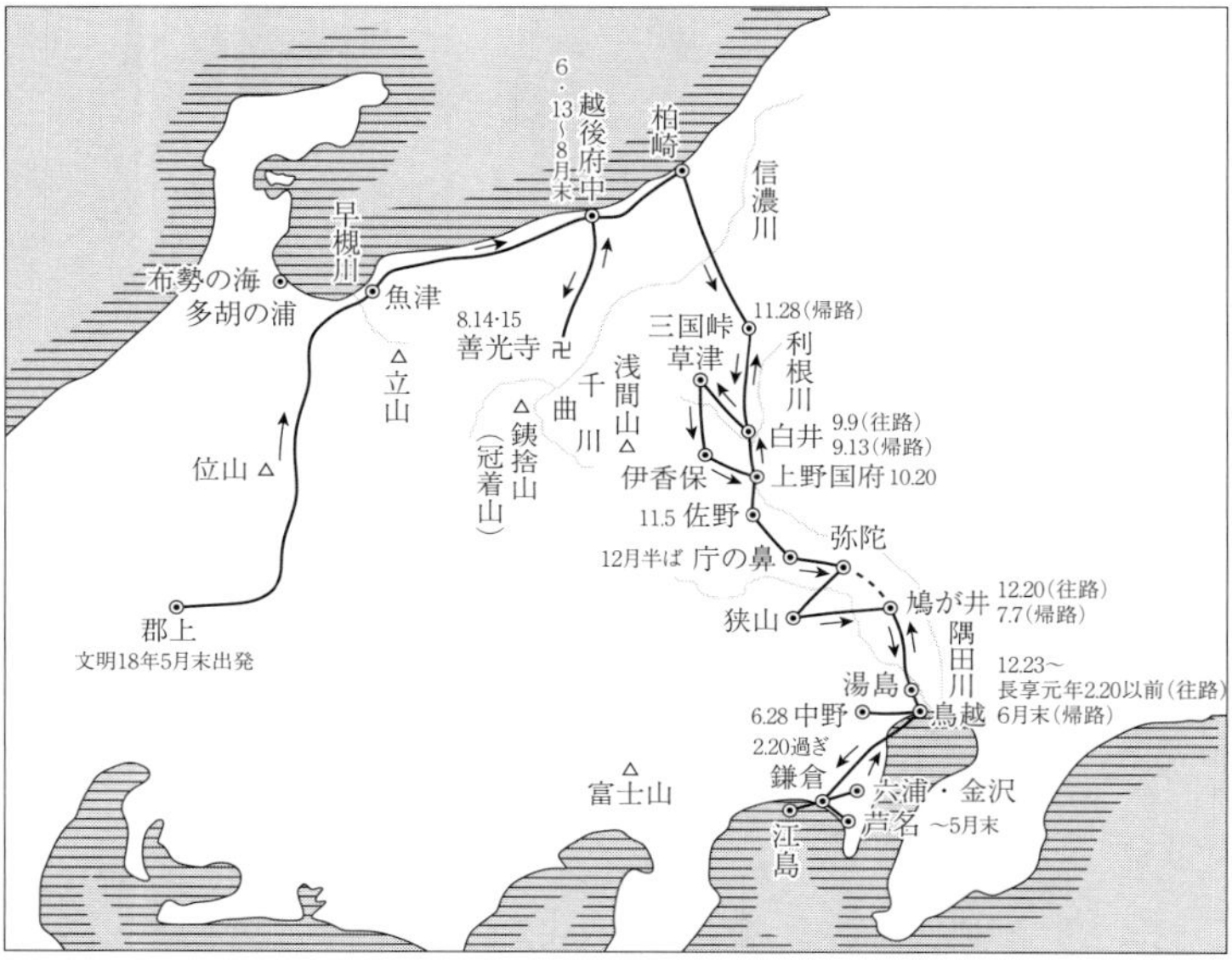


図14　『北国紀行』における堯恵の足取り（『新日本古典文学大系 51　中世日記紀行集』〈岩波書店、1990 年〉をもとに加筆・修正して作成）

堯恵は、文明十八年（一四八六）五月に郡上を発し、越後・上野・武蔵などを経て、翌文明十九年（長享元年）二月二十日過ぎに常縁のもとに到着しているが、この史料からは、当時、常和は三浦郡芦名（神奈川県横須賀市）に滞留していたことがわかろう。堯恵は、芦名到着直前の三浦崎で富士を見て和歌を詠じ、さらに常和のいた芦名でも一首詠じているが、その後、この芦名を拠点に、常和とともに鎌倉・江の島などを歴覧し、まさに「重なれる岩を枕として多くの浪の声を聞明」しながら、同年五月半ば頃までこの地に滞在していたものと思われる。

さて、美濃国郡上を本拠としていた東常縁の次男常和が、なぜ相模国三浦郡の芦名に滞留していたのかについては、現在のところ不明とせざるをえない。ただ、堯恵がこの旅に赴き、常和のもとを訪れた文明十八・十九年という時期は、常縁が没した（文明十六年没と考えられる）直後である。そしてそれは、道寸が常縁と歌道を通じて交流を持っていた時期から、さほど時間が経ていない時期であったこともまちがいない。

この頃の三浦氏は、道寸の父道含が当主であったが、文明十八年七月に太田道灌が主君扇谷上杉定正に謀殺されたことにより、それまでの扇谷方の立場から山内方へと転じていく微妙な立場に置かれた時期でもあった。常和の芦名滞留がどのような事情によるものか、また、こうした政治的状況の変化とどのように関わるのかはよくわからないが、当時の芦名が三浦氏の支配下にあったと考えられる点からすれば、道寸ないしは道含とは全く無縁のかたちで常和の芦名滞留がなされたと考えるほうが不自然であろう。

おそらく常和のこうした行動は、父常縁と道寸との交流が前提となってなされたものと思われ、逆にここからは、道寸と常縁との交流の深さを垣間みることができ、古今伝授の一件にも信憑性が生じてくるのではなかろうか。いずれにせよ、当時、三浦氏の支配下にあったと思われる三浦郡芦名に常縁の子息常和が滞留していたからには、このときに道寸が常和と何らかの関係を持ったことは想像に難くない。さらには、古今伝授の一件が誤伝であったとしても、東氏側の史料にもその件が記されるほど、道寸と東氏との交流が密接であった点に関してはまちがいなかろう。

また、長享二年（一四八八）九月、当時、長享の乱への対応のために武蔵国須賀谷陣（埼玉県比企

須賀谷陣（館）の堀跡　埼玉県嵐山町

郡嵐山町）に山内上杉方として在陣していた道含・道寸父子が、この地を訪れた詩僧万里集九と交流をもったことについては、すでに第Ⅱ部でふれたとおりである。このとき道含は、自らの屋敷不改亭（不改軒）を讃える詩を万里集九に求め、また、道寸はいまだ絵が描かれていない中国紙を持参し、絵が描かれているつもりでそれに対する賛を求めたが、万里集九の須賀谷陣来訪は、やはりこの地に在陣していた太田資康を訪ねてのものであった。

ここからは、道含・道寸父子と万里集九との交流は、太田資康との関係から成り立っていたものであることは明らかである。さらにいえば、それ以前に万里集九と交流をはかっていた資康の父道灌との縁が取り持ったものであったこともまちがいない。

翻って考えてみると、道寸が交流をもったと思われる東常縁は千葉氏の一族であり、享徳の乱に際しては、康正元年（一四五五）に幕府の命を受けて関東に下向し、上杉方として同族の千葉氏を援助している。さらに千葉氏は、長尾景春の乱に際しては太田道灌の攻撃をうけ、その後は道灌に従ったため、長亨の乱の頃には三浦氏と同様の政治姿勢を取っていたことが知られる（黒田一九九九）。こうして考えていくと、道寸と東常縁との関わりにも、太田氏や千葉氏、さらには扇谷上杉氏との関わりを想定することができるかもしれない。

さらに、この時期の三浦氏と太田道灌との密接性を考慮すれば、道寸の文化的交流は基本的に、扇谷上杉氏―太田氏、千葉氏といったラインに乗ったものと考えて差し支えないのではなかろうか。これは、この時期の三浦氏の政治的位置付けと合致するものでもあろう。

こうした道寸の文化的交流は、東国世界のみにとどまらなかった。道寸の家督相続から数年が経過した明応七年（一四九八）八月六日、京都から屏風便面の賛が道寸のもとに送られている（「文明明応年間関東禅林詩文等抄録」）。これは、道寸が京都の僧侶たちに求めたもので、南禅寺（京都市左京区）仙館院の雪樵景薩や天龍寺（京都市右京区）の泰甫恵通、鹿苑院（京都市上京区）の景徐周麟をはじめ、ほかにも相国寺（京都市上京区）や建仁寺・東福寺（ともに京都市東山区）などの京都の寺院に住した高僧たち十七人により賦された、漢詩三十九首と漢文一章が記されたものであった。こうして十七人の高僧たちが賦した漢詩文を、相国寺万松軒の子である竜承嘉が取りまとめて道寸のもとに送ったのである。

賦された漢文のなかには、「佐野渡」などといった歌枕にちなむものもみえるが、「判官義経《（源）》弓流の処」「能登《（平教経）》と判官船兵」「熊谷《（直実）》平山《（季重）》城を責むるの処」といった、いわゆる「源平合戦」にちなむものも見受けられる。これらの漢詩は、「屏風便面の賛」として作成されたものであるから、道寸は源平合戦を題材とする屏風などを制作させる心積もりがあったのかもしれない。

そうした点から考えた場合に注目されるのが、漢詩とは別に賦された漢文一章である。これは、「関東三浦公遠くより扇を寄せ賛を求む」とあるように、屏風の賛ではなく、道寸自身が扇を京都に送り、それに賛を記すよう依頼したものである。そしてその賛は、治承・寿永の内乱の際の、一ノ谷合戦で源義経が鵯越《ひよどりごえ》の逆落《さかお》としを敢行した場面に関するものであった。さらに賛のなかには、道寸の先祖にあたる「三浦義連」＝佐原義連も登場している。

おそらく、道寸が京都に送った扇には、この場面を絵画化したものが描かれていたのであろう。そして、先祖義連の「輝かしい功績」を称えるため、こうした賛が求められたことはまちがいなく、ここからは、当時の三浦氏が抱いていた先祖意識といったものの一端をうかがうことができよう。

この際、道寸がどのような「つて」を頼りに、こうした並み居る京都の高僧たちに漢詩の作成を依頼したのかについてはよくわからない。取りまとめ役が相国寺万松軒の子竜承嘉であったからには、直接的にはこの僧侶に依頼したものと思われる。先述のように、道寸の文化的交流は基本的に、扇谷上杉氏―太田氏、千葉氏といった東国のラインに乗ったものであったと思われる。そうしたなかから東常縁や太田道灌との関わりを深め、さらに万里集九への漢詩の依頼が鎌倉の禅僧の求めによるものであったことが顕著に示すように、鎌倉の仏教界との交流を持つに至ったことはまちがいなかろう。こうした東国の仏教界との関わりを通じて京都への依頼がなされた可能性が考えられるが、いずれにせよ、道寸の文化的交流が東国世界のみにとどまることなく、京都にまで波及していた事実は特筆されるべき事象である。

# 第四章　その後の「三浦介」

## 玉藻前伝説

永正十三年（一五一六）七月十一日、伊勢宗瑞の攻撃により三崎城が落城し、三浦道寸・義意父子も戦死して、実体としての三浦氏は滅亡した。しかし、平安後期以来の武家の名門と認識されていた三浦氏は、その後も伝承の世界のなかに生き続けていったのである。本章では、そうした三浦氏滅亡後の「三浦介の姿」についてみていくこととしたい。

実は、佐原流三浦介家がいまだ存続していた南北朝時代にはすでに、三浦介の伝説化は始まっていた。南北朝末期にいったん成立し、その後書き継ぎがなされたと思われる歴史書『神明鏡《しんめいきょう》』には、次のような伝説が記されている。

近衛天皇の時代（一一四一〜五五）、鳥羽院のもとに玉藻前《たまものまえ》という絶世の美女がおり、院の寵愛を一身に集めていた。しかし、この頃院が病となり、その原因を陰陽師安倍泰成《あべのやすなり》に占わせたところ、玉藻前は齢八〇〇年を重ねた三国伝来の妖狐《ようこ》の化身《けしん》であり、これを殺せば病は平癒するとの結果が出た。そのため、泰山府君祭《たいさんぶくんさい》が催されたところ、玉藻前は正体を現したうえでその姿をかき消し、東国の下野国那須野《なすの》に逃亡し、院の病は平癒した。朝廷は院宣《いんぜん》をもって三浦介・上総介両人に玉藻前を退治す

ることを命じ、それを受けた両人は那須野に赴き、苦心惨憺の末にこれを退治した。両人は討ち取った玉藻前の亡骸《なきがら》を持参して上洛したが、その際、院の命により玉藻前を退治したときの装束を付け、引き出された赤犬を射て退治の際の様子を再現し、これが犬追物《いぬおうもの》の起源となった。さらに、怪狐の腹中からは金の壺が見つかり、その中には仏舎利《ぶっしゃり》があったため、これは院に進上され、額にあった白玉は三浦介に、尾の先にあった二本の針は上総介にそれぞれ与えられ、玉藻前の亡骸は宇治の宝蔵《ほうぞう》におさめられたとする物語である。

この話は、その後に成立した『玉藻前物語』等ではさらに話が詳細になっている。朝廷の命を受けた三浦介・上総介両人は、さっそく那須野に赴くものの、妖狐の退治に失敗する。そこで両人は、弓馬の芸に磨きをかけて再度那須野に赴くが、狐の姿は見当たらない。そこで神仏に祈ったところ、玉藻前が三浦介の夢に現れ、これにより三浦介が見事この狐を退治する。さらに、狐の体から得られた二本の針は上総介に与えられたが、上総介はそのうちの一本を源頼朝に献上し、これにより頼朝は平

『たま藻のまへ』　京都大学附属図書館蔵

氏追討に成功したといったようなものである。

この説話は、王法《おうほう》の危機に瀕した南北朝時代における、保元の乱から治承・寿永の内乱に対する歴史認識があらわされたものであると指摘されており、また、玉藻前のモデルは鳥羽上皇の皇后美《び》福門院得子《ふくもんいんとくし》であったものと推測されている（美濃部一九八八）。さらに、玉藻前の亡骸が宇治の宝蔵、すなわち平《びょう》等院《どういん》の宝蔵におさめられたというのは、世の中のありとあらゆる珍品奇宝がここに秘蔵されるという、院政期から鎌倉期にかけてさかんに語り継がれた「伝説」を体現しているもので、物語の時代性を如実に表しているものといってよかろう。

この「玉藻前伝説」は、その後絵巻物にもされ、現在、根津美術館（東京都港区）や京都大学附属図書館にそうした作品が伝えられている。さらには奈良絵本の題材にもされ、また、織豊期の公家の日記には、この物語に関する写本が公家の間で貸し借りされていた事実を多く確認できる（『言継卿記』『言経卿記』等）など、中世から近世の社会に広く普及した結果、「九《きゅう》尾《び》の狐」として、人口に膾炙した昔話が成立することとなる。

いずれにせよ、三浦介が王権の危機を救ったとするこの説話は、伝承の世界に登場する三浦介の存在として、最も早い段階で確認することができるものである。源頼朝の旗揚げに際する三浦介義明の行動を美化することにより、鎌倉時代の早い段階ですでに、義明を「英雄」とする「幕府草創神話」が形成されていたことが指摘されている（高橋二〇〇三）が、「玉藻前伝説」の存在は、「三浦介」という名が、中世の武家社会においてすでに高いステータスを確立していたことを示すものといえよう。

なお、現実の関東の社会においては、三浦氏以外にも「武家の名門」が存在しており、ここで「三浦介」こそが「武家の英雄」とされた理由を明確にすることは、なかなか難しいと思われる。しかし、すでに本宗家が滅亡していたことにより、伝説が生まれやすかったという素地が存在していたことはまちがいなかろう。

いわゆる「関東の三介」のうち、千葉介は中世を通じて宗家が存続していたためにこうした伝説は生まれにくく、上総介は源頼朝によって誅殺されたという歴史的事実が、その伝説化を阻んだのかもしれない。そうした点からいえば、頼朝の旗揚げに際して忠節を尽くし、中世の早い段階で三浦介義明の「美化」が進んでおり、さらには本宗家が滅亡していた三浦氏は、伝説を創作するためには格好の存在であったものと思われる。

## 殺生石伝説

「玉藻前伝説」は、それ自体が中世・近世社会に広く普及するとともに、さらに加筆がなされて新たな説話を生み出していった。これが「殺生石《せっしょうせき》伝説」である。謡曲『殺生石』などをもとにこの話をまとめれば、次のようなものである。

退治された玉藻前の怨念は、そのまま那須野にとどまり、殺生石と呼ばれる有毒な石となり、これに近寄る人畜の命を次々と奪っていった。そのため、曹洞宗《そうとうしゅう》の高僧源翁《げんのう》が那須野に赴き、その法力によって石を割り、妖狐玉藻前の悪霊を鎮めた。

殺生石　栃木県那須郡那須町

現実の歴史における源翁心昭《しんしょう》は、越前国に生まれ、その後、会津葦名氏の帰依を得て示現寺《じげんじ》（福島県喜多方市）を開創し、応永七年（一四〇〇）正月七日に没した曹洞宗の僧侶であった（示現寺所蔵法王能昭禅師塔銘）。源翁に関するこうした伝説は、「玉藻前伝説」が三浦介義明の子佐原義連の系統の狐神信仰と関係すること、那須野の殺生石伝説が、源翁と三浦氏の後裔である葦名氏との交渉を通じて発生したことなどが指摘されている（美濃部一九八八）。

なお、江戸時代の延宝四年（一六七六）に成立し、中世下野国の那須氏とその一族・家臣の興亡について記された『那須記』巻五には、鎌倉公方足利氏満が曹洞宗の峨山韶碩に玉藻前の怨霊の調伏《ちょうぶく》を命じ、その後、峨山の弟子源翁が実際に怨霊を調伏したとあり、曹洞宗の僧侶がこの話に大きな役割を占めている。ここから考えれば、この伝説は曹洞宗の布教のために用いられた可能性も十分に考えられるが、「玉藻前伝説」が発展した形の「殺生石伝説」は、三浦氏の後裔の力をも借りて中世社会に幅広く受け入れられ、能の演目となり、さらに江戸時代には人形浄瑠璃《にんぎょうじょうるり》の演目ともなっていった。

中世から近世の社会に広く普及したこの伝説は、さらに独自の発展を遂げ、さまざまな新たな「伝説」が生み出されていった。先述の『那須記』には、那須氏家臣で三浦介の後裔とする角田庄右衛門尉綱利《つなとし》が、玉藻前の復讐を受けながらも、「三浦相伝の名剣」を打ち払うことで辛くもその難を逃れたとする話が載せられている。

一方、室町時代中期の京都相国寺鹿苑院塔主瑞渓周鳳《ずいけいしゅうほう》の日記『臥雲日件録《がうんにっけんろく》』を永禄五年（一五六二）に同寺妙源院の惟高妙安《いこうみょうあん》が抄録した『臥雲日件録抜尤《ばつゆう》』享徳二年（一四五三）二月二十五日条には、妖狐を射殺したのは上総介と記されている。さらに、「角田」なる家が三浦氏の後裔には確認することができないのに対し、上総介の嫡流ともいうべき御家人に角田氏が存在することから、本来、玉藻前を射たのは上総介とされていたものの、ある時期に射手《いて》を三浦介とする転換がなされたと考えられることが指摘されている（野口二〇〇一）。こうした射手の変化は、「玉藻前伝説」および「殺生石伝説」が、葦名氏をはじめとする三浦氏の後裔の力を借りて流布していったことと、決して無関係ではなかろう。

そうした点からいえば、源翁が殺生石を割って玉藻前の怨霊を退治した後、打ち砕かれた石は、各地の「高田」という地に飛んだという伝承が発生したことは注目される。殺生石が飛来したと伝えられる地は全国に数多く存在しているが、一般的に伝えられる美作国高田（岡山県真庭市）・安芸国高田（広島県安芸高田市）・豊後国高田（大分県豊後高田市）は、いずれも三浦介およびその後裔が所領を有していたなど、三浦一族と関係の深い地である。

具体的に述べれば、美作国高田は、南北朝期に活躍した横須賀氏系三浦氏の三浦貞宗《さだむね》・行連《ゆきつら》父子がこの地を所領としたものと思われる。その後この系統は、この地を本拠に幕府奉公衆として活動して、戦国領主として発展し、同地の化生寺《かせいじ》は源翁が開山と伝えられ、境内には殺生石の石塚が存在している。また、安芸国高田近辺には三浦一族大多和氏が存在していたことが確認され（内藤家文書）、豊後国高田には、鎌倉時代以来三浦介家の所領が存在していた（「豊後国田代注進状案」・宇都宮氏家蔵文書等）。

こうした点から考えても、「玉藻前伝説」が発展した「殺生石伝説」が流布していく過程のなかで、三浦介の後裔たちが大きく関わっていたと考えることに、あながち無理はなかろう。いずれにせよ、「玉藻前伝説」とともに、「殺生石伝説」は中世・近世の社会に幅広く受け入れられていったのである。

## 葦名盛隆の「三浦介」補任

こうした「伝承」の世界以外の現実の社会においても、「三浦介」は継承されていった。三浦道寸・義意父子が三崎城で戦死し、「三浦介」が滅亡してから六十五年が経過した天正九年（一五八一）、「三浦介」が復活することとなったのである。次に掲げる史料（歴代古案　十七）は、その事情を物語るものである。なお、宛所の「　」を付した部分は、『覚上公御書集』により補った。

尊書拝誦し奉り、忝く過分に存ぜしめ候。そもそも盛隆勅命をもって三浦介に成し下され候。これにより、御祝言として態々《わざわざ》御使者の段、大慶の由申され候。これ等の趣、然るべき様御披露憑み奉り候。恐々謹言。

「天正九」
霜月廿六日　　　　　　　　松本伊豆守
　　　　　　　　　　　　　　　実輔
「直江与次郎殿」

この史料は、天正九年十一月二十六日付けで、会津葦名氏の重臣松本実輔《まつもとさねすけ》が越後上杉氏の重臣直江《なおえ》兼続《かねつぐ》に送った書状の写である。内容は、実輔の主君葦名盛隆《もりたか》（二階堂盛義《にかいどうもりよし》の子で、養子として葦名氏を相続した）が三浦介に任じられたことに対して、兼続の主君上杉景勝《かげかつ》が祝いの使者を派遣してきたため、それに関して礼を述べるとともに、景勝へよろしくその旨を伝えるよう依頼したものである。「盛隆勅命をもって三浦介に成し下され候」とあることから、このとき葦名盛隆は、朝廷から三浦介に任じられたことがわかろう。

『信長公記』天正九年八月六日条には、この日、織田信長のもとに葦名盛隆からの好《よしみ》を通じるための使者が到着し、奥州の名馬が贈られたことが記されている。さらに、『葦名系図幷添状』の葦名盛隆の項には、「天正九年八月三浦介に任ず。志を信長公に通ずるをもってなり」とあり、こうしたことを総合すれば、葦名盛隆は信長に使者を送って好を通じ、その仲介により、朝廷から三浦介に補任されたという状況であったものと思われる。

江戸時代に成立した『会津旧事《くじ》雑考』や『奥州会津四家合考《しかがっこう》』にはさらに詳しく、三浦介に補任された盛隆は、醍醐寺密教院の僧が会津に携えてきた、正親町《おおぎまち》天皇の綸旨《りんじ》への答礼として、一族の金上《かながみ》盛備《もりはる》らを上洛させ、公家万里小路充房《までのこうじみつふさ》を通じて朝廷に黄金などを進上したとしている。

いずれにせよ、永正十三年に「三浦介家」が滅亡して以来、三浦介の系譜は途絶えていたわけであったが、天正九年になって、佐原義連の孫光盛《みつもり》を祖とする会津葦名氏の盛隆が補任されることにより、ここに「三浦介」が復活したのであった。宝治合戦により本宗家が滅亡した後、三浦介を相続したのは光盛の弟盛時であったが、その後、この職は盛時の子孫が伝承し、それは道寸にまで受け継がれた。しかし、会津葦名氏は中世最末期にいたり、ここで初めて三浦介の名を手にすることができたのであった。

この三浦介補任が多分に名誉的なものであり、実質がともなうものでなかったことはもちろんであろう。しかし、この時期にいたり、三浦一族の葦名氏がこの職に補任されているという事実からは、「三浦介家」の滅亡以降、この名を冠することができるのはただ己のみとする葦名氏の強い自負とともに、中世社会における「三浦

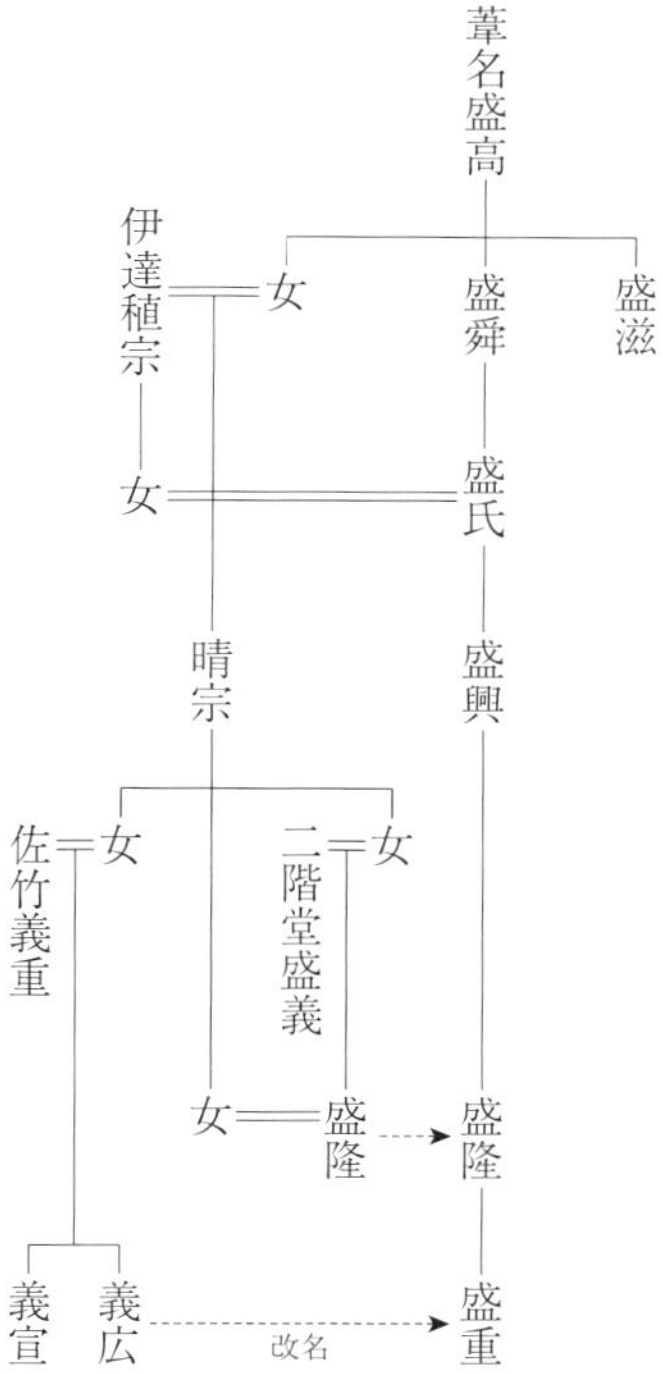

系図 11　葦名氏略系図

介」の名の大きさというものを明確に読み取ることができよう。

鎌倉幕府の発足以降、三浦義澄が源頼朝から「三浦介」に任じられ、また、三浦高継が足利尊氏からこれを認められているように、この称は、本来武家の沙汰として行われるものであった。しかし、葦名盛隆への補任が、「勅命《ちょくめい》」をもってなされているという点は興味深い。「三浦介」は、すでに中世の伝統的な「家職《かしき》」となっていたことを示唆する可能性が考えられよう。また、先にふれた『奥州会津四家合考』には、補任の御礼言上のために上洛した金上盛備も、遠江守に補任されたとしている。葦名氏の祖光盛の父盛連以来、葦名氏歴代には遠江守を受領《ずりょう》名とする人物が多く、金上盛備の補任が事実であるとすれば、そうした先例が重視された可能性が高いと思われる。

なお、盛隆はこの後の天正十二年、跡継ぎのないまま家臣に殺害されてしまった。これにより、葦名氏は常陸の佐竹氏から養子義広《よしひろ》（佐竹義重《よししげ》の子で義宣《よしのぶ》の弟）を迎えたものの、天正十七年には摺上原《すりあげはら》（福島県耶麻郡磐梯町・同猪苗代町）の戦いで伊達政宗《だてまさむね》に大敗を喫し、戦国大名葦名氏は事実上滅亡した。結局、復活なった「三浦介」であったが、それは盛隆一代で途絶えてしまったのである。

### 三浦義意をめぐる伝承

三浦氏に関する伝承として残されたのは、本宗家に関するものばかりではなかった。寛永版『北条五代記』（第一期ノ五）には、三崎城で戦死した三浦義意に関わる、次のような話が伝えられている。

三崎城で死力を尽くして奮戦した義意は、自ら首を刎ねたものの、その首は死ぬことなく、「眼はさかさまにさけ、鬼鬚は針をするたるがごとく、牙をくひしばり、にらみつめたる眼のひかり、百れむ《（錬）》の鏡に血をそゝぎたるがごとく」という恐ろしい形相であり続けていた。そのため、多くの貴僧・高僧がこれを供養しようとしたものの験《げん》がなく、三年もの間そうしたありさまであった。そこで、小田原久野の総世寺の禅僧が、「うつゝとも夢ともしらぬ一ねふり　浮世のひまをあけぼのゝ空」との一首を詠むと、義意の首はようやく引導を渡され、成仏したとするものである。

さらに、『異本塔寺長帳』の永正十七年（一五二〇）条には、「三浦荒次郎義基首を小田原において威神明神と祭る」とあり、義意の首が北条氏（伊勢氏）の本拠となる小田原の地で「威神明神」として祀られたとされている。この社は、現在でも三浦義意を祭神の一柱とする居神《いがみ》神社として、小田原市板橋に存在している。

三浦義意、自ら首をかき落とす　「北条五代記」当社蔵

なお、北条氏の事績に関して記された『豆相《ずそう》記《き》』には、義意の首は伊勢宗瑞の実検がなされた後も目を塞ぐことがなかったため、伊豆の修禅寺《しゅぜんじ》（静岡県伊豆市）に葬られることとなり、寺僧が「浦山シ二度覚ヌ一睡　一期ノヒマヲアケホノノ空」と一首を詠じることによって、ようやくその目が塞がったとする、類似の話を伝

居神神社　神奈川県小田原市

えている。

また、寛永版『北条五代記』は、義意が戦死した場所の百間《ひゃっけん》（約一八〇メートル）四方の地には田畠も作られず、草を刈ることもなく、牛馬がその草を食めばたちまちに死んでしまうため、動物もその中には入らないことから、常に青葉が茂っており、新井城（三崎城）の見物に訪れた侍たちは、城の大手の古堀の外で下馬し、「道寸父子は名誉の武士、一礼」と述べて敬礼するとしている。さらに、道寸父子が戦死した七月十一日には、毎年、新井城跡のあたりには雲や霧が覆い、日もささず、丑寅（北東）と未申（南西）の方角から雷が光り出て、両方向の光が入り乱れてすさまじい風が吹き、光の中では異形異類の者たちが合戦を行い、空には兵馬が入り乱れて天地を響かす恐ろしい事態となるため、城跡のあたりには人家もないとしている。

義意の首にまつわる話は、少しずつ形を変えてその後のさまざまな史料にも載せられている。こうした点から考えれば、この話は広く流布されたものであったのだろう。さらに、三浦氏を滅ぼした北条氏の本拠小田原に、義意を祀る社が存在したからには、こうした「伝説」を生むこととなる基礎的な話が存在したことは十分に想定することができるだろう。「玉藻前伝説」や「殺生石伝説」とはまったく違った形ではあるが、三浦道寸・義意父子もまた、「伝説」の世界に生き残っていったのである。

## 近世の「三浦介」

江戸時代になると、「鶴は千年、亀は万年、浦島太郎は八千歳、東方朔が九千歳、三浦大介百六つ」とする祝い詞が人口に膾炙《かいしゃ》していた。

これは、衣笠城（神奈川県横須賀市）で討ち死にした三浦義明の十七回忌に列した源頼朝が、「今でも義明が生きているような気がする」と述べたとする伝説にもとづき、義明が実際に没した八十九歳（異説あり）の年齢に、十七を足して一〇六歳としたことによるものである。三浦本宗家の本拠矢部（横須賀市大矢部・小矢部）の地にあり、義明の菩提を弔うために創建された満昌寺《まんしょうじ》の木造宝冠釈迦如来坐像の像底部にある文安元年（一四四四）に記された銘文には、「相模国□□（三浦）大助（介）義詮（明）百六までの守本尊」とみえ、こうした祝い詞の発生が、中世段階にまで遡りうることを示唆している。

さらに、こうした祝い詞の定着を受け、江戸時代後期には絵入りの娯楽小説「草双紙《くさぞうし》」の一種として、『三浦大助百六寿《みうらのおおすけひゃくろくのことぶき》』といったような、伝説上一〇六歳の長命を保ったとされる「三浦大助」を主人公とし、衣笠城合戦を中心に描いた作品も出版されている。「草双紙」は、主に年末から年始にかけての縁起物として発行されたものであったが、こうしたものに「三浦大助」が取り上げられている点からは、江戸時代には「三浦介」に対して、「長命を保ったためでたい人物」とするイメージが存在したことが理解できよう。

さらに江戸時代には、芸能の世界でも「三浦介」が活躍した。浄瑠璃では『三浦大助紅梅靮《みうらおおすけこうばいたづな》』（長谷川千四作。享保十五年〈一七三〇〉大坂竹本座初演。現在では、原作の三段目の切の場面にあたるものが、

『三浦大助百六寿』下　横須賀市立中央図書館蔵

「石切梶原」の通称により歌舞伎で演じられるのみ）と題する、源頼朝の挙兵を背景に、一〇六歳までの齢を保った「三浦大助」と、その一族の人々の様相を描いた作品が制作され、歌舞伎の演目ともなった。また、浄瑠璃の『鎌倉三代記』（作者は近松半二らと推定される）は、徳川氏と豊臣氏との抗争「大坂夏の陣」をモデルに、舞台を鎌倉時代に仮託して描いた作品であるが、ここには主人公として「三浦之助義村」（豊臣方の武将木村重成《きむらしげなり》がモデル）が登場し、その後、これも歌舞伎の演目となった。

一方、江戸時代には、房総正木氏を祖とする紀州藩家老三浦氏が、平安末期以来の三浦氏の後裔を自称し、系譜をそれにつなげるために、『三浦系図伝』といった系図を作成している。そこでは、三崎城落城の際に、道寸の子通綱《みちつな》（時綱《ときつな》）が安房に落ち延びて正木氏の祖となり、その後、里見氏に重用されたとする「伝承」が作り上げられている。

この説は、三崎落城以前の永正五年（一五〇八）に安房鶴谷八幡宮（千葉県館山市）が創建された際の棟札《むなふだ》に、すでに時綱の名が「国衙《こくが》奉行《ぶぎょう》」としてみえ、里見氏に属する有力な存在として確認されることから、無理があることは明らかである。紀州三浦氏自身、その無理に気付いたものか、通綱を三浦時高の子とする「改変」や、道寸の弟「三浦義時」なる人物の子とする「伝承」も創作されたが、これも苦しいものと言わざるをえない。

少なくとも中世初期以来、房総半島と三浦半島との交流が活発であったことは明らかであり、ある段階で三浦一族を含む三浦半島の住人が安房に移り、正木氏の祖となったとする推測まで否定できるものではないが、現段階で正木氏を直接三浦氏の系譜に繋げることに無理があるのはもちろんであろう。

こうした紀州三浦氏に代表されるように、江戸時代には「三浦氏の後裔」を自称する武士たちが、大名・旗本などにも多数存在していた。近世の芸能に「三浦氏」が登場し、さらにはこうした「自称三浦氏」という武士たちの存在をも考え合わせれば、中世のみならず、近世社会においても三浦氏は「武家社会における名門」と認識されており、いわば「三浦ブランド」といったようなものが確立されていた様相を読み取ることができるのではなかろうか。

なお、三崎城（新井城）跡には、現在も三浦道寸・義意父子の供養塔がそれぞれ伝えられている。碑銘によれば、これは天明二年（一七八二）七月に正木志摩守康恒《やすつね》・三浦長門守為積《ためずみ》・杉浦出雲守正勝《まさかつ》らが施主となって建立されたものである（『新編相模国風土記稿』巻百十一）。これらはいずれも「三浦氏の後裔」を自称する大名・旗本たちであった。

安永七年（一七七八）に薩摩島津氏が先祖忠久《ただひさ》の墓を鎌倉に建立し、さらに翌年にはその隣に源頼朝の墓を整備し、また、文政六年（一八二三）には長門毛利氏が先祖大江広元《おおえのひろもと》の墓を同じく鎌倉に整備したことに代表されるように、江戸時代後期には、一種の「先祖顕彰ブーム」が巻き起こった。

上：三浦道寸供養塔
下：三浦義意供養塔　ともに神奈川県三浦市

三浦氏に関しても、寛延二年（一七四九）には、「三浦末流」を称する三浦志摩守義次《よしつぐ》が満昌寺の三浦義明の墓などを整備しており（『新編相模国風土記稿』巻百十三）、こうした「先祖顕彰」の動きを確認することができる。道寸・義意父子の供養塔も、こうした流れを受けて建立されたものであったのだろうが、このように、江戸時代後期に至っても三浦氏は、「三浦氏の後裔」を称する多くの武士たちによって守られていったのである。

【主要参考文献】

井上宗雄「東常縁年譜」（井上宗雄・島津忠雄編『東常縁』和泉書院、一九九四年）
小川剛生『武士はなぜ歌を詠むか―鎌倉将軍から戦国大名まで』角川学芸出版、二〇〇八年
小川剛生「三浦道寸と太田道灌―戦乱の世に生きた武家歌人の実像を探る」（『三浦一族研究』十七、二〇一三年）
川上新一郎「六条藤家関係歌書の伝来について」（同『六条藤家歌学の研究』汲古書院、一九九九年。初出一九八九年）
川本慎自「光明寺と二つの宝積寺」（神奈川県立金沢文庫『津久井光明寺　知られざる夢窓疎石ゆかりの禅院―二つの宝積寺を訪ねて』二〇一五年）
木下聡「結城合戦後の扇谷上杉氏」（『千葉史学』五十五、二〇〇九年。後に黒田基樹編『シリーズ中世関東武士の研究五　扇谷上杉氏』戎光祥出版、二〇一二年に収録）
黒田基樹「戦国期の三浦氏」（『神奈川地域史研究』十七、一九九九年。後に同『戦国期東国の大名と国衆』岩田書院、二〇〇一年等に収録）
黒田基樹「戦国期の三浦氏」（『神奈川地域史研究』十七、一九九九年）
黒田基樹「長尾景春論」（同編『シリーズ・中世関東武士の研究一　長尾景春』戎光祥出版、二〇一〇年）
黒田基樹「扇谷上杉氏の政治的位置」（同編『シリーズ・中世関東武士の研究五　扇谷上杉氏』戎光祥出版、二〇一二年）

小松茂美　『日本書蹟大鑑』八（講談社、一九八〇年）
五味文彦　「相模国と三浦氏」（『三浦一族研究』二、一九九八年）
高橋秀樹　「三浦介の成立と伝説化」（『三浦一族研究』七、二〇〇三年）
高橋秀樹　『三浦一族の中世』吉川弘文館、二〇一五年
滝川恒昭　「三浦氏と房総正木氏」（『三浦一族研究』十六、二〇一二年）
鶴崎裕雄　「歌僧堯恵と「東路紀行（北国紀行）」について」（『文学』五十六、一九八八年）
永野仁　「天王寺の道寸」（『連歌俳諧研究』七十六、一九八九年）
野口実　「『玉藻前』と上総介在・三浦介」（『朱』四十四、二〇〇一年）
野口実　「承久の乱における三浦義村」（『明月記研究』十、二〇〇五年）
真鍋淳哉　「三浦道寸の文化的位置付け」（『三浦一族研究』六、二〇〇二年）
真鍋淳哉　「三浦道寸書写の「古今和歌集」写本について」（『市史研究横須賀』九、二〇一〇年）
真鍋淳哉　「三浦氏と京都政界」（藤原良章編『中世人の軌跡を歩く』高志書院、二〇一四年）
美濃部重克　「鎮魂の家の伝説―御伽草子「玉藻前」謡曲「殺生石」の原話の成立」（同『中世伝承文学の諸相』和泉書院、一九八八年）
渡政和　「上杉三郎定頼に関する考察―鎌倉府体制下での位置付けを中心に」（『文化史泉』一、一九八九年。後に黒田基樹編『シリーズ中世関東武士の研究五　扇谷上杉氏』戎光祥出版、二〇一二年に収録）

# あとがき

「お前は歴史学を専攻しているが、地元の歴史については扱わないのか」。地元の地方公務員を長年勤めた今は亡き父に、以前そう聞かれたことがある。当時、大学院の博士後期課程の学生であった私は、戦国期の「江戸湾」に関する問題など、中世の三浦郡に関わるテーマも扱ってはいたものの、生まれも育ちも父と同じく横須賀でありながら、三浦氏を滅ぼした小田原北条氏を中心に研究を進めていた。それに対して私は、「三浦半島のことだけわかっても仕方がないじゃない。当時の社会全体の中で、この地域がどのような位置付けにあったのかを考えなければ意味がないよ」と、生意気な返答をしたように記憶している。

その父が亡くなってからまもなくして、横須賀市史編さんの仕事に携わるようになり、必然的に三浦氏や中世の三浦郡に関する史料に接する機会が多くなった。本書は、そこで得ることができた成果を下敷きとしたものであるが、道寸をはじめとする三浦氏の姿を追いながら、そうした動きが当時の関東の状況の中でどのような意味合いを持っていたのかという点につき、極力言及することに意を砕いたつもりである。本書が、父の問いに対する何らかの解答になっていれば嬉しく思う。

生涯学習関係の講座などで三浦氏の話をさせていただく際、「鎌倉時代の三浦本宗家と三浦道寸はどう繋がっているのか」というご質問をいただくことがよくある。三浦半島地域でもそうした状況であるから、他地域ではなおさらであろう。そのため本書では、三浦氏の発祥から筆を起こして、その歴史を辿って道寸へと繋げることとしたが、冗長な部分があったと感じられたならばご容赦願いたい。

顧みれば、ここまで私が歴史学の勉強を続けてくることができたのは、さまざまな方のお力の賜物であると強く感じている。学生時代からの諸先輩方・同級生・後輩たちから受けた刺激は、とてつもなく大きい。また、横須賀市史編さんの仕事に携わることがなければ、おそらく三浦氏の研究を扱うこともなく、必然的に本書ができることもなかったであろう。三浦氏を取り扱うなかで、高橋秀樹氏をはじめとする多くの研究者から得ることができた知見もまた大きなものであった。そうしたなかでも、恩師である藤原良章先生の「寛大さ」がなければ、とても続けることはできなかったのはまちがいない。ささやかな本書ではあるが、書き終えて心に浮かぶのは、そうした方々への感謝の念ばかりである。

道寸をはじめとする中世後期の三浦氏に関する本格的な研究は、『新横須賀市史』の刊行によって関係史料がまとめられ、ようやく緒に就いたばかりである。これからさらなる研究の深化が望まれることは当然であるが、道寸没後ちょうど五百年の年に原稿を執筆した本書がその一助となれば幸甚の極みである。

末筆ながら、本書執筆の機会を与えてくださった戎光祥出版、ならびに同編集部の石田出氏には、貴重なご助言を賜るとともに、特段のご尽力をいただいた。この場を借りて感謝申し上げたい。また、私事であるが、常に励ましの言葉をかけてくれる母沍子の協力なくしては、本書はおろか研究を続けることさえもできなかったであろう。さらに、私事ついでで恐縮であるが、本書の執筆中は四十年来

（歴史学との付き合いよりも長い）のプロ野球の贔屓チームが、四半世紀ぶりの快進撃を続けた結果、リーグ優勝を果たし、おかげで気分よく机に向かうことができた。ともども感謝したい。

二〇一六年十月二十九日

真鍋淳哉

# 三浦氏略系図

三浦義明—佐原義連—盛連

盛連
- 佐原 光盛—葦名 泰盛—盛宗—盛員
  - 直盛—詮盛—盛政—盛久—盛信—盛詮—盛高
    - 盛滋—盛舜—盛氏—盛隆—盛重（本義広）
  - 高盛
- 三浦 盛時—頼盛—時明—時継—高継
  - 高通—高連—高明
    - 高信
    - 時高—道含（高救）
      - 道寸（義同）—義意
      - 道香
  - 通継
- 佐原 時連—杉本 宗明
  - 三浦 時明—貞連
    - 宮田 貞明—貞澄—貞泰
    - 貞清—貞明—駒石丸—久連—横須賀 連秀—義清
      - 連定
      - 女（道寸室）
    - 貞久
  - 三浦 貞宗—行連

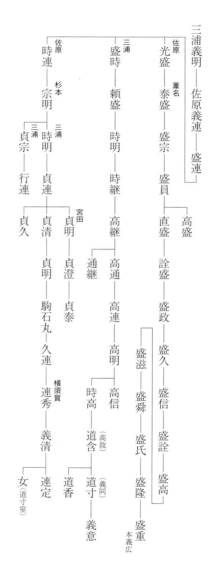

三浦道寸関係年表

| 西暦 | 年号 | 事項 |
|---|---|---|
| 一四一六 | 応永23 | 10・2上杉氏憲（禅秀）が挙兵する（上杉禅秀の乱）。10・4三浦氏、鎌倉公方足利持氏方として鎌倉で防戦する。12・―足利持氏敗北し、三浦を経て駿河に逃走する。 |
| 一四一七 | 応永24 | 1・10上杉氏憲らが自害する。1・17足利持氏、鎌倉に帰還する。 |
| 一四二六 | 応永33 | 12・14鎌倉府、相模守護一色持家に対し、右大将家法華堂供僧職の淡路律師良助に三浦郡林郷大多和村内田畠などを沙汰付けるよう命じる。これまでに、三浦氏は相模守護職を剥奪される。 |
| 一四三二 | 永享4 | 2・12三浦貞泰、龍徳院に三浦郡和田郷内松崎屋敷の田畠を寄進する。 |
| 一四三七 | 永享9 | 7・27足利持氏、上杉憲実との対立にあたり、側近一色直兼らを三浦に退去させる。 |
| 一四三八 | 永享10 | 8・16三浦時高、足利持氏の武蔵出陣にあたり、先例に従って鎌倉の守備を任される。10・3三浦時高、足利持氏に背き鎌倉を退去する。11・1三浦時高、上杉憲実に味方して鎌倉大蔵御所を攻撃する。11・4足利持氏、出家する。 |
| 一四三九 | 永享11 | 2・10足利持氏、上杉憲実に攻撃され、鎌倉永安寺で自害する（永享の乱）。 |
| 一四四〇 | 永享12 | 2・21幕府、三浦時高らに足利持氏与党糾明のため文書を発給する旨を伝え、以後の尽力を求める。3・21結城氏朝、足利持氏の遺児を下総国結城城に迎え入れて挙兵する（結城合戦）。 |
| 一四四一 | 嘉吉元 | 4・16結城城、落城。6・24播磨守護赤松満祐、将軍足利義教を殺害する（嘉吉の乱）。 |
| 一四四四 | 文安元 | 8・―足利持氏の遺児万寿王丸（成氏）、鎌倉に帰還する。 |
| 一四五〇 | 宝徳2 | 4・20鎌倉公方足利成氏、鎌倉から江の島に移り、翌日、長尾景仲らと腰越浦で戦う（江の島合戦）。8・4足利成氏、鎌倉に帰還する。10・―関東管領上杉憲忠、相模国七沢から鎌倉に帰還する。このころ、扇谷上杉持朝の子道含（高救）が三浦時高の養子となる。 |
| 一四五一 | 宝徳3 | この年、道寸（義同）誕生（二年後の享徳二年とする説もあり）。 |
| 一四五四 | 享徳3 | 12・27鎌倉公方足利成氏、鎌倉西御門御所で関東管領上杉憲忠を謀殺する（享徳の乱が始まる）。 |

| | | |
|---|---|---|
| 一四五五 | 康正元 | 1・6足利成氏方と上杉方の軍勢が相模島河原で戦う。1・21足利成氏、武蔵高幡・分倍河原で長尾景仲等の軍勢を破る。3・30幕府、足利成氏追討のため、上杉憲忠の弟房顕を関東に派遣する。6・16駿河守護今川範忠、幕府の命により鎌倉に進駐する。これにより、足利成氏は下総古河を本拠とする（古河公方の成立）。この年、今川氏家臣の糟谷範忠が三浦で討ち死にする（三浦郡で戦乱が発生）。 |
| 一四五六 | 康正2 | 9・17足利成氏、武蔵岡部原で関東管領上杉房顕等と戦う。11・28文龍、三浦郡和田郷龍徳院領を禅薩に譲与する。 |
| 一四五七 | 長禄元 | 4・8扇谷上杉氏家臣の太田道灌、江戸城を築くという。6・25相模守護扇谷上杉氏家宰の太田道真、禅薩に文龍から三浦郡和田郷龍徳院領を譲与されたことを認める旨を伝える。12・19将軍足利義政、異母兄の政知を還俗させて関東に派遣し、その後、政知は伊豆堀越を本拠とする（堀越公方の成立）。 |
| 一四五九 | 長禄3 | 10・14翌日にかけて足利成氏、武蔵国太田荘などで上杉方の軍勢と戦う。上杉方は大敗し、以後、両陣営は武蔵五十子で対陣する。 |
| 一四六二 | 寛正3 | 3・29この頃、堀越公方と扇谷上杉氏の間に深刻な政治的対立が生じ、進退に窮した三浦時高は、この日、将軍足利義政から隠遁を慰留される。4・7三浦時高、武蔵五十子陣から三浦に退く。これにより時高は隠遁し、養子の道含が家督を相続したものと思われる。 |
| 一四六六 | 文正元 | 2・12関東管領上杉房顕、武蔵五十子陣で足利成氏と対陣中に没し、顕定が養子としてあとを継ぐ。 |
| 一四六七 | 応仁元 | 5・26京都で、山名持豊方（西軍）の斯波義廉勢が細川勝元方（東軍）の細川勝久邸を襲撃する（応仁・文明の乱始まる）。9・6扇谷上杉持朝が没する。 |
| 一四七三 | 文明5 | 6・23山内上杉氏の家宰長尾景信が没し、その弟忠景が家宰となる。11・24扇谷上杉政真、武蔵五十子で足利成氏と戦い敗死し、叔父の定正が扇谷上杉氏の家督を相続する。 |
| 一四七六 | 文明8 | 6・―長尾景信の子景春、武蔵鉢形城に拠り挙兵する（長尾景春の乱）。 |
| 一四七七 | 文明9 | 1・18長尾景春、山内上杉顕定・扇谷上杉定正等を武蔵五十子に攻撃し、顕定等は上野に逃れる。3・―三浦道含、長尾景春の乱に際し、扇谷上杉氏に従い武蔵江戸城を守備する。 |

| | | |
|---|---|---|
| 一四七八 | 文明10 | 4・13太田道灌、相模溝呂木城・小磯城を攻略する。4・18太田道灌、相模小沢城を攻略する。5・14太田道灌等の上杉軍、武蔵用土原で長尾景春軍を破る。7・―足利成氏、長尾景春を支援して上野に出陣し、山内上杉顕定・扇谷上杉定正等は同国白井に退去する。1・5古河公方足利成氏、山内上杉顕定・扇谷上杉定正と和睦し、上杉方は幕府と成氏との和睦の斡旋を約する。4・10太田道灌、武蔵小机城を攻略する。7・17太田道灌、長尾景春を武蔵鉢形城で破る。11・10太田道灌、下総境根原で千葉自胤を破る。 |
| 一四八〇 | 文明12 | 6・13太田道灌、長尾景春の拠る武蔵日野城を攻略する（長尾景春の乱の終結）。 |
| 一四八二 | 文明14 | 11・27幕府、越後守護上杉房定の仲介により、古河公方足利成氏と和睦する（「都鄙和睦」。享徳の乱の終結）。 |
| 一四八四 | 文明16 | 3・16東常縁が没する。道寸、これより以前に常縁から古今伝授を受けたか。 |
| 一四八六 | 文明18 | 5・末堯恵、東国巡歴に出発。7・26扇谷上杉定正、相模糟屋館で家宰の太田道灌を謀殺する（長享の乱が始まる）。これにより、三浦氏は扇谷上杉方から山内上杉方へと転じる。 |
| 一四八七 | 長享元 | 2・―堯恵、三浦郡芦名の東常和のもとに赴き滞留する。4・―この頃、伊勢宗瑞、甥の今川竜王丸（氏親）を家督へつけるため駿河へ下向。11・3山内上杉顕定と扇谷上杉定正、相模で対陣する。 |
| 一四八八 | 長享2 | 2・5扇谷上杉定正、相模実蒔原で山内上杉顕定を破る。6・18山内上杉顕定と扇谷上杉定正、武蔵須賀谷原で戦う。9・1三浦道含・道寸父子、山内上杉方として武蔵須賀谷に在陣する。須賀谷陣に来訪した万里集九、道含亭（不改軒）を称える漢詩を賦し、道寸は万里に絵画の賛を求める（年代の明らかな道寸の初出史料）。また、道寸、これ以前に東常縁の所持した『古今和歌集』写本を書写したか。11・15古河公方足利成氏・山内上杉顕定と扇谷上杉定正、武蔵高見原で戦う。 |
| 一四八九 | 延徳元 | 3・―扇谷上杉朝良、三浦郡和田郷龍徳院に禁制を下す（三浦郡で戦乱が発生）。 |
| 一四九一 | 延徳3 | 4・3堀越公方足利政知が没する。 |
| 一四九三 | 明応2 | 4・22京都で細川政元、故足利政知の子義澄を擁立する（明応の政変）。この年、伊勢宗瑞、足利茶々丸を伊豆堀越に攻め、茶々丸は遁走する。 |

| | | |
|---|---|---|
| 一四九四 | 明応3 | 9・23この頃、三浦氏、扇谷上杉方の軍勢により攻撃を受け、山内方より扇谷方に転じる。道含は隠居して、道寸が家督を相続する。10・5扇谷上杉定正、武蔵国高見原で山内上杉顕定と対陣中に没する。 |
| 一四九六 | 明応5 | 7・24道寸、扇谷上杉朝良に従い、相模小田原城で山内上杉方と戦う。7・―伊勢宗瑞の弟弥次郎・大森式部少輔等、相模西郡で山内上杉方と戦い敗れる。この年、義意誕生。 |
| 一四九八 | 明応7 | 8・6道寸の求めに応じ、屛風便面の賛が京都から送られる。8・―伊勢宗瑞、足利茶々丸を討つ。この年、伊勢宗瑞、伊豆を平定する。 |
| 一四九九 | 明応8 | 9・6扇谷上杉持朝の三十三回忌法要が行われ、法話の中でその子三浦道含についてふれられる（この段階における道含の生存は確実）。 |
| 一五〇四 | 永正元 | 9・27扇谷上杉朝良、今川氏親・伊勢宗瑞の援助を得て、武蔵立河原で山内上杉顕定を破る。 |
| 一五〇五 | 永正2 | 3・―山内上杉顕定、扇谷上杉朝良を武蔵河越城に攻囲し、朝良は和を請い江戸城に隠遁する（長享の乱の終結）。この年、道寸、扇谷上杉方として出陣し、武蔵金沢称名寺に禁制を下す。 |
| 一五〇六 | 永正3 | 4・23古河公方足利政氏と子息高基が不和となり、高基は下総関宿、次いで下野宇都宮に移る（永正の乱の始まり）。6・7山内上杉顕定、足利政氏の要請により房総渡海中の道寸を帰陣させるよう簗田政助に約する。 |
| 一五〇七 | 永正4 | 8・7越後守護代長尾為景、守護上杉房能を滅ぼす。この年、八丈島中ノ郷の代官朝比奈弥三郎等が伊豆下田に赴く。 |
| 一五〇九 | 永正6 | 7・28山内上杉顕定、越後に出兵して長尾為景を越中に逐う。7・―伊勢宗瑞、相模高麗寺要害・住吉要害を取り立てて挙兵する。 |
| 一五一〇 | 永正7 | 5・―道寸の家臣北村秀助が八丈島に入り、同島三か郷の代官奥山忠督と戦う。6・20山内上杉顕定、越後長森原で長尾為景と戦い敗死する。7・19山内上杉憲房・扇谷上杉朝良、武蔵権現山城を攻略する。扇谷方は相模に進軍し、三浦氏は中郡を領国とする。10・19道寸、扇谷上杉朝良に従い、伊勢宗瑞の相模小田原城を攻撃する。12・9相模鴨沢要害で三浦軍と伊勢軍が戦う。12・10道寸、子息義意の家臣武源五郎に鴨沢要害での父和泉守の戦死を賞し、また、扇谷上杉朝良もこれを賞する。 |

| | | |
|---|---|---|
| 一五一二 | 永正9 | 12・23古河公方足利政氏、三浦義意に対して家臣武和泉守の戦死を賞する。この年、三浦氏、八丈島中ノ郷を知行し、朝比奈弥三郎を代官とする。この頃、義意、真里谷武田信嗣の娘を娶る。8・7義意、家臣武左京亮の相模岡崎在城の戦功を賞する。8・12道寸、岡崎城で伊勢宗瑞と戦い、敗れて三浦郡住吉要害に後退する（三浦氏の中郡支配権の喪失）。8・13伊勢宗瑞、鎌倉に入る。10・ー伊勢宗瑞、相模玉縄城を取り立てる。 |
| 一五一三 | 永正10 | 1・29三浦軍と伊勢軍が合戦し、相模藤沢清浄光寺が焼失する。4・17古河公方足利政氏、智宗の三崎要害での戦功を賞する（この頃、三浦氏は三崎城に籠城し、伊勢宗瑞がこれを攻撃する）。7・7道寸の弟道香、相模逗子で伊勢氏綱と戦い戦死するという。この年、八丈島代官奥山忠督、三浦氏と伊勢氏との戦いを聞き軍備を整える。 |
| 一五一四 | 永正11 | この年、三浦氏と伊勢氏が八丈島支配をめぐって戦い、三浦方は敗北して三浦に没落する。 |
| 一五一五 | 永正12 | 3・8道寸の母である法昌寺殿松岩妙秀大姉（大森氏頼の娘）が没する。4・ー三浦方の奥山忠督・朝比奈弥三郎、八丈島に入って伊勢方と戦い、三浦方は敗北して弥三郎は殺害され、忠督は伊勢方となる（三浦氏の八丈島支配権の喪失）。6・18道寸、母の百箇日供養のために法華経を書写する。 |
| 一五一六 | 永正13 | 6・18伊勢氏の八丈島代官朝比奈恵妙よりの使船が三浦攻めの情報を聞き、八丈島から伊豆下田へ戻る。7・11道寸・義意、伊勢宗瑞に攻められ三崎城で戦死する（三浦氏の滅亡）。7・21伊勢宗瑞、三浦氏との合戦に勝利したことにより、伊豆三島社に指刀を奉納する。 |
| 一五一七 | 永正14 | 3・3扇谷上杉朝良、用林顕材に三崎落城と道寸父子の戦死を伝える。 |
| 一五一九 | 永正16 | 8・15伊勢宗瑞が没する。 |
| 一五二〇 | 永正17 | この年、義意の首を相模小田原で「威神明神」として祀るという。 |
| 一五八一 | 天正9 | 8・6会津の葦名盛隆、織田信長に使者を送り、その後、勅命により三浦介に補任される。 |

【著者紹介】

真鍋淳哉（まなべ・じゅんや）

1969年神奈川県生まれ。青山学院大学大学院文学研究科博士後期課程修了。博士（歴史学）。
現在、青山学院大学非常勤講師、横須賀市史編さん室嘱託。
主要論著に、「戦国大名と公家衆との交流—北条氏の文化活動を中心に」（『史友』28号、1996年。のち、黒田基樹編『北条氏綱』〈戎光祥出版、2016年〉に収録）、「江戸湾をめぐる後北条氏と房総里見氏との関係」（『郷土神奈川』45号、2007年）、『新横須賀市史』通史編　自然・原始・古代・中世（2012年、共著）、「三浦氏と京都政界」（藤原良章編『中世人の軌跡を歩く』高志書院、2014年）などがある。

装丁：川本要


中世武士選書　第36巻

三浦道寸《みうらどうすん》　伊勢宗瑞《いせそうずい》に立《た》ちはだかった最大《さいだい》のライバル

二〇一七年一月一〇日　初版初刷発行

著　者　真鍋淳哉

発行者　伊藤光祥

発行所　戎光祥出版株式会社
東京都千代田区麹町一―七
相互半蔵門ビル八階
電　話　〇三―五二七五―三三六一㈹
ＦＡＸ　〇三―五二七五―三三六五

製作　株式会社イズシエ・コーポレーション
印刷・製本　モリモト印刷株式会社

http://www.ebisukosyo.co.jp
info@ebisukosyo.co.jp


© Junya Manabe 2017
ISBN978-4-86403-231-5